埃隆·马斯克传
硅谷钢铁侠的跨界传奇

冷湖 著

华中科技大学出版社
http://press.hust.edu.cn
中国·武汉

图书在版编目(CIP)数据

埃隆·马斯克传:硅谷钢铁侠的跨界传奇/冷湖著.—武汉:华中科技大学出版社,2019.5(2024.4 重印)

ISBN 978-7-5680-5053-1

Ⅰ.①埃… Ⅱ.①冷… Ⅲ.①埃隆·马斯克-传记 Ⅳ.①K837.115.38

中国版本图书馆 CIP 数据核字(2019)第 080156 号

埃隆·马斯克传:硅谷钢铁侠的跨界传奇　　　　　　　　　　　冷　湖　著
Elon Musk Zhuan:Guigu Gangtiexia de Kuajie Chuanqi

策划编辑:亢博剑　孙　念	
责任编辑:孙　念	
封面设计:刘　婷	
责任校对:曾　婷	
责任监印:朱　玢	
出版发行:华中科技大学出版社(中国·武汉)	电话:(027)81321913
武汉市东湖新技术开发区华工科技园	邮编:430223

录　　排:华中科技大学惠友文印中心
印　　刷:武汉科源印刷设计有限公司
开　　本:710mm×1000mm　1/16
印　　张:18.25
字　　数:252 千字
版　　次:2024 年 4 月第 1 版第 18 次印刷
定　　价:42.00 元

本书若有印装质量问题,请向出版社营销中心调换
全国免费服务热线:400-6679-118　竭诚为您服务
版权所有　侵权必究

PREFACE

如果说乔布斯改变了人类的生活,那么马斯克则颠覆了人类的想象。

马斯克是一个特立独行的梦想家、敢想敢干的实践家,他像魔术师一样将梦想和现实神奇地进行了转换,让曾经嘲笑他的人被无情地打脸;马斯克又是一个无所畏惧的创业家、严谨认真的工业家,他像艺术大师一样将全新的设计理念融入商业模式中,让质疑他的人发现了一个新世界。

马斯克播撒的梦想无处不在,从 PayPal 到特斯拉,从 SpaceX 到太阳城,他的每一个起点都经历过不堪回首的惨淡和被人指责的尴尬,然而每一次他都能从逆境中崛起,让世界为之惊叹。超强的专注力让他能够深耕产品理念,制造出令人惊叹的电动汽车;强烈的好奇心让他能够涉足多个领域,从互联网到汽车,再到航空和清洁能源,成为连续成功创业的企业家;疯狂的执念让他关注人类生活的未来,上到太空旅行,下到超级高铁,他的创业征程与人类的命运保持着相同的呼吸节奏。

马斯克的传奇人生,正如那些正在或者已经改变世界的创业者一样,能够被写成惊心动魄的小说,能够被拍摄成激荡人心的电影,他的传奇不仅属于他个人,而且属于全人类。

童年时代,马斯克最爱聆听先辈们的冒险故事,然而父母的离异让他变得自闭和内敛;少年时代,马斯克记忆力过人却不善交际,书籍成为给予他力量的亲密挚友;青年时代,马斯克移居美国,寄人篱下的生活赋予他积极进取的动力；中年时代，马斯克开始了求职和创业的人生新篇章，成为硅谷精神的受益者和传播者。当马斯克从一个普通的"极客"变身名震全球的企业家之后，他将早年的火箭之梦变为现实，他的视线也从地球转移到太空。

马斯克生来就不轻易服输。他被航天界的巨头嘲笑过，他被老牌的汽车制造商轻视过，他被所谓的能源专家批判过，他被无知的媒体攻击过……然而他从未怀疑、后悔自己的决定，因为"改变世界"是他奉为信仰的毕生追求，"移居火星"是他语出惊人的商业梦想，他的执着与叛逆吸引了一大批勇于思考人类命运的盟友和粉丝，成为他忠实的拥趸。马斯克无愧于"钢铁侠"的美誉，他的人生一如漫威的宇宙观一样充满着惊奇与震撼。

有人认为马斯克是投机分子，质疑他所提出的未来构想是圈钱的骗局。对于这种猜测，在马斯克准备发射火箭之前，似乎可以听到类似的声音，然而在他的猎鹰1号成功上天之后，这些怀疑论和阴谋论的声音都被推进器的轰鸣声彻底掩盖。或许对马斯克来说，怀疑和批判是注定与他相伴的，因为他的出现就是在怀疑人类社会现有的运行模式和生存逻辑，他怀疑得越多，提出的解决方案就越可行；他批判得越重，拿出的改造方案就越彻底。

埃隆·马斯克和全人类的传统思维斗争的事迹不会就此打住，他所涉足的领域也会随着其商业版图的扩大而全面铺开。只要他在思考，我们已经接受的现实就会沦为暂时的认知；只要他在行动，我们目前生存的世界就会走向变革的未来。

人类移居火星的梦想，需要一个马斯克。人类改写历史，需要更多的马斯克。

目录

第一章　脑是灵感的容器 / 1

1. 马斯克中国行传递了哪些信息？ / 2
2. 凭什么他是世界首富？ / 6
3. 外星人开启地球之旅 / 10
4. 酷爱冒险的书呆子 / 16
5. 被踩躏是为了记住疼 / 20
6. 踩住跳板进入理想国 / 23
7. 辍学＝去标准化思维 / 26

第二章　奇迹和毁灭隔着一个不高兴 / 31

1. 恋上硅谷的"脑残粉" / 32
2. Zip2 就是打开箱子放出妖怪 / 36
3. 你们负责开发，我负责天下大乱 / 40
4. 用 X.com 代替钱包 / 44
5. 天才被孤立，疯子被遗弃 / 48
6. 烫手的权力不如换成金子 / 53
7. 声名狼藉总好过默默无闻 / 57

第三章　地球太小，只争太空 / 61

1. 探索序曲——送老鼠上天 / 62
2. 伏特加和导弹头 / 67
3. 太空极客俱乐部 / 72
4. Space 并非空间，X 可以预知 / 77
5. 鲁滨孙漂流到发射场 / 83
6. 来自一颗螺母的诊断书 / 87
7. 无脚鸟飞得更高 / 93

第四章　有一种爱叫互相折磨 / 99

1. 被一句话"套路"的女神 / 100
2. 婚姻是两棵仙人掌在跳舞 / 104
3. 爱情很傲慢，世俗很偏见 / 110
4. 谁是新欢，谁又是归宿？ / 115

第五章　扔掉你的油箱 / 121

1. 极客的疯子项目 / 122
2. 三个电动迷一台戏 / 127
3. 推翻第二次工业革命 / 132
4. Roadster 就是颜值控杀手 / 136
5. 游戏不那么好玩了 / 141
6. 谁的锅谁来背 / 146
7. 有一种破产会触底反弹 / 151
8. 崩盘？特斯拉要完蛋？ / 156

第六章　相信我，你不会后悔 / 161

1. 太阳城不需要阿波罗 / 162
2. 谁在给空中花园蓄水 / 166

3. 赤裸裸的圈钱有什么可耻？/ 170
4. 把你们的时间交给我 / 175
5. 榨干他们的想象力 / 181
6. 取代原版的"山寨"钢铁侠 / 186
7. 收购推特：看似"亏本"的战略大棋 / 190

第七章　脑洞连接虫洞 / 195

1. NASA"下嫁"乘"龙"快婿 / 196
2. 超级高铁计划 / 201
3. 坐着火箭去上班 / 205
4. 小心，人类可能被取代 / 209
5. 对不起，你的驾照作废了 / 214
6. OpenAI：喜忧参半的人工智能未来 / 219
7. 火人节，硅谷精神的写照 / 223

第八章　逮捕火星分几步 / 227

1. 与NASA的阴谋和阳谋 / 228
2. 太空出租车公司 / 233
3. 青蛙王子受欢迎的秘密 / 238
4. 神经心理学认证的航天家 / 244

第九章　和乔布斯的差别在于续航 / 249

1. 小心那些抢蛋糕的 / 250
2. 梦想就是睡着的现实 / 254
3. 特斯拉的下一张牌在谁手里？/ 258
4. 被两大巨头开出"分手通知" / 265
5. 让底特律人再哭一次 / 269
6. 约架扎克伯格：八角笼之外的斗争 / 274
7. 和"书贩子"的太空争霸 / 278

Chapter 1

第一章

脑是灵感的容器

1. 马斯克中国行传递了哪些信息？

2023年5月30日，马斯克抵达中国，开始了长达44小时的中国行。

马斯克上次到访中国是在2020年1月7日，当时他出席了上海特斯拉Model Y生产线项目的开幕仪式。美国为了让制造业回流，企图让美国乃至全球产业链和中国"脱钩"，对中国高科技产业和出口优势产业施加了各种制裁。正是在这样的国际背景下，马斯克的中国行引起了社会各界的广泛关注。

5月30日，马斯克抵达北京当晚，国务委员秦刚就会见了他。在外交部例行记者会上，外交部发言人毛宁对马斯克访华表示了欢迎："欢迎更好地了解中国，推进互利合作。"5月31日，工业和信息化部部长金壮龙、商务部部长王文涛分别会见马斯克。

在与秦刚的会面中，马斯克表示自己愿意扩大在中国的业务，反对中美经济"脱钩"，并对此作了一个十分形象的比喻："美中利益交融，如同连体婴儿彼此密不可分。"由此表达了他的鲜明态度："特斯拉公司反对'脱钩断链'，愿继续拓展在华业务，共享中国发展机遇。"秦刚则表示，中国致力于改善包括特斯拉在内的投资者的营商环境，称"我们要及时踩刹车，避免危险驾驶，熟练使用油门，促进互利合作"。

在马斯克和工信部部长金壮龙的会面中，双方就新能源汽车和智能网联汽车发展等交换意见。在马斯克和商务部部长王文涛的会面中,双方就中美经贸合作、特斯拉在华发展等议题进行了广泛、深入的交流,王文涛表示:"中国正在全面推进中国式现代化,扩大高水平对外开放,这将为包括特斯拉在内的世界各国企业带来新的发展机遇。中方将继续高效、务实做好服务保障,支持外资企业在华长期、稳定发展。"

虽然这次访华的行程被安排得满满的,但是马斯克仍然不忘前往特斯拉的上海超级工厂。

特斯拉的上海超级工厂从2019年1月建厂,10月投产,投产第一年产能就达到25万辆。2020年1月7日,超级工厂交付Model 3后开始了二期建设,年底开始生产Model Y。截至2022年,特斯拉的上海超级工厂全年交付量达到71万辆,超过特斯拉全球交付量的50%。如今,超级工厂不仅满足了特斯拉在我国国内市场的消费需求,更负责出口业务,2022年向欧洲和其他市场出口超过27.1万辆Model Y和Model 3,约占特斯拉全球销量的20%。总的来说,在没有马斯克现场督战的3年里,特斯拉的中国业务仍然在迅速增长。

6月1日上午,马斯克结束中国行,前往特斯拉总部所在地帕洛阿托。

马斯克9年间10次访华,在中国得到了越来越多的关注,也得到一部分人的欢迎与认可,当然人们更关心的是马斯克这次访华的主要目的。由于一些细节并没有公布,目前大体上可以确定两件事情。

第一,扩建上海超级工厂。

2023年5月,根据外媒消息,特斯拉公司已经向中国相关监管部门申请上海工厂的扩建,同时计划开始软包电池的首次生产。在引用的一份公告中显示,特斯拉扩建计划的目标是将上海超级工厂的年产能从目前的125万台提升到175万台。该申请公告发布在工厂所在区的网站上,尽管没有明确特斯拉是否已经作出扩建决定,但可以看出他们正在寻求未来产能扩展的可能性。

2023年1月到4月份,特斯拉在中国交付了17.7万辆车,同比增长了61.54%。目前上海的特斯拉工厂一直都处于超负荷运转当中。据悉,特斯拉的目标是到2030年每年生产2000万辆电动车。

扩建工厂至少可以带来三方面的好处:一是减少现有工厂的生产压力;二是让特斯拉在中国加速开拓、发展市场空间;三是向北美市场出口中国制造的电动车。尽管特斯拉在全球多地建厂,然而中国的电动汽车产业链更加完善,在新能源电池领域中更是领先全球,在中国建厂、扩厂能够更快地帮助特斯拉加速发展,引领全球新能源汽车市场。

第二,新建一座超级储能工厂。

2023年4月9日,上海临港新片区管委会和特斯拉(上海)有限公司共同举办了在上海临港修建一座全新的储能超级工厂(Megafactory)项目的签约仪式,这座即将启动建设的储能超级工厂,将会是特斯拉全球范围内的第二座储能超级工厂(第一座投产的储能超级工厂位于美国加利福尼亚州斯托克顿市郊的拉斯洛普)。

如今中国在新能源领域是领先全球的,马斯克显然不会错过这一班快车,毕竟新能源电池技术的更新迭代是电动车的核心竞争力,与中国在新能源领域强强联手是明智之举。反观美国本土,主流的技术路线大部分都采用三元锂电芯,磷酸铁锂电池技术几乎为空白,而采用磷酸铁锂电池可以使其成本大幅下降,安全性得到进一步提升。目前,中国的宁德时代公司已经发布了最新的储能解决方案,即零辅源光储融合解决方案,可以把充放电效率提升10%。

值得注意的是,马斯克于6月1日晚间抵达上海超级工厂,与宁德时代董事长曾毓群举行了深入会谈,这也成了人们关注的新闻事件。

自从2018年特斯拉与宁德时代签署为期五年的电池采购协议以来,双方在电池技术、供应链、成本控制等方面的合作日益紧密。特斯拉目前在中国市场销售的新能源汽车所使用的电池主要由宁德时代和LG化学提供,宁德时代作为全球最大的动力电池生产商,拥有先进的技术和规模优势,能够为特斯拉提供高性能、低成本、安全可靠的电池解决方案。这对于特斯拉在中国市场的立足和发展具有重要战略意义。马斯克与宁德时代董事长会面,推测应该是加强在中国市场的合作关系,以应对不断增长的竞争压力,同时也在寻求与宁德时代在全球范围内的合作机会,彼此共享资源,以实现双方的共赢。

特斯拉自从2023年5月30日开盘后,股价一度曾上涨近6%,市值一夜大涨逾250亿美元,这个惊人的涨幅也从客观上充分表明美国商界、投资界对中美"脱钩"的态度与美国政界是背道而驰的。

从特斯拉进入中国的那一刻起,就注定了马斯克价值千亿美元的商业帝国将与中国密不可分。马斯克的中国行让他回到世界首富的宝座,同时对中国而言,以特斯拉上海超级工厂为代表的在华投资和合作,一方面引发了"鲇鱼效应",激发了中国电动汽车市场的活力,另一方面也给中国新能源汽车产业链带来诸多机会。或许随着马斯克和中国的合作不断深化,未来会有更多的高新技术和思路引进中国,带动中国制造业的进一步转型升级,构建多赢格局。

2. 凭什么他是世界首富?

2020年,一场席卷全球的新冠病毒肺炎疫情不仅威胁了人类的生命健康,还极大影响了人类社会的现有秩序:经济滑坡、政治震荡、文化萎靡,无视意识形态,无视发展程度,新冠病毒阻碍了全球化的正常运行,而蔓延全球的疫情也产生了黑天鹅效应:一些人惶惶不可终日,一些人却趁机登顶,刷新了纪录。于是,在病毒尚未被完全控制的2021年1月,福布斯全球富豪榜的排名更新了:埃隆·马斯克荣登榜首。

把马斯克送上榜首的神队友是特斯拉的股票,2021年1月7日(当地时间)特斯拉股价大涨接近8%,总市值为7735亿美元。

根据彭博亿万富豪指数显示,截至1月7日美国东部时间10:15分,马斯克的个人资产已经达到1885亿美元,其中约1400亿美元是在2020年一年增加的。2020年初马斯克的财富仅有270亿美元,笑对绝大多数普通人没问题,但和顶级大佬相比还差那么一点火候。直到2020年7月,当马斯克超越股神巴菲特成为全球第七大富豪以后,那些之前认定他排名不会上升的人笑不出来了。而到了8月份,更大的惊喜来临了:马斯克成功越过LV(路易·威登)的老板阿诺特成为第四大富豪。9月份,脸书创始人扎克伯格被马斯克轻松超过。11月份,比尔·盖茨也落在马斯克身后,他成为世界第二大富豪,最终,在2021年1月7日,他的老对手贝佐斯让出了头把交椅。

有意思的是,当马斯克得知自己成为世界首富之后,连发两条推特,还把后一条同步在他的新浪微博中:"真奇怪!""好了,回去工作吧!"这绝对堪称"2021最低调的回应",至于马斯克内心是否狂喜,我们不得而知,但他让大家回去工作绝对是真心话。

让很多人意想不到的是,马斯克的世界首富身份并非昙花一现。在2022年,福布斯全球亿万富豪榜中,马斯克以2190亿美元的身价再度摘得桂冠。

2023年5月31日,奢侈品行业大佬贝尔纳·阿尔诺旗下的路易威登集团在巴黎的股价下跌2.6%,马斯克超越在2022年12月成为世界首富的阿尔诺,又一次荣登NO.1。根据福布斯全球富豪排行榜统计,2023年6月初,马斯克身价已经超过2000亿美元。从2020年开始,局部战争、疫情和低迷的市场行情对全球亿万富翁都造成了不小的冲击,那么,马斯克凭什么能多次成为世界首富呢?

第一,特斯拉和SpaceX在技术上的领先把他送上了首富宝座,和他在太空和地面竞争的老对手贝佐斯就是输在了这一点上。在太空领域,马斯克有SpaceX,贝佐斯有Blue Origin,以现有的技术和成就来看,马斯克更胜一筹;在地面上,贝佐斯在自动驾驶和电动汽车领域频频出手,不断向特斯拉发出挑战,亚马逊斥资5亿美元投资了电动皮卡新创业公司Rivian,成为特斯拉皮卡项目上的重要竞争对手,而马斯克的"百万辆自动驾驶出租车计划"虽然受过挫折但仍在全力推进,目的是改善其自2016年以来生产的所有汽车的司机辅助驾驶系统Autopilot,使它们能够自动驾驶。

第二,产品的畅销帮助马斯克的财富疯狂膨胀,而他最惨的时候信用卡的账单都得让朋友来帮助偿还。2022年,特斯拉电动汽车的销量为131万辆,总营收814.6亿美元,同比增长51.4%,可见特斯拉汽车在世界范围内都俘获了大批用户,而这个数字在2021年还将继续增长。2020年,

SpaceX完成了首次载人飞行的壮举,再次改写了人类商业航天的历史。2022年,SpaceX全年累计进行了61次火箭发射任务,占美国年度火箭发射总量的70%,累计发射的卫星总数量已接近4000颗,目前仍然在轨的星链卫星大约有3400颗。如今SpaceX势头正盛,马斯克自然不会错过站在风口起飞的机会,而NASA(美国国家航空航天局)的订单也会持续跟进。

第三,马斯克的口碑在消费者心目中逐渐超越其他富豪,很多人正在意识到马斯克志在改变人类的生活,而不是攫取财富。新能源汽车拥有毋庸置疑的市场前景,势必会在未来持续引领电动汽车的革命,而最大的受益者是人类以及地球。同样,移民火星这个在过去被不断质疑的"痴人说梦"计划,也正在一步步实现,从可回收火箭技术到大型载人器,质疑马斯克的人一个个都闭上了嘴,而有更多的人意识到马斯克登顶富豪榜的重要预示意义:金融不能拯救人类,社交不能拯救人类,软件不能拯救人类,电商也不能拯救人类,奢侈品更不能拯救人类,但是马斯克似乎可以拯救人类。

或许在很多人眼中,马斯克就是天才和魔鬼的结合体,他是一个偏执狂,也是一个冷血人,可他却喜欢仰望天空,又敢于舍弃一切。

马斯克曾经在他的推特上说:"我只是一只单纯的羊。"是的,身高1.9米的马斯克认为自己是羊,可这并不是乱立人设,如果你真的了解马斯克,就会被他内心的文艺小清新所打动,他表面上拼装的是被金属覆盖的重型火箭,骨子里却是书写着"火星风光无限好"的田园诗人,而且这个诗人还能绘画、唱歌,他涉足的领域横跨软件、硬件、太空、汽车、新能源,称得上是"跨界之神"。

马斯克登顶富豪榜,和特斯拉的股份飞涨关系密切。从2019年6月开始,特斯拉的股价一直狂飙,2020年更是以7倍的涨幅傲视群雄,盘中最高纪录达到968.99美元。截至2023年6月30日,特斯拉的市值上升到8296.81亿美元。

马斯克是精明大胆的资本运作者,他能够借助资本的情绪去煽动市场,让股价像劲舞团一样用摇曳的身姿吸引大量新资本的注入,他能把几千万的粉丝当赌注,通过揣摩人心贩卖自己的梦想,实现超越语言交流的精神共鸣。可以说,马斯克的每一次商业抉择,都充满着巨大的诱惑,也潜伏着可怕的危险,然而马斯克每一次决策后都有一堆人纷纷"用脚投票",特斯拉的股价是最好的证明,而马斯克就是最优秀的操盘手。

随着马斯克登顶世界首富,他之前贩卖的梦想越来越真实,而他也逐步制定下阶段的目标:2024年,会有六艘星际飞船,而且其中的两艘飞船是载人的,每艘船上将会有100人左右;2024年,火星上至少有一个地球村……

这个被称为硅谷"钢铁侠"的男人,创立了无人不知的Paypal,收购并打造了特斯拉,创建疯狂的火箭制造公司SpaceX,出任美国最大的太阳能发电公司SolarCity的董事长,难怪雷军会说:"和埃隆·马斯克比起来,我们干的好像都是别人能干的事情,但他干的别人想都想不到。"

想要知道马斯克是如何一步步从人到"神",就要揭开那些被尘封的记忆,从他蜷缩在办公室里睡觉开始,从他被公司合伙人暗算下台开始,或者,也可以从他孩提时代的一次游戏开始,而那里还没有世界首富,也没有"疯子"或"天才"这些称谓,只有一个最真实的埃隆·马斯克。

3. 外星人开启地球之旅

非洲是人类文明的起源地,而南非则是较为突出地抛弃了原始气息的非洲国度之一,它经济发达,人种复杂,曾经实行着严酷的种族隔离制度,国民被划分为白种人、有色人种、黑人和印度人,不同人种要在各自不同的行政区域生活和工作,世代如此。

比勒陀利亚是南非的行政首都,也是这个神奇国度的诸多首都之一。此外南非还有司法首都布隆方丹以及立法首都开普敦。比勒陀利亚早在15世纪就被人类发现,一度饱受战火的蹂躏,这里多暴风骤雨,炎炎烈日常年照射着人们脆弱的皮肤,四处弥漫着现代文明的繁华和浮躁。

随着第二次世界大战的结束,美苏两国为了争夺世界霸权开始了一场对峙几十年的冷战。1971年,冷战进入白热化阶段,两个超级大国已经不满足在陆地和海洋上称雄,它们将目光瞄向了遥远的太空,纷纷研发试射航天器,想要在太空掀起新一轮军备竞赛。

也许是机缘巧合,酷爱航天的埃隆·马斯克出生在这一年——1971年的6月28日。

马斯克家族是盎格鲁-撒克逊后裔,也是古代日耳曼人和英格兰人从欧洲迁移到非洲的后代,对他们来说,南非是非洲大陆上最有创业精神的圣地,这里不崇拜巫师和酋长,而是崇拜精英和企业家。这让马斯克家族拥有了一片展示自我的广大世界。

马斯克的外曾祖母是第一个从南非踏上北美大陆的女医生,马斯克的外祖父约书亚是一个从加拿大只身闯入南非的冒险家,他的足迹几乎遍布整个非洲大陆,他还成为第一个驾驶单引擎飞机从南非飞到澳大利亚的人。

马斯克的祖父瓦尔特来自南非当地的大家族,根基深厚,历史悠久,比勒陀利亚的第一本电话簿上就有这个家族成员的名字。瓦尔特是一位脾气暴躁且少言寡语的陆军中士。马斯克的祖母来自英格兰的知识分子家庭,她是一个爱护子孙又很强势的女人。基于家族的基因背景,有人这样评价马斯克:"他有一种孤傲的天才和粗暴的商人相结合的味道。"

马斯克的父亲埃罗尔·马斯克事业有成,是一位机电工程师,经营着一家建筑工程公司。马斯克的母亲梅耶来自加拿大,她是一名模特和营养师,不仅容貌出众且特立独行,1997 年她出版了名为《Feel Fantastic》的图书,展示出了她独立完美的特质。她在 63 岁时还裸体拍摄了一张杂志封面照片,其轰动效应不亚于儿子飞升太空的火箭。所以,在马斯克身上同时存在着两种元素:一种是缜密精明的商人思维,另一种是狂野自信的艺术家情怀。

马斯克降生后,家里又陆续增添了两个成员,一个是弟弟金巴尔,另一个是妹妹托斯卡。虽然现在的马斯克是声名在外的世界级企业家,但在埃罗尔看来,他并非是家里唯一有出息的,因为金巴尔在 27 岁就成了高等学府的教授。或许在父亲眼中,每一个孩子都是优秀的,只是各有各的不同。

由于马斯克是哥哥,他从小就养成了一种责任感,只要父母不在家,他就肩负起照顾弟弟和妹妹的任务,譬如换尿布这种事对他而言简直是小菜一碟。虽然朝夕相处,但马斯克的思维方式和弟弟妹妹明显不同。当他们好奇地看着月亮感叹着它距离地球有多远时,马斯克会脱口而出:月亮与地球的平均距离为 38.44 万公里。也许这是一句很煞风景的话,但马斯克就是这样认识世界的,他能直接剥开浪漫和虚无的外壳,用一把看不见的手术刀直插事物的内核。

马斯克似乎遗传了父亲的某些基因:对机械特别钟爱,除此之外就是异于常人的好奇心了。从幼年时代开始,马斯克的眼睛总会捕捉到一些无法解决的疑问,一旦他的脑海里产生了问号就会去找父亲解答,父亲在他眼中像是一本会走路的百科全书。

虽然马斯克喜欢缠着父亲去了解世界,但在精神世界里,他更崇拜的却是外祖父约书亚,因为外祖父的身上拥有"冒险""孤勇"等强者特质,而埃罗尔的智者特质似乎无法真正打动马斯克,这也预示着他在未来将走上一条开拓冒险的人生之旅。

约书亚体格健壮,擅长拳击和摔跤,拥有驯服野马的本领,他不像一个彬彬有礼的现代人,倒像是一个充满冒险精神的航海家。有一次,约书亚带着全家人去喀拉哈里沙漠寻找传说中的失落之城,结果中途卡车出了事故,约书亚修了三天才让卡车重新发动,在此期间,其他人扛着猎枪去打猎,包围他们的是成群的土狼和豹子,后来有一头狮子侵犯他们的营地,被约书亚用一盏灯赶走了。

传奇的人总是以不寻常的方式谢幕。1974年,约书亚在驾驶飞机时不幸遇难,虽然马斯克当时只有三岁,但是他的童年一直在外祖父的传奇故事中度过。想必在那个时候,他也在憧憬自己未来某一天要征服世界。对此,马斯克坦诚地说:"我不想听起来显得例外,但我的家族确实与别人不一样,那就是更愿意冒险。"

马斯克的冒险精神并非徒有虚名。有一年他和弟弟金巴尔骑车去约翰内斯堡,结果谁也没带地图,骑了一段距离就迷路了,然而马斯克不想放弃,凭着直觉穿过那些危险地带,最后总算到达目的地。

和那些不幸的孩子相比,马斯克的童年幸福安逸,因为埃罗尔的事业非常成功,马斯克想要什么都能得到,但他对这段经历并不怎么怀念。有一次，马斯克和埃罗尔去津巴布韦考察翡翠矿，他们的飞机上装满了讨好海关人员的巧克力，本来这是父亲传授给儿子的社会学课程，然而对马斯克来说，这种拍马屁的行为实在无聊透顶。

南非的生活状态是自由奔放的，特别是像马斯克家族这样的富裕白人，他们的生活压力很小，闲暇时间很多，所以总有机会举办各种主题派对。在男男女女穿梭的聚会上，他们吃着烤肉，喝着葡萄酒，享受着上帝赐予他们的快乐特权。在南非，大家的时间观念都不强，也许是非洲大陆的原始特征感染了他们。

然而，欢歌笑语的背后却是种族对立和等级社会，当时的南非每年都会爆发流血冲突事件，让聚会上的灯红酒绿蒙上了阴影。马斯克四岁时，几百名黑人学生因为抗议白人政府而惨遭杀害，种族对立情绪日益严重。不过，南非的白人并没有因为肤色而产生优越感，反而陷入自责和愧疚中。

因为家境殷实，马斯克一家经常去海外旅行，埃罗尔对两个儿子也倾尽了全力培养，带着他们出入建筑工地，教他们如何铺砖、安装管道和电线等。埃罗尔是一位有远见卓识的父亲，他在有意识地培养接班人，即便儿子们未来会选择其他职业，接触一下社会也是有好处的。不过，埃罗尔的教育方针却是严厉的，有时训斥儿子长达三四个小时，让他们没有还嘴的机会，这种压迫式的教育虽然传授给了他们知识，也剥夺了他们童年的快乐。后来，马斯克听说美国家庭的教育方式比较开明，就请求父亲搬到美国，结果被臭骂了一顿。

在马斯克成名之后，他很少谈论父亲，想必父子之间或多或少存在着一些精神层面的对立，这并非是马斯克自身的问题，因为母亲梅耶也认为埃罗尔是一个难以相处的人，她说他对所有人都不友善。不过讽刺的是，马斯克的强烈控制欲和以自我为中心的个性，和父亲惊人的相似，也许这是埃罗尔遗传给他的基因，也许这是言传身教，总之，马斯克变成了他曾经觉得最难以相处的那种人。

马斯克的童年,除了物质生活富足,精神生活可谓千疮百孔,其中最大的创伤来自父母的离异,那一年他还不到九岁。

事实上,梅耶和埃罗尔的婚姻原本就不稳固,虽然埃罗尔追求了梅耶七年,但这并不意味着他做好了与她厮守终生的准备。婚后,梅耶一直遭受埃罗尔的家暴,然而当时南非的法律是不允许离婚的,直到1979年相关法律更改后,梅耶才得以离婚。离婚后,梅耶带着三个孩子去了南非的东海岸,开始了新生活。由于在离婚时未向丈夫索要任何赔偿,当时的梅耶面临着艰难的生计问题。然而她没有退缩,一度打五份工来维持家庭开支,最终还拿到了营养学和营养科学的双硕士学位。然而几年之后,马斯克竟然主动要求回到父亲身边,因为他觉得父亲独自一人会十分寂寞。大人们对马斯克的决定持怀疑态度,他们认为是马斯克的祖母给了他压力,梅耶说:"我不明白他为什么离开我为他营造的这个幸福的家,这的的确确是一个幸福的家。"

虽然梅耶对儿子的决定有些抱怨,但她还是尊重他的选择。后来,金巴尔也受到了马斯克的影响,回到了埃罗尔身边。或许在男性家长的陪伴下,男孩更容易找到自我,这并非是一种情感上的亲近,而是源于基因深处的原始追随。

在回到父亲身边后,马斯克兄弟的生活并没有变得更加快乐,他们和埃罗尔的相处总是缺少了和谐这个音符。马斯克认为埃罗尔总是把事情搞糟,虽然他经营生意的能力很强,却不是一个懂得生活的人,很难给孩子们带来真正的快乐。

无论跟谁在一起生活,父母离异对马斯克心灵造成的伤害都是无法弥合的,原本就不合群的他变得更加沉默寡言,这种性格带来的影响几乎是灾难性的:他无法长时间待在同一所学校,只能不断地转学,在马斯克离开南非时,他已经转了七所学校。频繁的转学让他无法结交任何朋友。对他来说,唯一的朋友只有弟弟金巴尔。

埃罗尔再婚之后,生下了两个女孩,马斯克并没有因为同父异母的尴尬血缘而嫌弃她们,反而把她们照顾得很好。让人觉得意外的是,看似情商不高的马斯克,从不在异母妹妹面前说父亲的坏话,让她们在温馨的家庭环境中成长。

凡事皆有利弊。父母离异对马斯克的人格养成带来了负面影响,但也让他变得独立、富有主见,他不喜欢依赖别人,习惯自己动手解决难题,这也和埃罗尔的教育有关。当时,南非很多家庭都有保姆,然而马斯克家里却没有,因为父亲总是让他们玩一个名叫"美国,美国"的游戏,让他们假扮成美国家庭的儿童,学会自己做家务。有意思的是,马斯克竟然在做家务中找到了独自工作的乐趣。

和同龄人相比,马斯克学习能力很强,理解事物比其他孩子更快,不过有时候也因此发呆,甚至别人叫他也没有反应,结果被医生认为患有耳聋,后来才发现他是因为深度思考而暂时屏蔽了听力功能。

思考是人类审视自我、分析事物的方式,也是重新认识和改造世界的出发点。马斯克的自闭让他专注于思考,看似割裂了他和周围人的联系,实际上让他加强了自身和整个世界的连接,帮助他养成了一种独特的思考方式:世界对我来说意味着什么,我是否可以改变自己和世界的关系?

4. 酷爱冒险的书呆子

书籍是人类进步的阶梯,然而机械地阅读并不能真正提升一个人的修养、品位乃至格局。只有选择性地从书中汲取自己所需要的知识和经验,才能有效地将其转化为强大自我的铠甲和武器。

在马斯克的弟弟妹妹还在追逐玩耍的时候,他已经将注意力放在了读书上,他对玩具似乎没有太大兴趣,反而对阅读有一种天然的狂热。还在八岁时,他就立志要读完整套《大英百科全书》。在如此小的年纪就确定了这样的目标,可见马斯克的与众不同,这种追求也让他的未来不再迷茫、无趣。

读书是一种孤独的学习活动,能帮助读书者远离无趣的人和事。当一个人掌握了丰富的知识之后,就会自动过滤掉身边那些不爱学习、不善思考的人,容易结交到志同道合的朋友。马斯克的阅读能力很强,能够达到过目不忘的地步,但他并非简单地看,而是将书中记载的知识和经验有目的地吸收。

因为古怪的性格,马斯克没有朋友,凡是和他接触过的人都无法忍受他的个性:他对人的坦诚到了几乎残忍的地步——从来不在意别人的感受。由于缺乏社交生活,马斯克更加热爱阅读。每次家人一起逛街时,马斯克会突然消失,但是没人担心他是否失踪了,因为在书店里准能找到他。

沉浸在书籍的海洋中,马斯克拥有了和别人不同的世界。他每天读书长达十个小时,如果赶上星期日,他会一天看完两本书。在马斯克稍大一些之后,他会在放学后自己跑到书店看书,直到父母下班回家。他喜欢看漫画和小说,后来扩大了涉猎的领域,知识面变得更宽。不过有时候,他会因为光看不买被店员赶出来。在马斯克三四年级的时候,学校和附近图书馆的书都被他看完了,他就劝说图书馆馆员订更多的书。

当马斯克看完两套百科全书之后,他的大脑变成了一个活体知识存储库,他能够随口说出一组数据,并由此获得了书呆子的绰号。然而有意思的是,他看的书越多,越觉得自己无知。在众多图书种类中,马斯克最爱的还是科幻小说,比如凡尔纳、托尔金的著作,尤其是道格拉斯·亚当斯的《银河系漫游指南》,给了他无法替代的心灵慰藉。这本书改编自一部广播剧剧本,讲述了地球被外星人毁灭之后,主人公和一个外星人穿越银河的冒险故事。

马斯克认为,《银河系漫游指南》教会了他应该想明白问什么问题,只要抓住了问题的关键点,就能解决难题,由此他得出一个结论:人类应当扩大意识领域的深度和广度,这样才能更好地提出问题。

一个十几岁的少年,在阅读的过程中已经开始探索全人类需要面对的难题了,他的思考、灵感已经冲出了他的大脑,伴随着一众科幻名家的作品飞向了太空。其实,很多"极客"童年时期都喜欢科幻作品,他们被那些奇思妙想的故事吸引,由此树立了人生理想。不过,马斯克比一般的"极客"更深沉也更内敛,在他十四岁的时候,他的兴趣开始偏重于宗教和哲学,或许是因为他更关注人生的真相,在思想意识层面更接近成年人。

《伽利略号火箭飞船》是马斯克钟情的科幻作品之一,从这本书的名字就可以看出它和马斯克是多么投缘。马斯克从这本书中了解了登月和航空的传奇故事,对他产生了强烈的吸引力。糟糕的是,走火入魔的马斯克后来也萌发了制作一架火箭的想法:他在家里的后院弄了一个发射场,然后竖起了自制的炸药和火箭,遗憾的是这次发射未能成功,倒是把堆在院子的家具炸上了天。后来,马斯克又指挥几个小伙伴自制火箭和炸药,将它们放在罐子里引爆,还好没有酿成事故。从那个时候开始,马斯克就对火箭充满了兴趣,他了解了炸药的基本原理,知道强大的能量可以产生推力。

除了读书之外,马斯克最爱的就是计算机了。在马斯克10岁那年,他在约翰内斯堡的一家商场里第一次见到了计算机,他马上对这件物品产生了敬畏之心,他知道人们可以用机器编程去执行指令,俨然能够主宰世界的造物主。后来,马斯克恳求父亲为他购买一台计算机,他为此拿出了全部的零用钱,最终如愿以偿。

马斯克的这台计算机是在1980年上市的,在当时来看是相当奢侈的电器。在拥有了它之后,马斯克又购买了编程书籍自学,原本需要六个月才能学会的课程,他用了三天就学完了。马斯克对计算机的狂热,和比尔·盖茨等人的经历异常相似。

在马斯克掌握了编程和C语言之后,他开始疯狂地挖掘计算机的使用价值。在埃罗尔看来,计算机除了能打游戏之外别无他用,然而马斯克却不在乎这种偏见,一门心思钻研计算机技术。这种极客行为给他带来了收益,在他12岁那年,他利用计算机技术为自己赚到了第一桶金,他开发了一款名叫Blastar的游戏,意思是冲击波,并因此获得了500美元的报酬。马斯克开发的这款游戏在业内广受好评,甚至很多专业做游戏的技术天才都为之震惊,人们完全想不到这部佳作出自一个十几岁少年之手。

对外祖父的崇拜,让马斯克没有变成一个纯粹的技术宅和书呆子,他喜欢户外冒险,喜欢探索未知的世界。马斯克经常和金巴尔在沙地里举行自行车比赛,有一次金巴尔差点送了命。那时候,马斯克和小伙伴们很喜欢玩极客探险,这对于一个书呆子来说是极大的挑战了。当然,那种脑力和体力相结合的"烧脑"类游戏更适合马斯克,他和弟弟曾经参加过一个名叫"龙与地下城"的比赛。这个比赛给参赛者设置了一个房间,房间里放着一个箱子,如果打开就有妖怪跑出来,为了赢得比赛,马斯克能够将每个游戏角色的能力都记忆下来,帮助队友作出准确的判断,借助这种"超能力",马斯克的队伍总能获得胜利。

除了书呆子、技术宅、冒险家等特质,马斯克还拥有另一个标签——商人,他喜欢在空闲时间做些小生意。有一次,他和几个表兄弟去卖复活节彩蛋,赚了不少零用钱,锻炼了他的生意头脑。后来,马斯克和金巴尔已经不满足于这样的小打小闹,他们打算在街上开办一家游戏厅,并拿到了场地的租约,就在万事俱备之际,马斯克才得知要有一个 18 岁的人签署文件游戏厅才能运营,而埃罗尔和其他孩子的父母自然不会同意,他们也只好放弃。

读书、计算机、探险、经商……这些看似风马牛不相及的活动,竟然同时出现在马斯克的青少年时代,展示出了他异于常人的兴趣和思维特质,难怪日后他能在多个领域中有所建树。这或许不是综合技能的体现,而是对整个世界的强烈探求欲望使然。

5. 被蹂躏是为了记住疼

很多天才都是不合群的，但并不意味着他们对同龄人怀有敌意，而是同龄人的思想无法触及他们特立独行的思想，或者说是他们与同龄人之间的交流存在障碍。以马斯克为例，他的过分坦诚并非是为了揭别人的短，而是以直白的方式揭露事情的本质，出发点是想帮助对方。但是在别人看来，马斯克是在故意找茬，比如他会用"黑暗只是没有光线"来吐槽怕黑的伙伴，这种缺乏人情味的"劝慰之词"让他不那么讨人喜欢，但在马斯克看来，他不过是揭示了世界的真相而已。

梅耶对儿子的不合群感到忧虑，她认为马斯克需要朋友。因为金巴尔和托斯卡总能带一堆朋友回家，这时梅耶就让他们带上马斯克一起玩，结果大家对马斯克的评价是太无聊，没有人愿意和他相处。尽管如此，马斯克并没有记在心上，他对弟弟妹妹以及表兄弟妹们都有着很深的感情，每当家族成员聚在一起时总能扮演领导者的角色。

虽然马斯克现在身高将近一米九，可在青少年时代，他个子矮小，又因为喜欢读书染上了书生气质，而当时南非的白人文化崇尚男子汉气概，所以瘦弱的他经常被人欺负。为此，马斯克也有意识地躲避一些不良少年，然而这对于改善他的处境来说也无济于事。即便他老老实实地坐在台阶上吃东西，也还是被人踢下了楼梯，然后遭受到多人围殴。这一次的校园霸凌让他当场昏死过去,治疗和休养了一个星期才返回学校,而这次被殴打的遭遇让他的鼻子变了形,不得不接受整形手术。

校园霸凌是全世界共同面临的话题,无论学校和家长如何教育,总会有一些未成年人崇尚暴力,而施暴者欺凌的对象基本上都是弱者,他们或是性格孤僻,或是出言不慎,总之在施暴者眼中犯下了"滔天罪行"。至于马斯克,他并非喜欢惹事的人,仅仅是因为说话坦诚而被人视为眼中钉,这种暴力行为让他对外人更保持着警惕心。

尽管马斯克差点送了命,但是欺凌他的人并没有就此收手,学校也没有采取有力的保护措施,马斯克因此被一帮未成年的恶魔折磨了三四年,他们似乎不满足于欺凌马斯克一个人,还将施暴的范围扩大到马斯克的朋友身上,目的是让他们不再和马斯克一起玩。后来,被"收编"的朋友还充当诱饵吸引马斯克出来,让那些不良少年轻而易举地收拾他。

如果说父母离异是马斯克的童年阴影,那么遭受霸凌则是他少年时代的炼狱,不仅让他肉体上遭受摧残,精神上也饱经折磨。然而,这段带着血色和灰色的经历,让马斯克也发生了变化。他不想每天活在恐惧中。他认为,不被人欺凌的最好方法只能是正面还击。在马斯克15岁那年,他开始拼命地学习空手道、柔道、摔跤等格斗技巧,在他16岁时,已经从弱不禁风的书呆子长成了一米八多的彪形大汉。后来,马斯克找到学校里最强壮的校霸单挑,一拳将对方击倒在地,从此所有的混混都不敢找他的麻烦了。

遭受霸凌是马斯克少年时代的炼狱,但也是他人生逆袭的开端,他没有被暴力行为击垮,反而依靠自己的力量改变了命运。从这一刻开始,马斯克身上再现了外祖父英勇无畏的影子。

马斯克在比勒陀利亚高中度过了高中时代的尾声。这所学校是公立学校,在这里读书的学生目标都是剑桥或者牛津大学,因此那种混混学生看不到了,也没有人再欺凌马斯克,让他获得了自由和安全。而且,同学们对马斯克的印象也不错,他们认为他是一个安静可爱的男生,不过头脑倒不是最聪明的。尽管如此,马斯克仍然没有和同学建立更亲密的关系,因为他不喜欢体育运动,而是喜欢金融,让别人根本插不上话,自然就被孤立了。后来,同学们得知马斯克成为亿万富翁之后都异常惊讶,因为马斯克在学校时没有担任过任何职务,是一个没有存在感的人。

虽然不够出类拔萃,但是马斯克的古怪个性引起了大家的注意。有一次,马斯克将自己制作的一个火箭模型拿到了学校,准备在课间休息时点火发射。还有一次,马斯克在辩论会上慷慨激昂地表示反对用矿物燃料。这对南非这样矿产丰富的国家来说匪夷所思,然而马斯克却态度坚定地支持使用太阳能,这种认识已经超越了这个时代的大多数人。更让大家觉得不可思议的是,马斯克多次表示要让人类去其他星球建立殖民地。还好,没人认为马斯克是疯子,倒是把他的种种言论当成课间休息的娱乐节目。

马斯克并不只是喜欢空谈,他利用业余时间参加了计算机学习班,主攻 Pascal、Cobol 等语言,他还利用业余时间创作了超自然题材的科幻故事。虽然在这些方面他十分努力,可他的学习成绩并不突出,这倒不是他学不好,而是他缺乏对这些知识的热情。在他看来,很多课程完全没有意义,比如南非荷兰语,对他来说只要及格就算胜利了。不过对于计算机和物理,马斯克却铆足了劲刻苦攻读,力求得到一个 A。

随着高中生涯的结束,马斯克充满羞辱感的人生历程也终于落幕。他身上的伤痕慢慢褪去,但心上的疮疤却隐隐作痛,所幸的是,欺凌没有让他变得自卑和消沉,反而给予他顽强向上的动力。对于天将降大任者,越早品尝屈辱的滋味,就越渴望扬眉吐气的胜利。

6. 踩住跳板进入理想国

1988年，马斯克的人生被世界历史改变了，站在十字路口的他做出了正确的选择。

南非和非洲大陆的其他国家一样，曾经发生过欧洲殖民者和土著居民的战争，最终以欧洲人的胜利而告终。随着"海上马车夫"荷兰的入侵，好望角变成了荷兰东印度公司的中转站，最终，开普敦也沦为殖民地，当地居民成了奴隶。然而，被殖民者从未停止过反抗，殖民者之间的战争也从未停止，特别是在南非的金矿和钻石矿被发现之后，日不落帝国的铁蹄也踏入此地，赶走了荷兰人成为新任统治者。至此，南非的通用语言变成了英语，白种人成了上等人，在第二次世界大战之后，等级制度进一步强化。

随着人类现代意识的觉醒，非洲的各大殖民地掀起了独立运动，南非的邻国也摆脱了宗主国的控制。在20世纪80年代之后，种族主义在南非日渐式微，从1986年开始兴起了废除种族隔离制度的浪潮，反对压迫的呼声在民众当中蔓延，然而政府依旧阻挡历史车轮的前进，采取强硬手段镇压黑人的平权运动。在这种激烈的对抗中，南非的经济环境恶化，曾经被企业家们视作创业乐土的地方正分崩离析。很多白人充满恐慌，他们曾经因为肤色而自豪，如今却因为肤色而恐惧，他们变卖资产，携家带口地逃离非洲大陆。

在历史的车轮面前,个人也好,家族也罢,都会被时代的洪流所裹挟,马斯克一家也不例外,他们开始思考是否要离开南非的问题。但是对马斯克来说,保命并非他离开南非的主要原因,他深知自己的奇思妙想无法在这片土地上生根发芽,只有另寻他处才能柳暗花明。对马斯克来说,美国是最理想的去处,那里不仅经济发达,而且包容性很强,能够接受他那天马行空的幻想。然而,美国并不是敞开大门接纳所有人,马斯克只能采取曲线救国的手段。

当时,加拿大的法律进行了调整,允许子女可以继承父母的国籍,而梅耶给了马斯克一半的加拿大血统,这就成了马斯克的敲门砖。经过一年的漫长煎熬,马斯克终于如愿以偿地拿到了护照,而梅耶这时才知道儿子要去加拿大。

1988年,马斯克以探亲为理由离开了南非,乘坐飞机跨越大西洋,降落在加拿大的蒙特利尔,这一年他17岁。

在马斯克离开南非不久,南非总统宣布废除种族隔离制度,1994年曼德拉当选为总统。他虽然是黑人,却没有向白人报复,而是提出让不同的种族互相融合,忘掉过去面向未来。事实证明,曼德拉的决策是正确的,南非没有因为政权更迭产生新的混乱,白人和黑人之间的仇恨也渐渐消弭。

南非的巨变对马斯克来说意义不大了,他面临的是如何在美洲大陆安身立命的难题。因为没有为这次远行做好充分的准备,马斯克到达蒙特利尔之后,由于没有生活来源,身上的钱很快就花光了。一个出身于中产阶级家庭的年轻人,没有什么社会生存能力,即便有经商头脑,也缺乏必需的本钱,这就是马斯克当时的窘迫处境。为了填饱肚子,不善交际的他只好去找舅舅帮忙,可是他根本不知道舅舅住在什么地方,只能通过公用电话簿寻找,结果没有找到。后来,梅耶告诉他,舅舅已经搬到了明尼苏达州,马斯克一下子变得孤立无援了,他只好去便宜的青年旅馆里暂住。

马斯克不能坐以待毙,在了解了蒙特利尔的基本状况之后,他开始联系亲戚们,然而他们像蒲公英一样散落在各地。为了方便找到他们,马斯克购买了一张全国通用的车票,最后敲开了一个远房表兄家的大门。然而,表兄对这个多年不联系的远亲并不怎么欢迎,不过还是让马斯克填饱了肚子。这种寄人篱下的生活让孤傲、内敛的马斯克十分感慨,他终于意识到在生存面前,尊严也好,理想也罢,都要让位于基本生存。

马斯克在表兄的农场里帮忙,负责清洁菜地和照料农作物,这对四体不勤的他来说无疑是一种挑战。当然这还不是最糟糕的——他还当过锅炉清洁工。这对马斯克而言是最苦的差事了,上工之后必须穿上厚重的防护服,用铲子清理锅炉中的煤渣,一不小心就可能摔到狭窄的通道下面,如果待在原地超过半个小时就会被热死。讽刺的是,如此危险的工作,每个小时的报酬只有18美元,让人想不到的是,马斯克竟然成了最终留下来的五个工人之一,甚至只剩下三个人时他依然没走。这大概是因为马斯克体内的冒险家基因被充分激活了,他暂时忘掉了微薄的报酬和高危的风险,而是把它当成一项挑战自我的工作,这种对苦难的惊人忍受力,似乎也在预示着他未来必然的成功。

在打工谋生的日子里,马斯克每天的生活费不足1美元,过着下等贫民的生活,有时候实在拮据,只能买些烂橘子充饥,这种穷困潦倒的生活让他终生难忘。不过,马斯克也学习到了一些技能,比如用电锯锯木头。

马斯克体验过很多种艰辛的职业,唯一能让他感到轻松的就是在银行做实习生,这份工作虽然赚钱不多却比较清闲,还能学到一些金融知识。马斯克知道,他不能一辈子靠出卖苦力养活自己,只有知识才能改变他的命运。后来,埃罗尔得知了儿子的境况,可是他没有寄钱帮助马斯克,而是让马斯克返回南非。马斯克拒绝了。对他来说,在南非的经历已经成了过去,他要以加拿大为跳板,开始一场逐梦的奇幻之旅。

7. 辍学＝去标准化思维

求学,是每个以知识为工具的人选择的成功路径,但它本身是一把双刃剑:既可以赐予你重新认识世界的眼睛;也能用流水线的教学模式消除你的个性,让你在获得知识的同时丧失自我的独立意识。

当马斯克在加拿大的生活逐渐稳定下来之后,他申请了加拿大的安大略皇后大学,经过考试他顺利地被录取。

安大略皇后大学是安大略省的老牌学府。1841 年,维多利亚女王建立皇家宪章之后就有了这所高校,它从 1912 年开始转变为非教会学校,该校的艺术、法学、生物和医学等专业都非常出色,而工程专业是马斯克最为看重的。在马斯克被录取之后,埃罗尔终于愿意提供给儿子经济上的援助,马斯克再也不用靠打工来养活自己了。

在马斯克进入安大略皇后大学之前,他曾经在比勒陀利亚大学学习过工程学和物理学,然而没几个月他就辍学了,这段经历他后来很少提及。当时,马斯克并没有将主要精力放在求学上,他声称是为了打发时间,因为他在等待拿到加拿大的签证。其实从另一个角度看,马斯克不是厌学,而是不喜欢比勒陀利亚大学的氛围,因为当时南非社会正在经历社会动荡,所以对马斯克来说,只有北美的教育水平和学习氛围才适合自己,既然他在这里找不到自己想要的东西,也就更坚定了他去北美求学的信念。

没过多久,金巴尔也从南非来到了加拿大,兄弟二人终于重逢了,他们在闲暇之余会一起看报纸,不过不是为了学知识,而是为了约人出来吃饭,其中最有名的当属《环球邮报》的专栏作家尼克尔森,他原本对这种冒失的骚扰毫无兴趣,然而马斯克兄弟的诚意打动了他。见面之后,尼克尔森对马斯克印象深刻,因为他举止笨拙,而金巴尔更富有社交魅力。不过,尼克尔森还是提供给马斯克一个在银行实习的机会。

大学生活从某种程度上优化了马斯克的个性,也帮助他找到了一批志同道合的人。马斯克对探索太空的兴趣有了听众,他们喜欢听他的独到见解,并能作出积极的回应,让马斯克在青少年时被践踏的自尊得到了修复。

和高中时代相比,马斯克开始愿意融入人群,也愿意表现自己,他经常参加各种演讲比赛,逐渐锻炼了口才。他的好胜心也展现得淋漓尽致,他还经常和同学比拼成绩。每当他想要攻破一个难题时,都能以常人缺少的专注为自己增加获胜的机会。

1992年,马斯克进入安大略皇后大学已满两年,就在这时,他转学到了宾夕法尼亚大学的沃顿商学院。

沃顿商学院是全球最著名的商学院之一,它于1881年创立,是美国第一所大学商学院,成立的宗旨是为了培养商界的领导人才。沃顿商学院开设金融、全球战略、保险、不动产等多个专业,旨在培养学生的领导力、创新力以及实干家精神。无论从教学质量还是学术研究来看,沃顿商学院都走在了同类学院的前列,很多名人都毕业于此,比如沃伦·巴菲特、彼得·林奇、唐纳德·特朗普等。

对马斯克来说,沃顿商学院是他迈向新的人生层次的重要阶梯,而宾夕法尼亚大学是常春藤名校,能够带给他不同的学习体验。而且,能够去美国的大学学习是马斯克的梦想。在他的心目中,美国是一个充满了传奇色彩的国度,无论是科技还是电影都能让人呼吸到不同的味道。因此,马斯克抛开一切牵挂,进入沃顿商学院学习经济学。

此时的马斯克彻底和青少年时期的内向少年划清了界限。美国社会的融合性和开放性让他的性格发生了变化,他开始掌握了一些社交技能,他的谈吐、思维和理念有了更多的支持者,大家经常会围在一起讨论一个问题,彼此非常开心。随着马斯克频繁出入校园内的一些社交场合,他的朋友圈也扩大了,其中一些人成了他日后的生意伙伴,比如阿迪约·罗西。

罗西是一个头脑灵活、性情古怪的人,身上有一种艺术家气质。他和马斯克都是转校生,而且都不幸地被安排到脏乱差的新生宿舍,两个人很不满意,就去校外租了一间带着10个房间的大房子。后来他们商量了一下,觉得与其浪费这么多空间,不如用它来做出租的生意。

当时,学校里有很多学生喜欢举办聚会,但是校方管理严格,对一些主题聚会并不支持,于是马斯克和罗西对公寓进行了改造,马斯克发挥了他初到加拿大时干苦力学到的特长,他和罗西购买了装修用的彩纸和工艺品,将普通的公寓装扮成夜店风格,吸引了学生们的注意,马斯克还负责给公寓做广告。

马斯克和罗西属于无照经营,不过没有被查出来,在他们的生意开张后,来公寓开派对的学生络绎不绝,每个人只要交5美元就能在这里享用啤酒、果冻酒和其他酒水,因此每次出租都能招来500多个客人。

马斯克不太喜欢喝酒,只是偶尔喝一点伏特加兑健怡可乐——他认为在聚会上应当保持清醒。通过这件事,罗西认为马斯克是一个自制力极强的人,除了玩电脑游戏。后来,梅耶来公寓探望儿子,临时承担了收门票和保管衣物的工作,她发现那个装钱的鞋盒被塞得满满的。

由于聚会多是开在晚上,加上年轻人喜欢大喊大叫,所以马斯克他们经常被邻居投诉,警察也多次上门劝诫,每一次都被马斯克成功化解。出租公寓的生意让马斯克和罗西获利不少,一个晚上的利润就能帮他们赚回一个月的房租,当然最重要的是他们积累了商业经验。不过对马斯克来说,这段经历让他的性格发生了变化。他虽然还有些呆板,但在为人处世上已经能独当一面,用罗西的话说,他会开玩笑了。

尽管有了额外收入,但马斯克没有因为经营副业而荒废了主业,他在校期间成绩一直不错,多次获得奖学金,这些钱帮助他顺利地毕业。与此同时,马斯克也在思考日后的人生:他到底要做什么?

马斯克曾经想过要去做视频游戏,不过又认为这个目标不够远大,即使他开发出一款深受全世界欢迎的游戏,那又能产生多大的影响力呢?人类的生活不会因此改变。

将人生目标和人生乐趣理性地分开,这是马斯克认知能力强的表现。有的人信奉快乐工作的原则,选择自己喜欢但无多大意义的工作,其实这是在浪费自己的才华。

经过一段时间的筛选,马斯克将奋斗的目标锁定在了太空、互联网和清洁能源三个领域,他觉得这些都和人类的未来发展有着深刻联系。其实,对这三个领域的构想很早就在马斯克的脑子里生根发芽了,然而能够理解他的人并不多,特别是他提出的有关电动汽车的构想,让很多人认为他神志不清了。但在马斯克看来,这三个领域不是随便选取的,而是经过他的缜密思考选择的。

马斯克不喜欢做随波逐流的人,他擅长思考别人未曾想到的事情,并运用科技手段将幻想变为现实。后来,他撰写了一篇有关太阳能重要性的论文,谈到了材料改进和大型太阳能发电站的建设等内容,还深入研究了太阳能电池的工作原理以及各个部分的有效利用,甚至为人类描述了能源站的未来:他画了两个巨大的太阳电池板悬浮在太空,每个足有四千米长,它们借用微波不断地向地球发射能量,而接收能量的天线直径长达七千米。如果这篇文章是在加拿大或者南非发表,马斯克的奇思妙想很可能会被认定为痴人说梦或者是有意捣乱,但是美国式的自由教育理念,让他凭借这篇论文获得了 98 分的好评。马斯克意识到,选择在美国深造是正确的。

当然,更值得肯定的不仅是他撰写论文时的清晰思路和论证逻辑,而是他能从实用的角度出发,能够将纯学术的内容和商业完美地结合,能够将各种科研成果转化为营利性的项目。

1994年,马斯克获得了经济学学士学位,然而他没有就此满足,准备继续留下来攻读物理学学位。和经济学相比,物理学更让马斯克着迷,如果说前者改变的是社会的经济形态,那么后者改变的则是社会的物理形态,更具有颠覆性。后来的事实证明,物理学为马斯克创业成功奠定了坚实的基础。

1995年,攻读完物理学的马斯克没有停下求知的脚步,他进入了位于硅谷的斯坦福大学研究生院。来到这里之后,他发现很多学生都非常喜欢互联网,很多人都有一门拿手的技能,更有人幻想着能够成为比尔·盖茨第二。这些年轻人不仅敢想也敢做,他们创办了很多新公司,其中就有谢尔盖·布林和拉里·佩奇的谷歌。马斯克终于发现,求学对他来说并不是重要的,与其将宝贵的时间放在学业上还不如去创业,而这也是当时硅谷流行的风气。本来,马斯克进入斯坦福大学是想学习应用物理学,不过他现在意识到,这种漫长的积累知识的过程不如直接获取经验有用,他应该放手去做具体的项目,而这些都需要钱,他只有放弃学生的身份才有机会赚钱,于是他果断地辍学了。

对于马斯克的辍学,有些人认为这个决定太过草率,因为能够在斯坦福大学念书是很多人梦寐以求的,不过也有人认为这才是年轻人该有的心态。其实对马斯克而言,他并非是看轻知识对创业的重要性,而是不想接受传统的培养人才的方式,这种用几年的学制去传授知识的方法,和大工厂上的流水线作业没什么区别,产出的人才也缺少差异性,他不想被标准化。哪怕它是斯坦福,哪怕它是沃顿商学院,他都必须保护自己独特的思维,因为这才是成功者的核心竞争力之一。

从客观上看,马斯克的辍学有年轻气盛、冲动的一面,但是对他的传奇人生来说,打破常规才是故事的标准开头。近代文明的任何一次突破都是对传统的挑战,当一个人按部就班地去执行人生计划时,也将错失很多逆风而起的"爆点"。

Chapter 2

第二章

奇迹和毁灭隔着一个不高兴

1. 恋上硅谷的"脑残粉"

硅谷是"极客"们的乐园,这里忙碌、充实、快节奏、高效率,让每一个掌握一技之长的人都有用武之地。他们愿意在硅谷寻找梦想,也有实现梦想的机会。事实的确如此,在这个世界上,有人以宗教为信仰,有人以偶像为信仰,也有人以金钱为信仰……在诸多的信仰对象中,"硅谷精神"就是很多"极客"们的信仰,它传递给信徒的并非掘金之道,也不是修炼之法,而是敢于打破常规的创业思维,而马斯克就是硅谷精神的"脑残粉"。

马斯克的弟弟金巴尔,在哥哥的影响下也萌生了创业的想法。虽然当时他是一间画室的承销商,生意做得不错,但他并不想以此为人生的终点,总想着要开拓一片新天地。

1994年,金巴尔和马斯克凑钱购买了一辆宝马汽车,开始了一段游历旧金山的旅程。虽然加利福尼亚是高温天气,不过两人却很享受这段旅程,他们一路上打打闹闹,脑子里却在构想着如何开创一番事业。经过一番考量,他们瞄准了当时刚刚兴起的互联网,准备做与之相关的业务。

起初,马斯克兄弟想到为医生打造一个信息交换和协作的网络系统,他们觉得医生这个行业正在被现代文明改变,为此金巴尔还撰写了一份商业计划书,不过他们很快对这个项目失去了兴趣。暑期开始以后,马斯克来到硅谷找了几份实习生的工作,白天他会去研究所实习,这是一家当时被媒体热炒的创业公司,号称正在研制超级电容器,能够为电动车提供强大的动力来源,所以吸引了马斯克。

马斯克一直幻想着将《星球大战》中的激光武器变为现实,让它们能够释放出强大的能量,而这些武器的奇妙之处就在于拥有超级电容器,它比电池更稳定也更有能量。因此,马斯克很喜欢在研究所工作,这和他的商业目标非常接近。

不得不说,马斯克不仅有着超出常人的雄心胆略,也有着让普通人望尘莫及的旺盛精力,他除了去研究所工作,每天晚上还到一家火箭科学游戏公司打工。这家公司的业务方向是开发世界最先进的视频游戏,用先进的光盘代替传统的卡带来保存更多的游戏信息。这项工作和马斯克的个人爱好非常接近,不过他从事的工作却比较无聊——编写没有技术含量的基础代码。随着公司业务的拓展,马斯克开始编写一些驱动程序代码,让游戏手柄和计算机游戏充分联动起来,这是一项任务繁重的工作,但是马斯克凭借自学完成了挑战。他总是尝试寻找执行多重任务的捷径,让用户能够在光盘读取视频资料的同时玩游戏,这看似是一个简单的想法,但是实践起来并不容易,需要设计出复杂的程序代码。尽管如此,马斯克还是顶住压力,不分昼夜地工作,他旺盛的精力得到了人们的称赞。

整整两年间,马斯克每到夏天都在硅谷打工并打算永久定居下来,他甚至劝说金巴尔也搬到硅谷,因为这里才是征战互联网的终极战场。

从硅谷走出来的成功者数不胜数,而马斯克的偶像是一个名叫吉姆·克拉克的人,他是一个创业专业户,连续创建了三家市值超过 10 亿美元的公司,每一家都是行业内的领军者,媒体称他是"将世界甩在身后的人"。显然,马斯克想要引领时代,他认为如果不能先人一步,即便赚再多的钱也无法凸显他的价值。

马斯克思考着未来的创业方向,很快,网络分类推销成了他看重的领域,这个灵感还是源自于一个笨嘴拙舌的黄页推销员——他向马斯克所在的公司推销网络黄页的好处，却没有抓住重点，但是马斯克从中窥见了商机，他认为未来市场一定需要这类业务。

马斯克将这个想法告诉了金巴尔，兄弟二人很快着手建立一个名叫"Global Link"的信息网站，还拉上了金巴尔的一个同学。该公司的主营业务是传统媒体电子化业务，让国内的地方商家和网络媒体合作，对他们的产品本地化，比如让地方报纸登录互联网，让更多的人看到。

其实早在沃顿商学院学习期间，马斯克就为一个从事电子书扫描服务的公司写过商业策划案，所以他的首个创业目标就瞄准了电子书扫描。后来，马斯克将"Global Link"改名为 ZIP2。

说起 ZIP2，它原本是一个有些离谱的创意。要知道在 1995 年，了解互联网的公司并不多，更没有几个人能够熟练上网去了解世界，很多企业根本不知道怎么推荐自己，要赚这些人的介绍费谈何容易。

这一年是 1995 年，由于马斯克刚刚创业，手中的积蓄并不多，所以 ZIP2 的现金流十分紧张。公司的办公场所也是一间租来的房子，马斯克他们忙碌完了还要睡在这里。除此之外，办公室里没有像样的家具设备，马桶经常罢工，屋里的气味可想而知。当然这并不是最糟糕的，马斯克面临着业务推广的难题。为了拉到客户，他们打算去说服饭店，让饭店将自己的业务信息发布在网络上，ZIP2 负责给饭店制作一个能够检索的目录和地图。马斯克说，每个人都应当知道距离自己最近的比萨店在什么地方，而这个理念至少超越那个时代 10 年。

众所周知，网络公司没有足够用的带宽是不行的，但这是一笔不小的花费，为此马斯克和一个名叫吉鲁阿尔的互联网服务供应商谈判，从他的公司里拉出一条网线接入 ZIP2，这样就能节约不少费用。虽然马斯克他们不宽裕，但是并没有拖欠租借费用。

马斯克拿出了比打工时还要认真的态度去经营公司，他完成了后台需要的全部原始代码，而由能言善辩的金巴尔去推销业务。最后，马斯克以极低的价格拿到了一个湾区企业数据库的访问许可证，让 ZIP2 拥有了一批数量可观的企业名称和地址。接下来，马斯克与一家综合电子地图信息供应商取得了联系并达成协议，对方愿意免费提供技术给他们。于是，一个初具规模的原始信息系统准备完毕。

随着需要录入的企业数量增多，ZIP2 必须丰富原始数据，覆盖主要城市以外的地方，最关键的是能够让用户在家里使用电脑时顺利操作，否则体验太差会影响公司的口碑，但是这意味着需要更多的资金投入。终于，埃罗尔拿出了 28000 美元，算是帮助马斯克顺利度过了最难熬的阶段，但是这笔钱也很快就花光了。当时马斯克兄弟过得十分窘迫，二人连换洗的衣物都只能挤着放在一个小柜子里，洗澡只能去外边，吃的也是快餐，金巴尔已经能够背出快餐店菜单上的所有菜品。

更糟糕的是，随着办公设备的不断增加，原本就拥挤的办公室已经物满为患，马斯克又租了一套两居室的公寓，但是他们买不起床，只能把两个床垫扔在地上凑合。如此寒酸艰苦的工作环境，很难招到员工，后来马斯克费劲唇舌"骗"来一个韩国的工程师做实习生，他出门开的是马斯克的破烂宝马，这辆车经常开着开着就掉轮胎。

创业的艰辛会让一个原本洒脱的人变得狼狈不堪，他会因此感到彷徨，也会因此感到焦虑，然而一旦这种狼狈没能在第一时间击败他，就会在下一个路口变成一种强大的推动力。创业者会适应甚至爱上这种狼狈，因为他知道自己正在路上。

2. Zip2 就是打开箱子放出妖怪

在创业之路上,有时会无意中打开潘罗拉魔盒,从里面放出各种意想不到的变量,有来自市场的,有来自竞争对手的,也有来自整个时代的……这种未知性让创业变得更有悬念、更刺激。

创业面临的短暂困难不可怕,可怕的是这种困难没有终结的征兆,而这正是马斯克所担心的。他渐渐发现了自己的一个营销误区,虽然ZIP2的定位是互联网公司,然而在网络没有完全普及的情况下,传统的推销手段不能放弃,他们必须说服那些对网络不了解的人信任他们,然后才能弄到资金,这就需要组建一支有战斗力的销售团队。于是,从1995年开始,马斯克大规模招聘销售人员。尴尬的是,很多新员工并不懂互联网,马斯克被迫对他们进行了培训。后来,在一位名叫海尔曼的销售员的带动下,最早一批推销干将进入ZIP2,成为公司业绩的拉动者。海尔曼对他的新老板印象深刻:马斯克像狗一样睡在办公桌旁边的睡袋里,有人先到了就把他踢醒。

显然,马斯克的工作狂和偏执是员工最害怕的,相比之下,乐观阳光的金巴尔更讨人喜欢,他总是能够用积极的情绪去感染团队。在金巴尔的鼓励下,海尔曼去找斯坦福购物中心这样的高档商家合作,却吃了闭门羹。毕竟ZIP2只是一个名不见经传的小企业,更何况当时的互联网在很多人眼中并没有什么价值。其他销售员也时常碰壁，有的人好不容易找到了汽车经销商合作，结果ZIP2过慢的网络速度让客户体验很差，销售员只好安慰客户：明天会变好。但就是依靠这种不屈不挠的韧劲，ZIP2终于收获了几百美元的支票。

销售人员在前线疲于奔命，马斯克也在后方不断修改软件系统，因为这是说服客户的根本。不过，马斯克并没有将精力完全局限在产品本身，他也在思考着如何让客户对他们的产品有良好的印象。

一个优秀的产品，不能躲在黑暗的角落里发霉，它必须光鲜闪耀地展示在世人面前，这样才能体现它的价值。为此，马斯克自制了一个便携箱子，将软件放进去，每当面对客户时就庄重地打开，好像里面的软件能自主运行一样。虽然这有点类似噱头营销，但是对投资人来说，他们记住了马斯克的名字，也对ZIP2产生了浓厚的兴趣，愿意出钱赌它的未来。

终于，一个叫科里的加拿大商人被ZIP2谋划的商业前景打动了，在1996年成了联合创始人之一。科里虽然不懂互联网，但他阅历丰富，能够让马斯克这帮年轻人减少冲动的决策，逐渐从联合创始人变成了创业导师。有意思的是，一向独断专行的马斯克对科里几乎是言听计从，这种奇妙的化学反应让团队有了更强的凝聚力和执行力。

于是在1996年，ZIP2迎来了转折年。这年，一家风投公司看中了ZIP2，约马斯克和金巴尔见面，双方一拍即合，马斯克获得了300万美元的投资。马斯克用这笔钱将办公室迁到了帕洛阿尔托剑桥路上，工作环境得到了质的提升，他也开始招募有能力的工程师。与此同时，ZIP2的商业策略也进行了调整，他们不再局限于硅谷地区，而是要将业务范围扩大到整个美利坚。在营销策略上，马斯克也不局限于上门推销，而是开发出一个软件包出售给报业公司，让报业公司自创他们的分类广告目录，这样就能为ZIP2的业务起到示范作用。

ZIP2开始走上了正轨和快行道，马斯克也成了首席技术官，他聘请理查·索尔金出任 ZIP2 的 CEO，此人非常了解互联网的投资项目，经验老到。不过对马斯克来说，自己未能亲任 CEO 还是非常遗憾，因为很多决定权不在他手上。但是，这个人事安排是风投公司提议的，马斯克不能违抗金主的安排，当然这还不是最让他郁闷的，马斯克渐渐发现，公司新招募的程序员能力远超过他，他们只看了一眼 ZIP2 的代码就决定重写，而且修改速度极快，还能将软件项目合理划分成不同的模块，然后进行细化，这让马斯克产生了自卑感和危机感。尽管如此，马斯克还是感到欣慰，毕竟有更专业的代码编写人员，对 ZIP2 的发展是有利的，而新鲜血液的注入也改变了原有的工作流程：过去马斯克认为做一件事很快就能完成，而工程师们设定的时限要超过他的预期，虽然工时看似增加了，但质量也有了巨大提升，这对产品口碑的塑造非常重要。

虽然公司自上而下发生了剧变，但是马斯克乐于接受这种变化，因为他在见证 ZIP2 的成长。随着工作经验的积累，马斯克的个性也悄然转变了，他不再是一个懦弱傻气的人，而是变得具有对抗性和征服性，这种变化利弊皆有：有利的是，马斯克不害怕与人发生矛盾并总能想到解决方案；有弊的是，马斯克很少表现出对他人的理解，他甚至在一次开会时甩手离去，只因为创意总监说了一句，"有人抱怨说我们无法实现这项技术变革。"

当然，在面对投资人的时候，他也懂得妥协并隐藏自己的真实情绪，这种成熟的处世之道让他获得了很多收益，他和金巴尔各自购买了一辆新车。

为了凝聚团队，马斯克组织员工骑行穿越萨拉托加峡谷，马斯克在上山之后呕吐不止，但是他宁可承受这种痛苦也不想落在队伍后面。对他来说，登上山顶和追求极致的产品同等重要，因为放弃和落后早就在马斯克的字典里被去掉了。除此之外，马斯克还会动员团队参加第一人称电脑射击游戏比赛，如果不是因为一个选手的电脑出了问题他们就夺得了冠军。无论是现实世界的争锋还是虚拟游戏的竞赛，马斯克都力求封王，这不是一种虚荣心,而是流淌在骨子里的好胜基因。

当马斯克筹划着公司的未来时,互联网时代来临了,很多网络创业公司都迎来了一个利好的时代,不过马斯克并不在乎能赚到多少钱,而是更倾向于体验创业的乐趣。和学生时代相比,走上创业之路的马斯克能够将想法转变为现实,将他掌握的知识和经验转化为财富。

1998年,ZIP2成功度过了初创阶段的磕磕绊绊,进入了稳定的运营时期。马斯克的客户资源也丰富起来,甚至连《纽约时代》这样的大媒体也成了ZIP2的固定客户之一。马斯克和ZIP2已经成了圈内小有名气的创业者和企业,大家都认为电子业务领域诞生了一匹黑马。ZIP2的顺利发展和马斯克的个人能力分不开,他在洽谈业务时有着强大的感染力,哪怕是初次见面的潜在客户也能被他描述的方案打动,迅速地和ZIP2建立合作关系。

或许不会有人想到,如今面对客户侃侃而谈的马斯克,曾经是一个不善言辞且惹人讨厌的傻小子,这种性格的改变是一个成功者想要斩获最终目标的必然选择,他看重的不是保存个性,而是保持梦想的火种不熄灭。

3. 你们负责开发，我负责天下大乱

商场上是不存在永远的朋友的。当利益分割不均时，昔日盟友间的温情面纱将会被无情地撕破，而这种翻脸之后爆发的冲突，往往比与天然为敌的对手之间的冲突更具破坏性，这几乎是绝大多数创业团队必经的过程，比如乔布斯曾被"苹果"踢出局，现在似乎轮到马斯克了。

ZIP2 在新闻界的影响力逐渐扩大，和纽约时报集团等著名传统媒体签署了协议，此外还获得了一笔对方额外提供的 5000 万美元的资金。其实，这些报业大鳄们之所以不惜血本，是因为他们意识到了 ZIP2 代表的是正在崛起的互联网。作为传媒界的老牌企业，他们必须尽快适应新的广告模式才能确保不被竞争对手甩在身后。但是这样一来，ZIP2 的知名度就被各大报纸掩盖了，消费者们并不知道这些报纸的背后是 ZIP2 的技术在支持，这是马斯克不愿意看到的。他希望让 ZIP2 直接面对消费者并为他们提供有趣的服务，因此他提出建议：买下"City.com"这个域名，然而媒体公司却并不同意，认为这会改变 ZIP2 既定的商业方向。

1998 年，ZIP2 斥资 3 亿美元吞并了竞争对手 CitySearch，新公司继续使用这个名字。从表面上看着这是一次强强合作，因为 CitySearch 已经在全美广泛覆盖并拥有成熟的销售团队，ZIP2 则拥有一支高质量的工程师团

队,然而双方在谈判的过程中出现了分歧。

当时,ZIP2和CitySearch都需要考察彼此的人员配备情况,有一些多余的员工要被裁掉,从而优化部门结构,可就在这个过程中,ZIP2发现CitySearch的财务问题非常严重,而且在合并之后ZIP2的高管要被降级,这样就触犯了他们的既得利益,因此在ZIP2内部出现了反对合并的声音。对于这种意见,马斯克原本是反对的,他希望看到两家公司兼并之后形成的强大战斗力。然而随着时间的推移,马斯克也怀疑合并是否对ZIP2真的有用,最终他成了反对派。

1998年,ZIP2和CitySearch的合并计划泡汤,马斯克则将矛头指向了CEO索尔金,认为他在这次事件中负有责任。其实这并非是主要原因,马斯克不甘心只做一个技术领袖,他要控制整个公司的走向。但是,马斯克的请求被董事会拒绝,他还被剥夺了董事会主席的席位,不过索尔金也未能幸免于难,他被风投公司指派的普罗迪昂取代。

结果,索尔金和马斯克成了冤家对头,索尔金认为马斯克才是导致合并失败的罪魁祸首,双方僵持不下,这时普罗迪昂站出来表示,如果马斯克想当CEO,这个愿望可以通过出售ZIP2来满足。

ZIP2受到合并失败的影响,开始走下坡路,公司不断亏损,团队人心涣散,焦虑万分的马斯克提出一条补救建议:只有靠近消费者才能改变这种劣势。然而他的建议风投公司并不赞同,普罗迪昂指出:马斯克的商业策略只能让公司投入更多的钱而未必收到回报,因为微软也在进入这个市场,同类的企业也虎视眈眈,ZIP2很可能会遭遇全面围剿。

就在投资者和创业者几番纠缠之际,天上掉下来一个大馅饼。

这个"馅饼"就是康柏公司。或许今天很少有人知道康柏,但是在20世纪末,康柏是能够和微软、IBM比肩的计算机公司,它曾经的口号是"比IBM电脑更为精巧,更为廉价",其生产的个人电脑销往全球且业绩不俗,是行业巨头之一，象征着一个时代的繁华。然而遗憾的是，在进入21世纪的第一年，康柏就被惠普收购，成为轰动一时的爆炸性新闻。从康柏的浮沉似乎能够窥见互联网的美丽与哀愁，它能够让一家公司在短短几年平地而起，也能让一家公司在三五年间由盛转衰。

1999年2月，康柏表示愿意出资购买ZIP2，这对于进退维谷的马斯克来说是一个好消息，ZIP2的董事们也欢欣鼓舞，他们甚至准备了一次盛大的派对来迎接这次收购。不过马斯克却没有想在康柏工作的兴趣，他知道收购即将尘埃落定，他思考的是自己下一步该何去何从。

有人认为，ZIP2虽然经历一些波折，但发展前景还是良好的，这时应当趁热打铁，马斯克为何铁了心要转手呢？

马斯克当然不是钻进了钱眼里，他是一个善于分析问题关键点的人。在他看来，ZIP2自身的价值正在被高速发展的互联网所稀释，和它类似的很多初创公司的价值都被严重高估，已经陷入了泡沫经济的虚假繁华当中，继续投资只能让这些泡沫变得更加膨胀。虽然只有短短的三四年光景，但是泡沫已经临近了破碎的危险期，届时将会急速下坠，想收手都来不及了。

1999年，康柏公司的Alta Vista部门以3.07亿美元和3400万股票的价格完成了对ZIP2的收购。马斯克作为股东和经营者，获得了2200万美元的个人收入，一跃成为千万富翁。

马斯克赚到了钱，同时也获得了教训。他认为自己原本有机会处理好和员工之间的矛盾，但是他缺乏这方面的经验，不足以带动整个团队和他想在一处，这也是他早年人生经历的缺憾之一。因此，在ZIP2被收购之后，马斯克尝试弥补这方面的短板，他知道无论自己以后做什么都需要带领一群志同道合的人工作，否则分歧和矛盾就会源源不断，再美好的理想也会被彻底摧毁。除此之外，马斯克的强硬态度也让很多工程师无法适应,他经常会不请自来地修改代码却不告知对方,结果惹得很多人不高兴。后来马斯克意识到,这样做会打消工程师们的工作积极性,不利于团队合作。

遗憾的是,康柏收购 ZIP2 之后,并没有达到预期目的,而是在接手之后变得鼠目寸光,浪费了 ZIP2 可能创造奇迹的良机。但是对马斯克来说,ZIP2 留给他的创业经验足以让他登临更高的起跑点。

4. 用 X.com 代替钱包

好的创意不仅能带来新的盈利模式，更能深度应用于人类生活中，改变传统的消费观念，这才是商业的真正魅力所在。

ZIP2 的成功出售，让马斯克似乎找到了硅谷的致富密码，他的野心也随之增长，他将目光盯在了那些有潜力的互联网项目上。在马斯克还在打工期间，就考虑到要开设一家网络银行，还面对一些科学家做过演讲，他认为金融业会在互联网的冲击下转型，可是科学家们似乎并不赞同他的观点，他们认为网络的不安全性和不稳定性会限制互联网金融未来的上升空间。

工作之余，他开始享受作为成功人士的生活。他在洛杉矶购买了一套 1800 平方英尺①的公寓并加以装修改造，他还购买了价值百万美元的迈凯伦 F1 跑车以及一架私人飞机。

马斯克一面享受生活，一面准备继续创业。他将大部分的个人资金整合起来，时刻观察着社会的发展动向，这一次他要站在比 ZIP2 更高的层面去改变世界。对于他来说，金钱既是提高生活质量的必要保障，也是创业的持续动力，而过多的财富就是一串数字而已，他在意的不是跑车别墅，而

---

① 平方英尺，面积单位。1 平方英尺约合 0.09 平方米。

是创业本身的乐趣。

  毫无疑问,马斯克的认识又一次超前了。在当时来看,互联网金融是遥不可及的梦,也是匪夷所思的发展方向。如果像亚马逊那样只在网上卖几本书问题不大,可是将用户的银行账号上传到互联网,那么出了问题谁来负责?马斯克的理解是,要想实现网络的安全性就要建立一整套系统的网络金融服务体系,而这符合时代发展的趋势,并非是妄想。但是很多人习惯于相信眼前所见之物,对虚拟的网络和遥远的未来充满了怀疑。

  做互联网金融的难度和做 ZIP2 不可同日而语,但是马斯克并没有为此放弃。他在 ZIP2 被收购前就开始了准备工作,他拉拢了公司里的一些工程师,让他们成为他二次创业的生力军。

  1999 年 3 月,马斯克成立了 X.com 公司。站在今天的角度看,它称得上是网络支付的鼻祖。如今人们已经习惯甚至依赖于网络支付的存在,然而在十几年前,没有几个人会想到这种全新的支付形式会普及。马斯克以超前的视角成了时代的先驱。

  在马斯克看来,X.com 是一个价值几十亿美元的富矿,发展前景十分可观,所以他投入了 1200 万美元,而他手头只剩下了 400 万美元。事实上,马斯克这种做法有些"愚蠢",有不少创业者在赚到第一桶金之后,会把钱存起来,然后借着上一次创业的名声去拉风投赞助。马斯克却没有这样做,一是因为他相信 X.COM 会蒸蒸日上,二是因为他想用这种方式赌上全部身家,"不成功便成仁"。

  X.com 和 ZIP2 的最大不同在于,它从认知层面掀起了一场革命。马斯克要面对的也不再是比萨店、美发屋和服装店,而是财大气粗的金融机构。马斯克十分自信,他觉得那些银行家和金融人士并没有意识到互联网将给他们带来什么,只有他才能拯救他们,越是这样去想,马斯克就越是将自己想象成一个无所不能的商业领袖。

  一个卓越的领袖离不开一支强大的团队辅佐,马斯克为 X.com 招募了一个梦之队。其中有来自硅图公司(美国高性能计算、数据管理和虚拟化产品的制造商)的工程师，有从加拿大被挖过来的金融高手，还有获得罗德奖学金的学霸，最后形成了以荷艾迪、佛里克、佩恩和马斯克四个人为核心的团队，他们都成了 X.com 的联合创始人。

马斯克等四人聚齐之后，先是对银行业进行了考察和论证，他们认为在互联网时代，依靠业务员出去办事是效率低下的表现，而他们要做的就是打破现状。与此同时，马斯克也开始恶补有关银行业的知识，他阅读了很多银行内部机制运作的书籍，同时也和其他三个人多次展开头脑风暴，完善他们伟大的商业计划。

这一次，马斯克不急于求快，他们几个创始人用了将近半年的时间小心论证，为的就是避免在实操阶段发生问题。

有讨论就会有争议，四个联合创始人性格差异较大，他们也经常因为小事产生摩擦。由于马斯克已经在硅谷小有名气，佛里克对此感到不安，他的梦想是成为一名银行家，所以想要沿用传统的方式去管理 X.com，他认为这样才能发挥自己的优势，而且他对马斯克全盘否定银行系统的观点并不认同，他认为马斯克的有些观点实在是愚蠢至极。

马斯克和佛里克进行了多次争论，最终，佛里克亮出了底牌：或者马斯克让他出任 CEO，或者他带走其他人成立自己的公司。强硬的马斯克当然不会妥协，于是佛里克真的带着一批人离开了，其中就有技术精英荷艾迪。留在马斯克身边的，只有少数几个忠诚的雇员。不过，马斯克依然很乐观。

随着人才的流失，X.com 的资金运转也成为不能回避的问题，为此马斯克寻找了不少风险投资公司，不过因为出走的人才太多，导致他们对 X.com 的前景不是太看好。马斯克认识到这是一个棘手的问题，于是他去硅谷招募人才，用他一贯的演讲方式打动了几个热血澎湃的工程师。

在马斯克的不懈努力下，越来越多的工程师加入他的团队，X.com 的存在不再像以前那样虚无缥缈，一些人看到了它的发展前景。很快，马斯克拿到了银行牌照和共同基金许可证,还和巴克莱银行建立了战略合作关系。

1999年11月,X.com创立了全球第一家网上银行,有三个共同基金可供投资人选择,而且联邦存款保险也为银行账户进行担保。在感恩节前夜,X.com正式向公众开放。也许是等待这一时刻太久了,马斯克在办公室里守了两天。

X.com的诞生和颠覆如影随形,它所提出的理念十分先进,只要用户注册就能得到20美元的现金卡,如果将X.com推荐给其他人还能得到10美元的优惠卡。为了扩大用户群体,马斯克取消了各种琐碎的手续费,还开发出了一款用户间的支付系统,让用户通过电子邮箱地址就可以转账,而在过去这需要花费几天的时间,这无疑是一个大胆的尝试。从多处细节可以看出,X.com从诞生的那一刻起就自带革命属性,它试图颠覆人们的购物模式和消费理念,但这对马斯克的终极商业理想来说只是一个开始。

5. 天才被孤立，疯子被遗弃

天才的诞生是为了改造世界以及人们的观念，在这个过程中难免会和他人发生分歧。天才数量稀少且特立独行，常常被数量占优的普通人围攻，这是天才的宿命，也是社会进步必经的过程。

在 X.com 成立的几个月间，一共有 20 万人成为注册用户。但是，就在马斯克志得意满之际，一个强有力的竞争对手出现了。

一家名为 Confinity 的公司横空出世，经营着和 X.com 相似的业务，这家公司致力于开发属于自己的线上支付系统。而且，它的两位创始人彼得·泰尔和马克斯·拉夫琴十分狡猾，他们从 X.com 那里租到了一个载物间，然后利用掌上电脑的红外端口进行支付，这对于很多用户来说确实更方便。当时，马斯克对这个近在咫尺的邻居并没有心存戒备，两家公司还保持着和平友好的关系。

事实上，无论是 X.com 还是 Confinity，它们都以硅谷为爆点，在世界范围内掀起了一场支付革命。

马克斯·拉夫琴是乌克兰人，他和马斯克一样都是从家乡远赴美国的寻梦者。拉夫琴于 1975 年出生于乌克兰，当时乌克兰还隶属于苏联的政治版图。1986 年，距离拉夫琴家 100 公里的切尔诺贝利核电站发生了爆炸，由于拉夫琴的母亲是供职于政府部门的物理学家，他们遭受牵连被迫离开了乌克兰,带着仅有的 700 美元来到了美国。拉夫琴生活在穷困的美国底层社会,他凭着一台二手电脑学会了编程,从此迷恋上了加密技术。不过,拉夫琴不是一个只会埋头钻研技术的"极客",他在中学时代就创办过三家投资公司,随后来到硅谷继续寻梦。后来,拉夫琴在斯坦福大学认识了国际象棋名宿彼得·泰尔,两个人共同创业建立了 Fieldlink 公司,后来改名为 Confinity。

直到这一刻,马斯克才意识到 Confinity 正在对自己构成威胁,对方的业务开始和自家公司的业务重合,于是马斯克对拉夫琴充满了戒备心理,Confinity 也搬到了另外一条街上,两人失去了并肩作战的可能。与此同时,踌躇满志的拉夫琴商业思路越来越清晰,他力求打造一项能够进行网页和电子邮件支付的业务。至此,两个初生的创业团队展开了一场关于技术、思维以及梦想的比拼。

互联网圈内的战争,常常是出招快速者掌握最大的胜算,因为谁先让消费者拥有良好的体验谁就占据主动权,而当用户习惯于某个软件之后就不会轻易更换,除非竞品拥有不可替代的巨大优势。为此,马斯克和拉夫琴都投入重金展开促销活动,与此同时,他们又不得不拿出一部分精力去抵御来自黑客们的攻击,仅这方面的花销就高达百万美元。原来,随着网络支付的兴起,躲藏在电脑后面的黑客们发现了一块新大陆:一个足不出户就能盗取他人财产的致富手段,而这也是很多用户最担心的问题。

为了在市场争夺战中取得胜利,马斯克不断调整商业思维并制定出各种应对策略,他的领导者天赋被发挥出来。在他的带动下,员工们加班加点地瓦解 eBay 在网络上建立起来的优势,每个人每天工作 20 个小时,而马斯克则比他们多出 3 个小时。

马斯克身上集合着狐狸的智慧、狼的斗志以及狮子的野心,他几乎将 X.com 团队变成一个崇尚丛林法则的"动物世界",每个人都深谙你死我活的残酷规律。然而,随着时间的推移,马斯克渐渐发现,将拉夫琴当成竞争对手会极大地消耗他们的宝贵资源,不利于他们全面占领互联网。与此同时,拉夫琴也意识到,Confinity 虽然拥有热门产品,可是每天都要拿出 10 万美元去奖励新用户,造成了储备资金的不足,公司一旦遭遇运营问题将捉襟见肘。相比之下,马斯克的团队拥有更成熟的银行产品和现金储备,两家如果长期僵持下去,必然会两败俱伤。

于是,在马斯克的牵头下,两家公司于 2000 年正式合并,新公司的地址定在了加利福尼亚的圣西荷市。马斯克成为最大的股东,拥有 11.7% 的控股权。合并之后,X.com 又从高盛集团和德意志银行那里获得 1 亿美元的融资,用户数量逼近百万。

马斯克之所以要与拉夫琴合作,目的是让 X.com 更有市场竞争力,能够不局限于硅谷、美国,而是走向全世界,要让用户毫无顾虑地选择 PayPal,让用户只需一个账户就能走遍世界。"极客"精神追求的就是不容许自己的产品有半点瑕疵,而马斯克深知要想突破上升的瓶颈,必须要强化产品的创意和研发者的意志力,而整合之后的 PayPal 具有很高的安全性和快捷性,能够和用户产生稳固的绑定关系。

合并初期,新公司沿用了 X.com 的名称,后来更名为 PayPal,主营网络电子结算服务,原来的财捷集团比尔·哈里斯出任首席执行官,彼得·泰尔出任首席财务官,马斯克则出任董事长。至此,PayPal 的三驾马车正式形成了。三个人的联手具有划时代的意义,马斯克也发表了一次富有感染力的演讲,他谈到了对 PayPal 的改进构想,也谈到了对未来市场的规划。在关于 PayPal 和人类社会的关系上,三个人的观点是一致的——网络支付必将极广泛地应用于人们的生活。

当时,很多人认为在线支付困难重重,会面对一些难以解决的问题,尤其是安全问题。不过马斯克总是能快速地解决问题,而且还能让越来越多的人相信并依赖 PayPal,他改变的不仅是人们的支付观念,更是人们对现代生活的全新认知。

马斯克认为，网络支付改变的是卖家和买家的交易状态，而PayPal要做到的是高效和安全，能够让买家在付款时可以不用提供任何敏感信息，凭借安全的保护措施让买家放心购物，还能够将其他不同的支付体验整合在一起；相应地，卖家在交易时也能得到保障，不会因为欺诈遭受严重的损失。这样PayPal对双方来说都是最快捷的交易方式。

结果不到一年的时间，PayPal的产品功能日臻完善，并快速推广到了海外地区。作为网络支付体系，PayPal需要和其他购物网站结合，成为其支付手段之一，不过这种合作模式下的转账会产生一定的手续费用，尽管如此，还是有很多消费者选择PayPal，因为他们已经转化为忠实的用户。

至此，马斯克的梦想终于实现了：PayPal成为世界级别的支付产品，打破了使用汇款支付的传统方式，让广大用户能够用电子邮件来转移资金，而且即时到账，安全系数极高。

这并非马斯克夸大其词。和传统支付模式相比，PayPal拥有三大优点：能够安全地进行国际消费；能够快速地收款、提现和跟踪交易进度；能够高效地支付各种主要流通货币。后来，PayPal的产品架构理念传入中国，诞生了支付宝。

新公司结合了两家老公司的优势，但是也埋下了斗争的隐患，主要体现在哈里斯和泰尔在业务方向的巨大分歧上，双方互不退让，最后哈里斯竟然送给民主党25000美元的政治献金，结果此事被人揭穿，哈里斯和泰尔的冲突也走向了公开化。更糟糕的是，公司高层之间的斗争蔓延到了研发部门，并诞生了两大派别，一部分人支持专项Windows技术，另一部分人继续坚持UNIX系统（一个强大的多用户、多任务的操作系统，支持多种处理器架构，属于分时操作系统），这是无法调和的矛盾。在这场斗争中，马斯克支持Windows，而拉夫琴支持UNIX。

不仅高层之间存在斗争，两家公司的基层员工也敌意满满。在合并之后，马斯克手下的员工和拉夫琴的部下都看对方不顺眼，马斯克的人拥护

X.com这个品牌，而拉夫琴的人更喜欢PayPal。

合并仅仅过了两个月，泰尔就宣布辞职，但是留下来的哈里斯日子也不好过，董事会决定将他换掉，于是马斯克出任了公司的首席执行官。从表面上看马斯克掌控了局势，实际上他接手的是一个烂摊子。公司的业务已经处于分崩离析的边缘，网站每个星期都"准时"崩溃一次，技术人员不得不重新去开发一个新系统，而这个系统又只能维持几天，严重分散了技术团队的精力。更糟糕的是，系统的不稳定带来的是网络诈骗的泛滥，公司为此付出了高昂的代价，因为交易量增加了，原来的一个小问题就变成了大问题，而且信用卡公司和各大银行也由此获利，这对于马斯克而言是一个噩耗：瓜分蛋糕的人越多，他的压力就越大。

马斯克面对的棘手问题是，公司缺乏一个有足够影响力和号召力的产品去扭转亏损，而风投公司对马斯克的信任度也在持续下降，就连董事会都觉得他不具备危机处理能力，他的决策会将公司带入泥潭。但是，马斯克不能就此放弃，他必须力挽狂澜。

6. 烫手的权力不如换成金子

对喜欢征服的人来说，话语权和操控力永远比金钱更能吸引他们。但有时候权力也是烫手的山芋，与其尴尬地握在手中，不如潇洒地丢弃，这是一种退让，也是更深层面的谋略。

马斯克在乱局中出任 CEO，尽管被质疑和被攻击，但他依然我行我素，他要求将 PayPal 改名为 X.com，这个缺乏理性的提议招致了大部分人的反对，因为人们觉得 X.com 很像是一个色情网站的名字，会让陌生用户产生排斥感，而拉夫琴的部下更是强烈反对。

马斯克本以为大家能听从自己的建议，却不想碰了一鼻子灰，盛怒之下，他计划带着妻子去澳大利亚看悉尼奥运会，顺便度蜜月。然而马斯克前脚刚走，后脚拉夫琴就站出来，他将原班人马全部集合起来，召开了董事会，提出要解除马斯克的职务。拉夫琴此举也是冒着一定风险的，因为如果董事会站在马斯克这边，拉夫琴就要卷铺盖走人。然而，胜利女神这次站在了拉夫琴这边——董事会同意了解除马斯克职务的决定。

命运有时候就是如此阴差阳错：马斯克放松心情和妻子登机之后，有人才向他通报他被开除的消息，可马斯克在飞机上未收到信息，直到飞机落地他才得知自己被泰尔取而代之了。面对突如其来的变动，马斯克急忙搭乘下一班飞机赶回来,他不想就此放弃,他要求董事会重新考虑罢免他的决议,然而董事会明显站在了拉夫琴等人一边,马斯克不得不低下高贵的头去和反对派们交涉,他表示自己并非是迷恋 CEO 这个职位,而是想要带着大家去做正确的事情,然而反对派们不为所动。更让他寒心的是,事情发生之后,很多他的老部下并没有站在他这一边,他们更像是一群冷漠的看客,欣赏着一场精彩曲折的权力角逐。很多人认为这件事情虽然有些丑陋,但是对基层员工来说并没有太大影响,也没有人为此离开公司。

2001 年 6 月,随着权力易手,马斯克在公司的影响力日渐式微,泰尔将 X.com 改名为 PayPal。以前的马斯克会想方设法采取报复手段,然而这一次他忍住了,他接受了董事会给他安排的顾问职务,并继续向公司追加投资,好像什么都没有发生过一样。或许,这正是马斯克的成熟之处,他不会因为赌一时之气葬送了公司的前途,他接受了自己被赶下台的现实。

几个月之后,PayPal 的外部市场环境也发生了变化,互联网浪潮呈现出退热的迹象,很多创业者卖掉公司换成钞票,这种恐慌的情绪蔓延到了整个互联网。就在这时,eBay 表示了对 PayPal 的收购兴趣。

事实上,eBay 和 PayPal 一直是合作关系,但是 eBay 的 CEO 梅格·惠特曼认为 PayPal 将大部分利润都瓜分走了,并没有让 eBay 得到预期的收益,与其被拉夫琴这帮"极客"们控制还不如自己掌握命运,所以 eBay 才决定收购 PayPal。

梅格·惠特曼被称为电子商务教母,她于 1958 年出生于纽约,获得普林斯顿大学经济学学士和哈佛商学院工商管理硕士学位,全世界数一数二的公司她几乎都任职过,比如高盛、迪士尼等。1998 年,惠特曼进入 eBay 之后,eBay 被外界评价为商业史上发展速度最快的公司。2001 年,惠特曼被评为世界最有影响力的 25 个 CEO 之一。2004 年,惠特曼入选《财富》杂志年度最有商业力量的女性。后来,惠特曼由经商转为从政,以共和党党员的身份竞选加利福尼亚州的州长,却不敌竞选连任的阿诺德·施瓦辛格。惠特曼富有传奇色彩的人生经历,展示了她让异性都为之折服的商业手腕,也让 eBay 在收购 PayPal 时气势逼人。

在 eBay 表达收购意愿后,马斯克敦促董事会拒绝收购要约,他认为收购价格并不合理,毕竟 PayPal 已经拥有一大批忠诚用户,应当有更高的估值才对。在这个问题上,泰尔和马斯克的观点相近,他虽然也希望将 PayPal 转手,但是售价过低的话还不如上市变现,所以他也决定和 eBay 周旋。

当外界得知马斯克等人要出售 PayPal 时,认为这是"放在未来十年里都是最糟糕的"交易,他们普遍认为 PayPal 的发展前景良好,创始人应当继续独立运营一段时间,而不是贱价抛售。其实,这些人目光短浅,没有看到 PayPal 暗藏的危机。

一方面,PayPal 与 eBay 的融合度更高。当时 eBay 上 70% 的拍卖都是通过 PayPal 来支付的,而在其他交易项目中 PayPal 很少被使用,这已经从侧面暴露了 PayPal 不够多元化的致命短板,导致 PayPal 对 eBay 的依赖性太强,不利于 PayPal 未来的发展,迟早会被 eBay 扼住喉咙。

另一方面,PayPal 存在着严重的经营风险。当时一些州政府监管机构认为 PayPal 并不具有银行属性却做着银行的业务,因此 Paypal 必须一个州一个州地申请资金转账牌照,这就极大地影响了转账的流畅性,也彻底动摇了 PayPal 的存在基础,它很可能在未来被一纸文件封死。与此同时,eBay 正在与富国银行洽谈,让其将旗下的信用卡交易处理服务免费提供给所有 eBay 用户,这从客观上冲击了 PayPal 的生存空间。如果 eBay 真的要赶尽杀绝,PayPal 毫无还手之力。

马斯克正是看清了上述两点,才下定决心出售 PayPal,但是价格必须让他们满意,毕竟 PayPal 代表着互联网发展的大方向。

2002 年 7 月,在马斯克的坚持下,eBay 终于将价码提高到了 15 亿美元,马斯克和董事会的其他成员接受了这次交易,马斯克本人因此获得了1.8亿美元的收入,这笔钱对他来说并非是炫耀财富的一组数字,而是下一次创业的希望。不过,当时很多人都不曾想到,马斯克再次创业的领域将会跳出互联网,因为它改变人类世界的力量终究有限。

7. 声名狼藉总好过默默无闻

创业者的名声只代表知名度，孰好孰坏本身并不重要，重要的是能够借助名声获取资本和市场，这才是名声的真正价值。

PayPal 出售给 eBay 之后，马斯克身家过亿，成为名副其实的富豪，然而他的名誉却遭到了重创，很多媒体将他描述为一个习惯搞内部斗争的幕后推手，这一切都在他与反对派的斗争中体现出来，有些人把马斯克看成是一个自私自利的顽固分子，他在公司面临重大决策时都做出了错误的选择。与之对应的是，拉夫琴和泰尔赢得了行业领军者的良好口碑，马斯克之前积累的创业者形象一落千丈。在公众看来，马斯克不具备一个联合创始人的必备素质，他的成功无非借助了他人之力。在网络上甚至出现了专门抨击马斯克的文章，而撰写者正是马斯克的早期雇员。

为了给自己洗刷不白之冤，马斯克写了一封长达 2000 多字的邮件，借助他良好的文字功底和永不服输的斗志，毫不留情地对那位前雇员进行了抨击，说这位雇员只比实习生好一点点，而且对公司的内幕一知半解。除此之外，马斯克还指出自己不负于联合创始人的头衔，无论是在人才招聘上还是公司经营上都有所建树。

泰尔在幕后支持这位前雇员，还帮助他出了一本描述"PayPal 战争"的书。不过，其他供职于 PayPal 的人并不觉得这本书说出了真相，他们认可马斯克的能力,也对刻意丑化 X.com 团队表示了愤慨,但是对于马斯克对品牌建设和应对网络诈骗等方面的行为,大家都保持相同的态度:如果马斯克继续出任 CEO,PayPal 就会彻底垮掉。

马斯克的反击是合情合理的,因为拉夫琴和泰尔等人否定了他作为联合创始人的业绩,这等于抹杀了他的历史作用,也是对他个人能力的贬低。因此,马斯克不放过任何一个表达立场的机会,他认为这个问题不能妥协,他必须作出针锋相对的回击。

马斯克的性格的确存在一些短板,他被人诬蔑,也和他强悍的个性不无关系。他在公司里太喜欢压制别人,这种不懂得退让的个性给大家造成了负面印象。虽然他也在尝试改变自己,可收效甚微,特别是在投资者眼里,马斯克的个性不讨人喜欢,并不符合一个标准 CEO 的形象。所以总有人认为,马斯克高估了他的产品,有时还会进行一些夸大的宣传,而这已经违背了基本的商业道德。

当然,这些短板同时也构建了他的优势:他的自吹自擂源于一种自信,他的睚眦必报始于一种认真,他的咄咄逼人发端于一种坚忍不拔的斗志……如果只是截取马斯克创业生涯中的一个片段去评判他,得出的结论肯定不是最客观的。马斯克洞察人心、观瞻时代发展轨迹的能力是超出常人的,他关于地图和网站的垂直技术整合构成了今天互联网世界的地基之一。

被马斯克改造过的 PayPal 构建了一个体系完整的网络银行,他将金融的标准化工具引进互联网并推动了它的现代化进程。为了让消费者眼前一亮,马斯克还加入了很多全新的概念,让他们意识到这不仅是一场支付革命,更是人类消费生活的巨变。

如果将创业看成是一次远航太平洋的探险,那么马斯克无疑成了哥伦布,他不仅发现了新大陆,还对新大陆上的居民进行了改造。他俨然是一个无所不能的造物主,只有别人抄袭他的可能,而他的创意则领先于时代。

在互联网泡沫破灭之后，PayPal 奇迹般地存活下来，这和马斯克之前的预防措施有关，他从内部优化了 PayPal，让它的价值获得提升，在很多互联网产品估值缩水之际，PayPal 始终坚挺不倒。另外，PayPal 的创业团队也成为硅谷发展史上值得纪念的一页，马斯克、拉夫琴和泰尔都是行业内的顶尖人物。而且，PayPal 团队还间接培养了一批创业人才，比如 YouTube 和 Yelp 的创始人都曾经在这里工作过。

在和网络诈骗博弈的过程中，PayPal 所积累的经验也被 FBI 和 CIA 所借鉴，成为打击黑客的核心技术。PayPal 研发的软件也成功运用在全球各大银行的网络系统中，而马斯克所占据的主导地位不容忽视。

他是一个充满想象力的创业者，如果他继续留在这两家公司掌舵，他们今天的业务范围和技术能力将会更上一层台阶。只可惜，这些公司的继任者思想过于保守，他们看不清时代变化的方向，很多宝贵的发展契机被他们忽视了。

归根结底，马斯克的性格决定了这些公司的命运，如果他能稍微妥协，或许董事会就不会对他有那么大的成见，能够耐心地等待他继续创造奇迹。

泰尔在出售 PayPal 之后一路顺风顺水，他拿出 50 万美元投资了当时还名不见经传的脸书，后来增值为 10 亿多美元，回报率高达 6000 倍。彼得不仅用犀利的眼光押对了宝，也用实际行动支持了硅谷的"极客"们，后来他成立了一个专门基金，用于援助那些具有反叛精神的年轻创业者。

从 PayPal 里走出的技术精英们，也陆续在其他领域成为备受瞩目的人才，以至于被媒体称为"PayPal 黑帮"。

马斯克卖掉 PayPal 之后，没有马上投入新的事业，而是回到自己的别墅里整日玩着一款名叫《生化奇兵》的第一人称射击游戏，他认为这个游戏讲述了辩证法，他从血腥的斗争中发现了哲学层面的文化竞争，他认为现代的很多冲突都源自于文化基因的对抗。除了玩游戏之外，马斯克还喜欢听摇滚音乐,比如罗比·威廉姆斯的歌,还有平克·弗洛伊德乐队的作品。

　　拉夫琴挑起的斗争让马斯克十分不快,他原本可以和家人开始一段快乐的假期,然而就是这么一个小小的心愿也让他们等待了许久。直到这次风波彻底消散,马斯克才和妻子去了南非的一个野生动物保护区,在那里马斯克又不幸染上了热带疟疾。在他从非洲回到美国之后,一连卧床好几天,最后不得不前往医院治疗,却被医生误诊了,幸亏另一家医院的医生看了马斯克的血液样本,才果断换了新的治疗方案,马斯克总算捡回一条命。不过,疟疾几乎摧垮了马斯克的身体,他的精神状态不佳,活像是一个吃素多年的苦行僧。他整整用了半年时间恢复健康,他的身材变得瘦削,而他对假期也产生了恐惧。

　　2001年,马斯克已经人到而立之年,他开始意识到自己的青春岁月过去了。随着PayPal离他越来越远,他的心中涌出一股强烈的危机感,经过思考之后,他最终锁定了新的创业方向——太空。这突如其来的转型,让马斯克的亿万身家显得微不足道了,因为航天领域的投资完全是天文数字,几亿美金的资产也是杯水车薪,根本经不起折腾,所以这个领域的风险远远超过了互联网,毕竟在硅谷创业最需要的是点子和胆子,比如谷歌和脸书,它们都是在创业者一穷二白的情况下迅速崛起为巨头的。但是马斯克瞄准了太空,这一次他会成功吗?

Chapter 3

地球太小,只争太空

1. 探索序曲——送老鼠上天

当地球的资源已经不能满足人类的现有需求时,地球之外的空间就成了新的资源产地,而广袤的太空正是拥有无穷资源的巨大空间。

早在 2002 年,马斯克就有了向太空进军的愿望。

那是一个深夜,外面下着雨,马斯克和一个朋友驱车回到纽约。也许是漫长的车程显得有些无聊,朋友就问马斯克在卖掉 PayPal 之后想要做什么。马斯克表示他对宇宙很有兴趣,不过他很清楚这个计划太过宏大,单靠一己之力是很难完成的,不仅需要巨额的资金投入,还要经历漫长的研发、制造和试验的过程。不过,马斯克的想法得到了朋友的支持,他们都对浩瀚的宇宙充满了兴趣,而且他们坚信人类一定会在火星安营扎寨。在谈到这个话题时,马斯克忽然意识到:为何人类到现在也没有登陆火星呢?

马斯克的质疑不无根据,人类在 20 世纪就实现了登月,为何进入 21 世纪迟迟不能登临火星呢?带着这个疑问,马斯克查阅了美国国家航空航天局(NASA)的官方网站,发现上面关于征服火星的内容几乎为零,这让他大失所望,堂堂的 NASA 竟然对火星毫无兴趣?!

后来马斯克终于明白,NASA 未能登上火星不是受到技术的限制,而是由于资金的掣肘,因为从地球到火星的载人飞行费用高达 5000 亿美元。如此浩大的开支,换来的结果未必是美国政府需要的,所以政客们自然不会支持这项计划,大家都很清楚这笔开支会成为政治斗争的导火线。说得更直接一些,美国政府并没有"火星梦",也就失去了为之奋斗的动力。

换作他人,得知这些信息后,十之八九会放弃探索火星的疯狂计划,然而马斯克却认为这是一个机会,既然 NASA 无此野心,就让他来把人类送上火星。

马斯克想起了童年时代在后院发射火箭的经历,他现在要继续追逐这个梦,而且他坚信这远比做互联网产品更具有挑战性,也更能改变人类的未来。由此,马斯克一门心思扎进了这块陌生的领域,只要有空他就会阅读有关火箭的书籍,尽管里面有很多专业性内容,但并不妨碍他一探究竟。后来,只要和朋友在一起,马斯克张口闭口都是太空旅行。

那么,马斯克热衷登临火星的缘由是什么呢?他认为,如今地球的总人口已经达到了 70 亿,到了 2050 年可能达到 100 亿,如此庞大的人口数量所消耗的资源是惊人的,而且地球的生态环境每况愈下,二氧化碳的排放量不断增加,由此引发的粮食危机、能源危机和水资源匮乏等问题,都对人类和其他生物构成了严重的威胁,而膨胀的人口会加剧这种恶劣的态势,那么人类为何不能寻找另外一块宝地建立新的家园呢?

登临火星不是最终目的,让人类移居火星才是马斯克的目标。这个让人不敢想象的移民计划,任何人听了都会觉得他是一个疯子。

马斯克的疯狂不仅是对梦想的狂热,更是对 NASA 丧失了冒险家精神的失望。作为一个由殖民者建立的移民大陆,难道只局限于大洲与大洲之间的迁移而畏惧星球和星球之间的迁移?这不是单纯的怯懦行为,而是美国精神的丧失。

此时的马斯克已经 31 岁了,名下拥有数亿美元的资产,称得上是人生赢家,他被无数媒体关注,很多杂志和报纸都报道他的个人事迹。马斯克没有浪费人们对自己的关注,他开始和妻子出入一些高档的社交场合,比如慈善晚会、好莱坞夜总会等,他也由此进入上流社会。在谷歌创始人拉里·佩奇举办的婚礼上，马斯克也是应邀出席的贵宾，两个人一直关系密切。

马斯克借助自己的名望去见了爱尔兰老牌乐队的主唱，也和很多明星一起喝过咖啡，他们正在进入一种梦幻般的生活，让夫妇二人渐渐淡忘了丧子之痛。但是，成为美国社会的新贵，对马斯克来说不仅意味着功成名就，也意味着他不能终日无所事事，他要继续将梦想付诸行动，去满足他不断膨胀的征服欲和野心。

马斯克一家搬到了洛杉矶，这里的环境和帕洛阿尔托相比，更有现代文明的气息，当然也涌动着喧嚣与浮华。马斯克之所以选择迁移至此，是因为洛杉矶能够让他接触到太空行业，当时美国空军、NASA等部门都在洛杉矶附近进行过生产和试验，使之成了著名的军事航空和商业活动中心。马斯克只要沿着这些超级工业的发展痕迹去研究，就会慢慢摸索出一条门路。而且，马斯克有大量的机会接触到精通航空的专业人士，他们能给他提供宝贵的建议。

马斯克很快钻进了航空学会这个大团体，结识了一批性情另类的太空爱好者，他们组建了一个名为火星学会的组织，目标和马斯克一样：探索并移居火星。2001年，火星学会组织了一场筹款活动，马斯克为了表示对他们的支持，向他们捐赠了5000美元。为此，火星学会的负责人卓比林约见了马斯克，他并非是要单纯地感谢马斯克的慷慨，而是想要了解马斯克是否知道他们的研究项目。马斯克通过卓比林了解到，火星学会正在对火星的生态状况进行模拟，目前正在进行的是名为"生命迁徙任务"的实验，通过让老鼠在模拟的太空舱中活动来估算移居火星的难度。

火星学会的实验项目与马斯克的终极理想不谋而合，于是他捐给火星学会10万美元，资助他们在沙漠中建立科研工作站。从这一天开始，马斯克对太空的着迷程度更深了，马斯克的朋友们经常能听到他这样讲："从逻辑上来说，我的下一个目标应该是太阳能，但我想不出如何从中盈利。"

虽然火星学会是一个志向高远的组织，但是马斯克并不满足于在地球上用老鼠做试验，他希望将这些小家伙们真的送到火星上去，这才能验证"生命迁徙计划"的可行性。不过经过估算，这次旅程要花费1500万美元，而且老鼠必须活着且能繁衍后代。

可是，老鼠要依靠什么活下去呢？马斯克的朋友说，恐怕要给它们带上足够的奶酪才行。虽然这是一句玩笑话，不过马斯克并不在意，随着探索太空的脚步迈得更远，马斯克也逐渐意识到了问题的严重性：他要突破的障碍很多，不只是技术层面的，还有细节方面的，太空之旅不同于他少年时骑单车远游，稍有一个步骤失算就会满盘皆输。

如果说在互联网领域，马斯克走在了时代的前列，那么探索太空就是他站在了旁人无法企及的高度，人们不仅无法理解，更无法想象这个领域能够挖掘出什么。对于马斯克来说，地球上的人类对火星和太空知之甚少，他们也没有多大兴趣去了解头顶苍穹的秘密，只有激发起他们对科学的兴趣，才能为将来移居火星打好用户基础。当然，科普的意义还在于说服资本大鳄们对他的项目进行投资。

为了获取更多的支持者，马斯克举办了一系列的主题沙龙活动，邀请圈内圈外的人和他探讨送老鼠上天的计划，他不在意别人在背后如何谈论自己，他只希望能够让公众知道，他正在努力做一件事关人类未来的大事，每个人都有义务去思考。随着时间的推移，马斯克越来越不满足火星学会的小打小闹，最终退出了董事会，建立了属于自己的新组织——火星生命基金会。

在马斯克的不断宣传下，有不少业内名人参加了他组织的活动，甚至连《泰坦尼克号》的导演詹姆斯·卡梅隆也来了，他凭借在好莱坞的影响力帮助马斯克做宣传。另外，精通航天工程和电气工程的迈克尔·格里芬也应邀加入基金会，他是向太空发射火箭的权威。至此，马斯克总算拥有了专业的智囊团队。

对于航天爱好者们来说，一位亿万富翁和他们有着相同的兴趣，无疑会在经济上援助他们进行更深入的探索，不过他们已经将兴趣从如何让老鼠繁殖转移到了让更多的动植物适应火星的环境，这项计划命名为"火星绿洲"。

"火星绿洲"的构想是把一个机械温室发射到火星上，用事先研究好的来自火星表面的土壤去培育植物，然后让植物进行光合作用，产生氧气，小老鼠们就有了交配的条件。这个想法听起来很疯狂，可这就是马斯克喜欢的方式，他计划将机械温室的培育过程实时转播到地球，让大家观看植物在火星上的生长情况，专家们还建议在全美地区发放幼苗给学生，让他们在家里种植，从而和火星上的温室进行对比，这个计划的好处是能够激发起学生们对太空的探索欲望，还能扩大马斯克移居火星计划的影响力。

不管外人如何看待，马斯克都按照他的思路一点一点地积累关注度，这也是在聚集他改变世界的能量，就像要建造一部巨大而复杂的机器，只要将所有的齿轮和链条都装载完毕，剩下的就只需一个足够强大的推动力了。

2. 伏特加和导弹头

为了让"火星绿洲"计划尽快完成,马斯克准备投入两三千万美元,然而这笔钱对发射火箭来说简直微不足道,据专业人士估算至少需要两亿美元,而且还存在一个技术上的难题:想要录制温室内植物的生长状况就要打开一扇窗户,但这样就会破坏温室内的平衡,除此之外,选择火星表面的土壤存在很大的风险,因为它们可能含有毒素,会对植物造成损害,而如果植物的生长都受到阻碍,那么人类移居火星也就无从谈起。

实际困难永远比想象的困难要多,但是马斯克没有想过要放弃,因为他早就做好了心理准备,他不仅聘用一些专家负责解决植物的生长问题,还联系俄罗斯准备购买一枚洲际弹道导弹作为运载火箭。但是,想要找一个双方都认可的中间人谈何容易,马斯克开始为物色人选发愁。这时,一个名叫坎特雷尔的人走进他的视线。

坎特雷尔曾经为美国政府进行机密工作,后来因被俄罗斯政府认定为间谍而遭到软禁,经过政治斡旋才被释放。坎特雷尔表示再也不愿意踏上俄罗斯的土地,然而马斯克还是打电话给他,声称自己正在进行太空计划,需要他的帮助。由于长期从事秘密工作,坎特雷尔十分警觉,他甚至担心马斯克携带武器意图对他不利,于是将见面地点约在了机场。当两个人正式会面时,马斯克满口的移民计划改变了坎特雷尔的态度。他意识到马斯克是一个专注于人类未来生存的"理智的疯子",于是两人一拍即合。

马斯克和他的伙伴们从此混迹于全球各国火箭市场,开始了飞向太空的寻梦之旅。首先,他们去了欧洲卫星发射联盟,地点在法国巴黎。为了彰显个人实力,马斯克包下了卢浮宫对面酒店的顶层,足足开了将近三天的会议和一天多的派对。本以为这样的排场能够对谈判有利,然而对方要的价格实在太高,马斯克只好放弃了。后来,马斯克听说俄罗斯有一种洲际弹道导弹可以当作火箭使用,而且 700 万美元就能购买一枚,他决定先买 3 枚试试。

2001 年,马斯克和坎特雷尔去了莫斯科,随行的还有一位名叫雷西的朋友,不过他不是协助谈判的,而是时刻观察马斯克是否已经疯了,他认为这个来自南非的梦想家正在挖一个深不见底的大坑,迟早都会掉下去。

经过几次接触,马斯克会见了为俄罗斯联邦宇航局制造过火星探测器的拉沃契设计局以及专门从事火箭发射器制造的公司的人员。马斯克可以一边吃着俄式三明治一边谈生意,然而俄罗斯人的工作效率并不高,导致沟通进程十分缓慢,有人甚至认为马斯克买火箭是在开玩笑。

俄罗斯人爱酒成性的美名世人皆知。有一次,马斯克和俄罗斯人会面时,俄罗斯人在每个人面前都摆上了两瓶伏特加,每两分钟站起来清空一次酒杯,嘴里高喊着"为了太空"和"为了美国",生意没谈成,倒是把马斯克一行人都喝倒了。

为了购买火箭,马斯克一行足足跑了四次俄罗斯,最后一次,他带着 2100 万美元的现金表示自己要购买三枚弹道导弹,改装后送上太空。让马斯克没想到的是,俄罗斯人告诉他,2100 万美元只能买下一枚导弹,还管马斯克叫"小男孩",马斯克喝了一杯伏特加之后,拎着箱子愤然离开。

由于谈判不顺利,马斯克遭受了很大打击,坎特雷尔也认为他是一个书呆子,根本做不成这样的交易,然而马斯克却在脑海里蹦出另一个念头:自己造火箭。不过,坎特雷尔对这种疯话已经有免疫力了,他认为马斯克不过是被银行账户里的钱冲昏了头脑,马斯克却表示自己不是在开玩笑,他是真的想自己造火箭,而且还展示出一张表格,上面详细记录了发射火箭所需要的成本,每一项都精确到了小数点,坎特雷尔当时就愣了,他不知道马斯克是从哪儿搞来如此精确的数据。

实际上,马斯克耗费了几个月的时间去研究航天工业及其背后的物理原理,他广泛阅读了天体动力学、火箭动力学等方面的书籍,他就像一块干瘪的海绵被扔进了装满水的池子里,仿佛变回了童年时代的书虫,他忘掉了俄罗斯人对自己的不敬,他的思路重新打开了。

马斯克自造火箭的疯狂计划让圈里圈外的人都知道了,他们并没有震惊,只是觉得马斯克在异想天开,甚至可能是被几个能说会道的工程师给洗脑了。当然,马斯克也知道自己面临的困难有多大,不过他还是相信自己能坚持下来。

虽然马斯克在宾夕法尼亚大学学习过物理学,然而没有几个学生能像他那样将物理学和商业完美地结合起来,因为物理学并非是简单地对某一个理论进行重新推演,而是从根本上进行全新的思考,这才是它的核心价值所在。不过,大多数人的思维很容易停留在模仿这个维度上,从孩提时代开始,人类就习惯于通过"模仿得更好"去适应社会,而不是通过原创理论去超越传统。

模仿是一种保守策略,从长远来看,模仿不利于人类社会的进步,更无法适用于每一个领域,对于那些需要创新和挑战的领域,模仿只会阻碍继续前进的脚步。比如很多电子产品的核心部件——真空管,以它为基础是不可能模仿出晶体三极管的,因为晶体三极管从本质上就是一种进步,所以生产商们在这个领域的技术前进速度很慢,毕竟创新的代价很大,要想突破这层天花板就要重新切换视角。

当马斯克决定要自己制造火箭的时候,他首先需要的是一张图纸,现在图纸有了,他该去寻找上面标注的材料了,比如航空用铝、碳素纤维、钛等。那么，这些原材料的市场价格是多少呢？经过调查，马斯克得知这些材料的花费只相当于火箭整体研发费用的 2%，和传统的机械制造业相比完全不同——材料费用占比很小。尽管如此，马斯克依然坚信，他能够将这 2% 的花销继续压缩，让材料成本更低。

马斯克能够产生这样的想法，靠的不仅是坚定的信念，还有常人缺乏的勇气。他明白俄罗斯人之所以敢嘲笑他没钱，是因为火箭的制造成本太过高昂，所以让他们有了高人一等的错觉。既然如此，他干脆将降低火箭开发的总成本当成今后主攻的方向，一旦达成目标，那些火箭制造商们就将遭受重创。

当时，美国制造德尔塔Ⅳ型重型火箭的研发费用是 25 亿美元，发射费用是 1.5 亿美元，马斯克认为这些费用太夸张了，他给自己设定的目标是：用普通火箭成本的 10% 去制造火箭，这样就能占据极大的竞争优势。

很快，马斯克联系了一位名叫汤姆·穆勒的火箭工程师，此人供职于美国最大的引擎制造商 TRW，是液体推进器方面的权威，曾经参与制造全球最大的发动机引擎，马斯克费尽周折将这位世界级的专家拉到自己身边。此外，马斯克还招募了曾经供职于波音公司的蒂姆·布萨以及麦道飞行公司的火箭结构设计师克里斯·汤普森。

穆勒从小就是一个奇怪的孩子，他和马斯克一样酷爱阅读，擅长修理各种精密仪器，他也迷恋火箭，12 岁那年制造出了一架航天飞机的模型，能够搭载在火箭上，使其升空滑翔回到地面。

2002 年，穆勒和马斯克在一个车间里见了面，穆勒正忙着搬运一个火箭推进器，马斯克和他聊了足足几个钟头，最后确认他就是自己要找的人。当穆勒来到马斯克的团队之后，发现有很多专业人士，这些人志同道合而且极其信任马斯克，坚定了穆勒和马斯克共同奋战的决心。

马斯克需要的设备和波音公司不同，他不要求火箭搭载大型的卫星，而是进军低端卫星市场，这样就能更好地借助当前高速发展的电子技术，由此开拓出一个全新的火箭市场。从这个方向来看,擅长低成本火箭研究的穆勒会作出极大贡献。如果能够大幅度降低火箭的制造成本,等于在一个全新领域成了 NO.1,马斯克一想到自己会加快人类的发展进程就兴奋不已。

很多人无法相信,从硅谷走出来的、依靠互联网发家的马斯克,竟然能够召集一大批顶尖的航天界人才,这并非是借助资本的力量,而是依靠马斯克贩卖梦想的能力。设计师汤普森曾经表示,马斯克给了自己实现一个伟大梦想的机会,如果不赶快加入他的阵营将来必定后悔。穆勒也认为,在国家航空航天局,连续几年的时间都被耗费在一个没有多大意义的研究上,没人知道自己在为什么项目做贡献,但是马斯克会在每个星期五向大家汇报项目进展情况,每个人都有强烈的参与感。这种参与感在以马斯克为核心的团队中形成了强大的凝聚力,让他们的梦想不再遥不可及。

3. 太空极客俱乐部

物以类聚，人以群分。相同的理念是吸引人们结成信仰团体的关键，谁能将信仰变成行动，谁就会成为这个群体中最有领导力的角色。

2002年，马斯克将坎特雷尔、穆勒、汤普森等核心成员叫到一起，表示要开一家商业化的太空公司，如果他们有意就加入，结果坎特雷尔觉得这个计划太不靠谱就离开了。

这个小插曲并没有影响马斯克，此时的他已经有了明确的目标，他要做的就是马上付诸行动。2002年6月，马斯克成立了太空探索技术公司，名字叫SpaceX。为此，马斯克租了一间旧仓库用于研究太空事业，地点位于洛杉矶的郊区，因为这一带一直是美国太空产业最繁荣的地区。不过，公司从整体上看比较简陋，只有水泥地面和40英尺①高的天花板，隔热层都暴露在外面，站在外面看像是一个飞机库，几个办公隔间能容纳50个人。在公司刚成立时，卡车整天忙碌着将计算机、打印机等办公设备运送进来，马斯克也临时客串了搬运工的角色。

很快，SpaceX迎来了第一批员工，新员工入职后，被告知公司的目标是成为太空行业中的西南航空公司（世界第三大航空公司，在美国拥有众多

---

① 英尺，长度单位。1英尺约合0.3米。

的通航城市,以"打折航线"著称,擅长低成本运营),虽然新人们觉得有些不可思议,但是在马斯克满满激情的带动下也开始了日常工作。

马斯克对SpaceX的定位很明确:第一,能够自己生产火箭推进器;第二,其他零件不用自己制造而是通过采购的方式获得;第三,严格控制产品的成本和质量;第四,比其他公司生产火箭的速度更快。当然,航天不仅需要火箭,更需要合适的发射平台,所以马斯克希望制造出的火箭能够随时移动,做到快速组装和快速发射。如果每个月能够多发射几枚火箭,那么公司的盈利模式就十分清晰了。

作为一个有雄心壮志的人,马斯克不想通过政府补贴的方式维系公司的运转,他要用盈利来证明自己的实力,证明他的上天计划是可行的。在他看来,虽然人类从20世纪开始就拥有了探索太空的能力,然而这几十年来并没有取得实质性的进展,因为具有发射能力的国家少之又少,他们之间不存在你死我活的竞争,导致他们不思进取,造成产品价格高昂,严重阻碍了人类迈向太空的脚步,马斯克决意要将自己从硅谷继承的理念移植到航天领域。

美利坚的神奇之处在于,任何人都能够成立他们心目中的某个企业,可以是和小小的牙签有关,也可以和上天入地的推进器有关,而且创立之初不需要过多的启动资金,乔布斯在创立苹果的时候只用了100美元。

然而马斯克的情况有所不同。他不是在创造一个和ZIP2或者X.com类似的企业,他瞄准的目标是遥远而浩瀚的太空。即便是制造成本再低廉的航天器,基本的材料消耗也摆在那里,这是一道无法逾越的门槛,没有雄厚的资金基础是不可能的。而且,航天所需要的人才也不是一边实践一边能培养出来的。因此,有一些火箭开发方面的专家给马斯克泼了冷水:火箭开发需要庞大的资金和漫长的时间,而且还需要政府的支持,单靠企业和个人是无法完成的。然而,马斯克没有被这种质疑击垮,他坚定地和他的手下开始研制第一枚火箭。

SpaceX 成立之后，马斯克向身边所有的朋友宣布：我要去太空了。大家听得目瞪口呆，而马斯克却沾沾自喜地表示，他将成为第一个进入太空的私人公民。他满怀信心地说："这是 45 亿年来人类第一次有可能将自己的触角扩张到地球之外，我们需要抓住这一机会。"

马斯克是一个善于利用自己身份的人。在他功成名就之前，他只能依靠一股顽强的斗志去和困难做斗争，现在他在上流社会站稳了脚跟，懂得借助自己的名望给自己做宣传，一来可能获得更多的资金赞助，二来能够让更多的人对太空产生兴趣，为将来的太空事业培养潜在用户。还有一点就是，马斯克希望在陌生的航天市场上为自己竖起一杆大旗：我是马斯克，你们不要犹豫，赶快卖给我零件！

这一次，马斯克的疯狂举动没有被人嘲笑，反而得到了不少人的尊重，有媒体这样评价他："如果他成功了，人类便成功了；他不仅是在为他自己奋斗，而是在为我们所有人奋斗。"马斯克已经成了硅谷一系列传奇人物中最具有代表性的人物之一，越来越多的人拿他和乔布斯做对比：乔布斯是新生代的"极客"，他能够将一个看似不起眼的物件充分雕琢出极致的美感，带给用户全新的使用体验，让计算机和互联网以及其他电子产品成了艺术品，产生强大的体验乐趣，开创了一个全新的商业时代，甚至将苹果变成一种信仰；马斯克也是一个追求极致的人，他拥有独特的审美标准和品位，能够借助他的征服欲去改造世界，而这种征服欲也体现在对公司的管理上。

尽管乔布斯和马斯克有相似之处，但是他们又有很大的不同：乔布斯在意的是细节上的完美，而马斯克关注的是大开大合的雄壮之美；乔布斯创造的是一个环绕在消费者身边的精致电子产品世界，而马斯克打造的是一台让人仰望的航天机器。两个人脑海中的概念截然相反：一个着眼于微观，一个放眼于宇宙。

太空梦是美妙的，也是艰难的。从人类第一次登月的阿波罗计划开始,每走出一步都要付出巨大的代价,与之相伴的则是一群支持太空探索的富豪们。随着时间的推移,这些人组成了一个特殊的群体,被人们叫"太空极客"或者"新太空资本家"。这些人拥有三个共同特征:第一,童年时期都对太空充满兴趣;第二,都喜欢阅读科幻小说;第三,都有足够的财富让他们去玩航天器这样的大家伙。

在美国,太空极客俱乐部的主要成员包括亚马逊的创始人杰夫·贝佐斯,还有微软的联合创始人保罗·艾伦,有老牌的互联网企业家吉姆·本森,还有谷歌的创始人拉里·佩奇等。现在这个豪华的阵容中又增加了埃隆·马斯克。

在这些富豪们的带动下,探索天空成了顶级富豪们的一种时尚,尤其是来自硅谷的资本家,在他们眼里,豪车和私人飞机只是小儿科,拥有发射基地和航天器才是成功的标志。正是因为受到这一股势力的影响,过去被美国政府掌控的太空资源和顶尖人才也从专门机构进入民间,以发挥他们未被满足的热情,这道门槛的打破在客观上加快了航天事业的推进速度。

在太空极客们的影响下,一批又一批的航天专家们被他们雇用。航天专家把一个个昂贵的零部件组装在一起,制造出天价的飞行玩具,他们面对的竞争对手也不再是普通角色,而是美国国家航空航天局、波音公司以及洛克希德·马丁公司等这样的国家机构或超级大企业。从这个角度看,太空极客们正在将硅谷的极客精神延伸到新的领域。

波音公司成立于1916年,是全世界航空航天业的领袖企业,也是民用和军用飞机制造商,它不仅拥有广阔的消费市场,也掌握着行业内的高端技术,比如旋翼飞机、电子防御系统和各种先进的通信系统等。因此,波音公司是美国国家航空航天局的主要服务提供商,负责国际空间站和航天飞机的运营任务,实力相当雄厚。

洛克希德·马丁公司比波音公司成立更早,始建于1912年,是目前全球最大的国防工业承包商,它的收入绝大部分来自于美国国防部、美国联邦机构以及一些国外的军方,它在信息技术、航天系统和航空等领域颇有建树,每年占据美国国防部采购预算的30%,占据了全球防务市场40%的份额,堪称业内巨头。

在马斯克看来,太空极客们不应当满足于在地面上建功立业,也不应当以追求财富的积累作为成功的目标,他们可以在历史发展的进程中扮演更为重要的角色,而探索太空就是连通未来的必由之路,也是一个有着开拓价值的全新领域。对马斯克来说,"成功的企业家"这个头衔早已失去了吸引力,他想要成为带领人类探索太空世界的领航人。

4. Space 并非空间，X 可以预知

未来的航天市场上，谁的成本更低，谁就能飞得更远。

马斯克对 SpaceX 投入了 1 亿美元，随后又四处游说拉赞助，在一个月之后获得了 2.2 亿美元，SpaceX 终于有了一笔可观的启动资金。一位名叫史蒂夫·尤尔韦松的投资人说："马斯克有一种非常少见的直觉，知道太空的商机在哪里，也知道什么样的太空业务是可行的。在太空领域，有些东西是绕不开的，这里没有什么空间艺术，只有物理学定律，而拥有物理学学士学位的埃隆·马斯克无疑是个很好的人选。"

马斯克根据火箭载荷构思出另一个模块设计的新方案：混合以及匹配发动机培植技术，创造出了更安全并更有成本效益的航空器。如果能够解决美国向空间站甚至更远的地方输送人力和物力资源的问题，那么SpaceX便真的有了改变人类航天发展史的可能。不过从当时的情况来看，SpaceX无法和西南航空这样的创新型企业相比，所以没有建立属于自己的大型研发实验室，更没有来自美国政府的经济补贴，马斯克带着手下从事的也不是基础性的科技创新，而是在借用原有技术的基础上改进生产流程。在马斯克眼里，专利不重要，重要的是成本。

马斯克给 SpaceX 树立了一个远大的目标：将商业发射市场的火箭发射费用降低 90％，要在某一天把 10 万人送上火星。由于这个计划让很多

人无法理解，马斯克也遭到了一部分人的质疑，可这对他而言已经是常态了——在他眼中没有不可能的事情。

马斯克将 SpaceX 准备发射的第一枚火箭命名为猎鹰 1 号，这个名字的由来和《星球大战》中的千年隼号有更大的渊源：马斯克喜欢这个系列的科幻电影，他也把自己想象成未来世界的创造者。经过计算，发射一枚重达 550 磅的运载火箭至少需要 3000 万美元的成本，这对 SpaceX 来说成本太高，于是马斯克对外界宣布：猎鹰 1 号能够运载 1400 磅的物体，发射成本只需要 690 万美元。

正当外界对马斯克的口出狂言咋舌不已之际，他已经开始行动了。马斯克决定在 2003 年 5 月和 6 月分别制造两台火箭推进器，到 7 月份的时候完成火箭机身的制造，8 月份全部组装完毕，9 月准备好发射台，11 月就能发射。

此时，SpaceX 成立只有一年多的时间，原本是门外汉的马斯克却制定了清晰的时间表，与其说他胸有成竹，不如说他相信自己和团队的实力。从这一点来看，马斯克既是一个功利的现实主义者，也是一个乐观的浪漫主义者。他拥有严密的逻辑思维，同时也拥有天真的造梦激情。

马斯克的时间表不仅在鼓舞他自己，也成为太空极客们津津乐道的话题，他们对火箭什么时候上天并没有太大兴趣，他们只是为制造低价格的火箭感到兴奋，这意味着有更多的人可能实现太空梦，不再局限于那些超级富豪。

除了太空爱好者们，美国的军方也在关注着 SpaceX 的一举一动，因为他们当中有人提出了给军队配备更强大的太空装备，但是需要降低成本，这样才能广泛布局且能做到快速响应。虽然应用目的不同，但是军方和马斯克的某些价值观是一致的，因此他们不认为马斯克是在白日做梦，而是在以超凡的胆识完成一件别人不愿意为之冒险的工作，而这正是美国航天界需要的精神。

同样，在科学界，专家们也一直在寻找如何以较低的成本进入太空的方式，这样便于进行各类试验，也能够带动医疗产业的发展，因为很多药企也在研究失重状态下人体内部功能的变化。

马斯克的低成本发射计划，几乎牵动了和航天业有关的各个领域。当然，马斯克也不是盲目乐观。他知道，纵然是借助国家力量，火箭发射失败的案例也数不胜数，仅在1957年到1966年10年间，美国发射的400多枚火箭中就有四分之一坠毁，这对于私人航空公司来说是难以承受的损失。但是从另一方面来看，马斯克也感到乐观：正因为有了前面的无数次失败，他才能汲取更多的经验和教训，从而避免重蹈覆辙。更重要的是，时代已经不同了，借助计算机的力量，SpaceX可以进行更精确的模拟运算，把问题扼杀在摇篮里。

目前火箭采用的燃料分为两种类型，一种是液体燃料火箭，另一种是固体燃料火箭。后者因为使用固体会产生强大的推动力，缺点是一旦熄火就很难重新燃烧，而且燃烧时释放出超常规的高温高热，所以在制造这种火箭时必须采用耐高温和耐高热的材料，从整体上加重了火箭的负担，降低了火箭负重。

液体燃料火箭从构造上讲要复杂一些，它将氧化剂和燃料分别填装在两个容器中，在燃料室里进行混合燃烧，能够控制燃烧的状态和进度，它能够反复点燃和熄火，可以在发射前进行多次检测。就全球范围来说，大部分的火箭都属于液体燃料火箭，因为从成本控制的角度看液体燃料火箭优势很大。自然，追求低成本的马斯克为猎鹰1号配备了液体燃料。

由于SpaceX不可能完成火箭发射的全部工作，有一些任务只能外包，但马斯克在约见了几个承包商之后才发现他们的报价高得惊人，这从根本上打消了他购买零部件的最初计划，他决定自己动手。这样一来，SpaceX的开发工作难度增大，资金也严重超支，精明的马斯克原本不想这样做，却别无他法。

首先需要制造一台气体发生器，这是一种类似于小型火箭推进器的机器，可以产生足够的热气进行助推，它在洛杉矶完成了最后组装然后被送到莫哈维沙漠进行测试。莫哈维是距离洛杉矶100多英里[①]的一座沙漠小镇，可以看成是SpaceX的"卫星公司"所在地，之后很多机器的测试都是在这里完成的。

马斯克从XCOR公司(成立于1999年的商业太空公司)借了一个试验台，进行气体发生器的测试。第一次点火测试维持了一分半钟的时间，发生器可以正常启动，然而它释放出来的黑烟将整个场地都遮住了——实验失败了。工程师们有些失望，不过XCOR的人却安慰他们从头再来。很快，更多的燃料被运送过来，工程师们也开始完善整个测试流程，就这样持续了两个星期，最终将气体发生器调试到了最佳状态。

除了莫哈维，SpaceX的工程师们也找到了其他几个试验台，后来他们表示不想总借用别人的场地，劝说马斯克购买其中的一个，它位于得克萨斯州中心区域的一座小城市附近，以前是美国海军发射火箭的测试场地，里面有很多被遗弃的基础设施，只要稍加修缮就能继续使用，这能节省不少费用和时间。除此之外，SpaceX还需要定制一些设备，其中最大的设备是一个高达两层楼的试验台，同时还要搭配一个15英尺高的试验台。SpaceX的工程师们将推进器绑在试验台上，另外安装了几个用来采集数据的感应器。

杰里米·霍尔曼是来自得克萨斯州的一位年轻工程师，他在波音公司做过测试工程师，马斯克把他招聘过来，正好方便在本地参与测试。

猎鹰1号一共有两台推进器，穆勒给它们起名叫背隼和茶隼。经过一段时间的准备，穆勒已经为这两台火箭推进器制作了计算机模型。背隼是猎鹰1号需要的第一级推进器，作用是帮助它离开地面，而茶隼是第二级

[①] 英里，长度单位。1英里约合1.6千米。

推进器，作用是在太空中进行制导时提供动力。穆勒和他的团队研究哪些零部件可以自己生产、哪些必须进行采购，列出需要采购的部件清单，并交给霍尔曼，这是一个看起来轻松却经常碰钉子的工作，因为 SpaceX 要求的完工时间非常紧急，很多工厂的机械师都表示难以完成，只有一小部分工厂愿意协调时间。

虽然自主生产困难重重，不过马斯克也由此发现，这种商业模式能够迫使团队不断创新，而创新就能打破传统观念的束缚，比如经过工程师团队的努力，SpaceX 将汽车排污阀的某个部件改装之后就可以用在火箭上。终于，第一台火箭推进器完工，随后就被拉到了得克萨斯州的试验场。

马斯克和他的团队开始了公司成立以来第一次最重要的协同作战，他们在遍布响尾蛇和火蚁的沙漠上准备试验，其间还要忍受毒辣的日晒。这是一项极其细心才能做好的工作，因为稍不留神就可能引起爆炸。最后，准备工作顺利完成，大家喝了一瓶价值不菲的人头马进行庆祝。

至此，SpaceX 的工程师们开始了往返于沙漠试验场的艰苦工作，他们每个星期日几乎都在这里度过。有时为了缓解他们的疲劳，马斯克会用自己的私人飞机运送他们，但是因为飞机只能装载 6 个人，多出来的那个就要坐在卫生间里。

SpaceX 的推进器试验引起了附近居民的不满，因为点火之后会产生巨大的噪音，有一个奶牛场的奶牛因此而焦躁不安，影响到它们产奶，SpaceX 不得不处理这些小纠纷。就在这时，新的麻烦又出现了：穆勒的两个推进器遭遇了技术瓶颈，无论是背隼还是茶隼，都不断地发生各种小故障，工程师们每天要进行 12 个小时的测试以确保万无一失。

在这段时间里，穆勒是团队中最忙碌的人。他不仅要随时观察并分析测试数据，还需要在细小的关键部位上查漏补缺。如果发现某个硬件出了问题，他会马上告知机械师和工人们进行修理。经过一段时间的改造，茶隼已经基本通过测试，工人们通过反复的考验也锻炼了工作技能。

和茶隼相比，背隼的试验过程一波三折，因为它需要180秒的燃烧时间才能给运载物提供升空的动力，但是经过工程师们的反复测试，发现推进器最多只能燃烧半秒钟，随后就处于失灵状态，更糟糕的是，背隼的运行状态十分不稳定，经常剧烈摇晃或者发生破损，即便采用了新材料也不行。在多次的试验中，推进器曾经出现被炸毁和烧毁的情况。

一向冷静的马斯克也万分焦急，但是他不能把这种负面情绪传递给团队，这样只会影响工作进度和士气。在能否按期完成准备工作这个问题上，马斯克要求严格，他多次询问霍尔曼到底什么时候能修好设备，起初霍尔曼不知道该如何应答，然而在几次沟通之后他终于意识到，贸然回答马斯克并不利于为其增强信心。

在一次抗压试验中，马斯克亲自来到实验室，然而在首次测试中一个冷却室发生了爆裂，随后另一个冷却室也遭到了同样的劫难，这对公司来说是一笔不小的损失，然而马斯克没有慌乱，他打算进行第三次测试，结果还是失败了。随后，马斯克让工人们将设备运回加利福尼亚进行检修，而他自己也上手帮忙，常常弄得灰头土脸。

马斯克之所以狂热地加入各项测试工作，并非是他对团队不放心，而是一种强大的欲望在推动他，他迫不及待地想要看到自己的火箭升空。当然他也担心会发生问题，所以他在测试失败后不断提出假设并让工程师拿出解决方案。对他而言，"Space"要面对的空间是浩瀚广阔的，他随时都会遭遇各种意外和失败，但是他从不畏惧，因为未知数"X"已经被他成功地计算出来。

5. 鲁滨孙漂流到发射场

马斯克虽然个性强悍，但在管理团队时能够起到"双面胶"的作用，将那些提供智力贡献和体力付出的人和谐地结合在一起，让 SpaceX 从上到下产生了强大的凝聚力，无论外界对他们有何种质疑，大家对自己坚持的目标都深信不疑。随着测试项目的增加，SpaceX 增加了更多的站点进行组装，每个工作站之间频繁地运送设备，进入高速运转阶段。

值得庆幸的是，马斯克的前期付出得到了一部分人的肯定，其中就有美国国防部，他们打算通过 SpaceX 发射一枚卫星，这导致马斯克的工作量又增加了，团队每天工作 20 个小时，每个星期只能休息一天，有些核心成员甚至连休息都没有，只能在星期日的晚上玩一会儿电脑游戏，这是马斯克给大家规定的"专用休息时间"。每到这时，马斯克会和大家一起玩《反恐精英》之类的射击游戏，他求胜心切，为了获胜不择手段，员工们经常被他投掷的手雷"炸死"。

马斯克深知，埋头苦干所产生的影响力十分有限，必须让更多的人知道 SpaceX 在做什么，只有赢得最广泛的社会关注，未来的用户市场才能提前铺垫好。于是，马斯克开始考虑对外展示猎鹰 1 号，他准备用特殊设备将这个大家伙运送到联邦航空管理局总部，通过新闻发布会让全世界目睹它的风采：更便宜、更智能的火箭即将上天了。

对 SpaceX 来说，善用营销是必须手段，不过马斯克身边的工程师们却对此不感兴趣，他们已经将大部分时间都用在了研究上，不过马斯克还是让他们在百忙之中抽出时间制作了一个火箭模型。对技术人员来说，这种小比例的复制品毫无意义，然而在马斯克的脑海中正琢磨着如何利用这个小家伙赢得更多支持。

在马斯克的组织下，SpaceX 顺利地在华盛顿召开了新闻发布会，那个小火箭模型也公开亮相，这让大家知道有一个来自硅谷的富豪正在从事让人类移居火星的计划，而他的团队正在积极地实现这个目标。当人们对这个新闻议论不已之际，马斯克又向躁动的人群中抛出了一枚"重磅炸弹"：SpaceX 在研制猎鹰 1 号的同时正准备猎鹰 5 号的生产计划。

由于是新品，所以猎鹰 5 号无论从性能上还是运载能力上都要超过猎鹰 1 号，它能够承载 9200 磅重的物体，还能够发射到国际空间站，具备了为空间站进行补给的能力，这意味着 SpaceX 将获得更多的商机，而让 NASA 为之汗颜的是，猎鹰 5 号能够在 3 台引擎失灵的情况下继续完成任务，这是当时全世界任何国家都做不到的。

马斯克完美地将研发和营销结合在一起，在辛劳的工程师们挥洒汗水的同时，也能让他们的研究成果被外界所知，其实这也是硅谷精神的泛化："极客"们要有改变世界的能力，也要有感动世界的能力。对于马斯克来说，他不仅需要说服资本大鳄、美国政府和广大民众，他更需要拉拢有志之士为 SpaceX 创造奇迹。

有一次，马斯克在机场偶遇一个叫布莱恩·加德纳的人，此人曾经供职于美国军方赞助的公司，马斯克认为他能够为自己效力，就要求他发简历给自己，结果加德纳成了 SpaceX 的新成员，他参与到背隼的引擎阀门测试项目中并且取得了技术突破。

技术人才是 SpaceX 急缺的，而优秀的承包商也是千金难求。当时，SpaceX 需要采购燃料罐，为此马斯克找了好几家公司，对方都承诺能够积极配合，但马斯克并不完全信任这些商人，他采用突然到访的方式检查对方的工作状态，结果一家公司被抓了现形——根本没有加班生产。马斯克气愤地告知对方，这样的合作态度会让SpaceX无法按时发射火箭。

马斯克强悍的作风让他很难在对方犯错之后还能保持宽容的态度，他有一个典型的逻辑模式：如果别人干不了，那么我就自己干。当初马斯克向俄罗斯人购买洲际导弹时，对方的消极态度让他萌生了自己造火箭的念头，现在承包商的拖延症也让他放弃了合作，自主研发生产燃料罐。

马斯克之所以对供应商有严格的要求，是因为他在意自己从事的工作，他不能允许任何不达标的人或者产品参与到他的商业计划中，所以当他确定一个人无法和自己的梦想匹配时就会直接拒绝对方。有一次，一个业务员耗费四个小时前来拜访马斯克，然而马斯克见了他两分钟就让他走人了，因为他讨厌通过套近乎的方式赢得合作关系，他看中的是作为合作方的基本素质。

正因为马斯克拥有一套严格的合作标准，所以SpaceX的员工都十分注意自己的言行，虽然他们也承认马斯克有些时候过于苛刻，也不太喜欢他的张扬，比如马斯克喜欢找人拍摄纪录片来宣传自己，却忘掉了在旁边汗流浃背的工人。最尴尬的是，马斯克还将猎鹰系列的火箭归功于自己的设计……这些行为最终激怒了一部分人，导致不少出色的工程师愤然离去。

SpaceX正在全力以赴地准备火箭发射的工作，然而仅仅是测试推进器就耗费了大量时间，超出了马斯克的预估，直到2004年才通过测试。然而没过多久，人们还是发现推进器未能达到发射标准，与之关联的导航系统、通信系统都出现了一些小问题。经过半年时间的调试，猎鹰1号在2005年5月才被送到了发射基地，然而这个基地是属于美国空军的，他们认为SpaceX正在抢他们的生意，还担心存放在基地里的贵重物资被他们损坏，就让马斯克排号等待，马斯克只好物色新的发射场。

火箭的发射场选址很重要，一般会选择在赤道附近，因为那里地球的自转速度更快，可以帮助火箭更省时省力地升空，所以SpaceX在赤道附近开始了搜索，最后选定了位于太平洋上的夸贾林环礁——它由100多个小岛构成，美国军方曾经在这里进行过太空武器试验。

选定发射场之后，SpaceX又开始忙碌起来，这时马斯克的私人飞机派上了用场——几个核心成员和相关物品被运送到夸贾林。当工作人员全部就位之后，他们将小岛改造成适合发射的场地，而这项工作整整进行了几个月。工作人员不仅要砍伐树木，还要浇灌水泥，每天任务量巨大，还会被灼热的日光晒伤皮肤，仿佛一群漂流到此地的鲁滨孙，只不过他们不是为了生存而努力，而是为了人类的未来而忙碌。为了确保大家的生活质量，马斯克给工作人员运来了冰箱和烧烤架，让他们尽可能地适应并享受岛上的枯燥生活。

在基础设施准备完毕后，SpaceX开始组装火箭，每天动工之前都要先召开会议，决定当天的工作内容和解决方案，这是一项十分考验意志力和耐性的工作，因为火箭的构成部分庞大复杂，常常是A部分准备完毕而B部分出现问题，工程师成了名副其实的"救火队队员"，从一个部位忙碌到另一个部位。而且，懂得核心知识的员工寥寥无几，大多数人只是在他们的指导下工作，甚至连马斯克都犯了作为外行的错误：他拒绝了铺设水泥路面的建议，导致运送火箭和其他设备时非常不便。

尽管困难重重，但是SpaceX的员工并不反感这种生活，他们觉得这是一次奇妙的人生体验：鲁滨孙从一个普通人转变为一个冒险家、农学家、建筑师……而SpaceX的员工也在进入一个新领域。一个创立伊始便要完成火箭发射任务的新手公司，在一个远离人类和现代文明的小岛上进行着科技探索中最艰难的工作，支撑他们的不仅仅是开创事业的信念，更夹杂着对未来人类命运的忧虑和期待。

6. 来自一颗螺母的诊断书

对陌生领域的探索难免会走弯路,试错虽然会付出代价,但也是获得成功的必要投入。马斯克选择了探索太空,就注定要在经历各种试错后接近正确的目标。

2005年11月,SpaceX的团队登临夸贾林已经长达半年了,现在一切准备工作就绪,只剩下点火发射了。马斯克和金巴尔一起来到了岛上,住在简陋的宿舍里,他们难掩心中的激动,等待着那个伟大时刻的到来。

猎鹰1号长21米,总重量为39吨,内部填满了大量的液体燃料。经过多次试验之后,猎鹰1号已经通过了各方面的检测,只等待一声巨响然后向全世界宣告一个奇迹的诞生。

11月26日,几个技术人员早早起床,他们在火箭里添加了液态氧,然后躲在几英里之外的掩体里,公司的其他成员则在25英里之外的控制室内监视着发射系统。由于美国军方对发射时间有严格的管控,马斯克他们只有6个小时的发射时间,如果不能成功就会延期。就在这时,工程师们突然发现一个严重的问题,液态氧气罐的一个阀门不能正常关闭,让液态氧释放了大量的燃料,这就无法在规定时间内完成发射。随后,马斯克从夏威夷调来了液态氧补给。

马斯克知道很多人在等待猎鹰1号成功上天的消息,当然也不排除一些好事者准备看他出洋相,他顶住压力发表了声明:"新的发射日期定在12月中旬。"马斯克没有浪费口舌去解释其中的原因,因为他了解互联网,只要降低热度就会被人们遗忘,如果说得太多,反而会引起一些不良媒体的捕风捉影。

马斯克将注意力集中在猎鹰1号的修检工作上,废寝忘食的工作状态让他暂时忽略了网络上对他的非议。然而新的问题又出现了,火箭上的配电系统出了故障,要进行电容更换。经过80个小时的修理,电子设备恢复了正常运转,这对于一个只有30个人的团队来说效率极高,因为按照行规,一架火箭上天至少需要300人的团队。

也许是上帝不太喜欢有人在他脚下任意妄为,SpaceX接连遇到了各种意外状况,原定12月发射的计划被迫延期,直到2006年3月24日,猎鹰1号才被搁置在发射台上。马斯克穿着休闲装亲眼见证了全部过程:火箭点火之后突然发生了异常,背隼引擎上方燃烧起来,让本应垂直飞行的火箭突然旋转,最后失控坠落到地面,大部分的残骸都掉进了附近的暗礁中,所幸运载的卫星比较完整,只是把旁边的车间砸出了一个大洞。随后,工程师们跳进水中寻找火箭残骸,准备分析发射失败的原因。实际上,猎鹰1号的其他部分都非常成功,比如主发动机和软件都能正常运行,飞行轨道也在预计的偏差范围之内,这次失败确实可惜。

对于失败,马斯克还是表现出了情绪上的克制,他知道这是航天界的常态,他也表示SpaceX不会受到这次失败的影响,将会继续努力。他强忍住悲伤和失落对外界说:"我预想,火箭发射最快也要推迟到明年1月下旬吧。"

经过调查分析,猎鹰1号坠落的原因找到了,是霍尔曼在发射火箭前没有拧紧燃油管上的配件,导致配件破裂,更糟糕的是连接配件的螺母也是个劣质品。马斯克对霍尔曼表示了极大的愤怒,然而霍尔曼却认为自己拧紧了螺母,这是团队需要找人背锅,霍尔曼和马斯克大吵了一架。

实际上，通过后来的分析鉴定可知，螺母因为受到了岛上空气中的盐分的腐蚀，所以才会发生破损。不过这个调查结果是存在争议的，因为环礁附近停靠的飞机超过了40年，使用的同样的螺母却完好无损，所以这未必是霍尔曼的责任。对于SpaceX来说，首次发射失败如果不能找出一个负责任的人，那么就无法向其他人交代。

猎鹰1号的失败，某种程度上和马斯克灌输给团队的硅谷精神有关，这种源自于"极客"的奋斗者意志，并不完全适用于航天事业，因为编写程序代码允许出错，所造成的后果可以挽回，但对火箭发射来说，一个小小的错误就会导致满盘皆输，你不可能从中捡回一个"有用的代码"继续使用，你只能推倒重来。

失败造成的懊恼情绪在整个团队中蔓延开来，很多人去主岛的酒吧里日日买醉，对他们来说，长达半年的辛苦化作泡影，这的确是一件让人沮丧的事情。但是马斯克没有沦陷在这种负面情绪里，他计划要在下一个半年里再次发射火箭，不过现实问题是，岛上能用于火箭发射的设备所剩无几，需要重新购置。

面对困难，马斯克还是表现出了顽强的意志力，他的工程师团队也很快振作起精神，他们决心用更规范和更专业的方式去完成火箭的制造和组装，避免让一些小问题成为失败的诱因。马斯克也放低了姿态，他诚恳地邀请代表官方的专业人士过来展开调查，这对于一向自信、强势的他来说已经是一种进步了。

2006年1月，猎鹰1号没有按照马斯克所说登上发射台，一些人表示很失望，他们不知道马斯克遭遇了什么困难，一些质疑之声也从网络上弥漫开来，马斯克不得不作出正面回应："虽然火箭发动机的测试已经完成，但还没有得到发射许可，看来还需要再等待一段时间。"结果到了2月份，火箭依然未能发射。这样一来，那些打算对SpaceX投资的公司更加谨慎了，它们被火箭发射的高失败率吓倒了。

和风险投资公司相比，美国政府表现出了相对友好的态度。在航空飞机退役之后，他们决定利用民间企业的力量向国际空间站输送物资，这样做能够为政府节约不少资金，也是灵活借用民间资本的一种经济手段。尽管SpaceX的发射工作进展迟缓，美国当局还是进行了援助，因为他们很清楚，如果猎鹰1号迟迟不能上天，也会从客观上拖慢美国政府对太空的探索进程，还会影响到社会大众对太空事业的热情和关注。当然，也有一些圈内的专家们表现出了幸灾乐祸的态度，他们认为马斯克从一开始就是白费力气，他们觉得这个来自硅谷的年轻人正在抢他们的饭碗，作为先行者他们本能地讨厌新人。

来自外界的声音是混杂的，有恶意的也有善意的，还有观望中立的。不过马斯克已经学会适当地装聋作哑，他知道这时候打口水战毫无意义，只有让猎鹰1号上天才能堵住这些人的嘴。

2007年3月21日，经过一年的准备，"复活"之后的猎鹰1号进行了第三次发射，由于之前的点火试验很成功，所以SpaceX对这次发射充满了信心。当猎鹰1号顺利升空之后，平稳地飞行了几分钟的时间，负责监视的工程师们渐渐放松下来，因为报告显示火箭正在以最佳的状态运行着。又过去了3分钟，猎鹰1号的第一级解体，控制室内刚才还紧张的人们发出了欢呼声，进入第4分钟以后，整流罩顺利张开，火箭的第二级准备进入轨道，直到第5分钟，猎鹰1号依然表现得让人满意，然而就在这时，火箭忽然发生了摇摆，所有设备处于失控状态，最后迅速在空中爆炸解体。

经过对残骸的分析，人们找到了爆炸原因：火箭推进器燃料在消耗之后，剩下的燃料开始搅动，从而引起了火箭的不规则摆动，结果被撕开了一个缺口，空气进入后点燃了燃料，引发了爆炸。

虽然这次发射未能成功，但是猎鹰1号达到了300公里的升空高度，这对于马斯克来说或许是一种安慰，因此他这样总结："宇宙火箭的开发无疑是一项压力巨大的事业，但我对这次的结果并不感到失望，不仅不失望，我还十分高兴。"

不过,此时的马斯克面临着资金即将耗尽的窘迫局面,尽管如此,马斯克还是表示自己不会放弃,可是他能够筹措到的资金也只够再发射一到两次了。当然,马斯克从来不对员工透露公司的财务状况,他只是要求大家再接再厉,这种乐观的精神还是鼓舞了 SpaceX 的工作团队,也让媒体挑不出毛病。

接连遭遇失败,马斯克在探索太空的路上远不如在互联网世界那样顺风顺水,可以说是一路逆境,不过他的脑子没有乱,在猎鹰 1 号继续准备下一次发射的同时,他也加紧了对猎鹰 9 号的设计开发工作。和猎鹰 1 号相比,猎鹰 9 号拥有高出 10 倍之多的入轨能力以及超过 15 倍的升空推力。

由于吸取了之前的教训,工程师团队在制作设计讨论书的时候小心翼翼,在完成之后提交给 NASA,等待专家们的批准。因为猎鹰 9 号是基于 NASA 主导的 COTS 计划,该计划的主要目标就是用运载火箭向国际空间站运送物资,所以必须通过申请才能发射。

这一次,NASA 加强了和 SpaceX 的合作深度,他们计划用猎鹰 9 号搭载一种全新的宇宙飞船——"龙飞船"。

马斯克用来实现天地往返的航天器名字叫"龙",也就是英文的"Dragon"。虽然 Dragon 在西方通常指的是恶龙,但是马斯克并不介意词源背后的故事,在他看来,恶龙如果飞得比好龙更高更远,恶一点又怕什么呢?

众所周知,火箭发射载人航天器需要的是大火箭,并且都是不可重复利用的一次性火箭,这不仅在技术方面提出了极高的要求,从经费方面看也是一笔巨大的投入。如果有人能突破这一技术障碍,就不只是突破了科技瓶颈,还改变了人类的整个航天时代。

作为一位优秀的企业家,马斯克敢于去赌博,而这种赌博也是建立于自信、自律和自我努力的基础上的。换作常人,几乎没有谁敢在猎鹰 1 号还笼罩在失败的阴影下去研究猎鹰9号和"龙飞船",不过马斯克却敢于这样做,因为他不仅要总结眼前的失败,还要着眼于未来,这不仅是一种战略布局能力的体现,也是领袖思维的成功运用。

7. 无脚鸟飞得更高

传说世界上有一种无脚鸟，它只能一直飞行，飞累了就在风里睡觉，它唯一落地的一次就是它死亡的时刻。对于闯入航天领域的私人企业来说，它们也和无脚鸟相似，因为受到政策、资金、信息等多种资源的限制，失败一次对它们的打击都是沉重的，而致命的失败往往无法挽回，所以它们必须减少出错率才有继续飞行的可能。

第三次发射失败，让马斯克遭受了沉重的打击，因为此时他已经拿不出钱进行第五次发射了，这就意味着第四次发射必须成功，否则会严重降低美国政府、投资者和社会大众对SpaceX的信任度。

每一次发射，马斯克都竭尽全力，生怕因为自己在某方面的疏忽导致失败，虽然他不是工作在一线的工程师，但是他的每一个判断和决策都会间接地影响SpaceX的运行状况，因此，他对那些不能够胜任发射工作的人都非常严厉，只要让他不满意就会严厉地训斥他们。当然，马斯克也知道仅靠痛骂是不能解决问题的，更多时候他还是喜欢亲力亲为。

每次发射前，马斯克都保持着高度的警觉性，工程师每天至少要向他汇报一次，否则他会坐立不安。在第四次发射前，由于之前积累了太多血淋淋的教训，大家也都尽量避免重蹈覆辙。按照之前的规矩，猎鹰1号的火箭主体将运送到夸贾林岛上，然而马斯克和工程师们比较着急，不愿意等待漫长的海上运输，所以直接动用飞机将火箭运送到夏威夷再转运到夸贾林，结果工程师们忽视了一个重要问题：在高空中，飞机舱内的压力会对火箭表面造成压迫。果然，当火箭送上飞机以后，表面逐渐被压出了褶皱，在大气压的影响下越来越严重，工程师只好将火箭上的一些螺丝拧开，让内部气压和外部气压保持一致，这样才不至于让火箭被彻底压碎，但这个意外还是给 SpaceX 造成了损失，人们认为至少需要三个月的时间才能把火箭修复好。

得知这个坏消息，马斯克的反应并没有太激烈，毕竟之前经历了三次失败，他已经练就了强大的心理素质，所以他仍然冷静地指挥大家做好修复工作，结果只用了两个星期火箭就修好了，大家的失落情绪也逐渐被打消了。

2008 年 9 月 28 日，第四次火箭发射准备就绪。在此之前，SpaceX 的员工们已经连续六个星期不间断地工作，虽然历经了多次失败，但是他们对火箭的热情始终不变，有一些无法亲临发射现场的人通过直播观看发射的全过程。在马斯克的带动下，大家都很有信心，认为这次发射一定能成功，这是对他们在这个岛上艰苦生活的回报。

当天下午，猎鹰 1 号被推上了发射台，各种网络直播已经做好了准备。在正式发射前，SpaceX 又派出专人对收看网络直播的观众介绍了有关火箭的各种技术问题。这次发射猎鹰 1 号没有搭载任何货物，因为军方和公司都害怕在爆炸之后会让一些东西掉进海里，但是为了展示它的载重能力，SpaceX 还是在火箭上搭载了 360 磅的虚拟货物。

虽然这次发射的象征意义大于商业意义，但是 SpaceX 的员工们都有很高的积极性，因为他们已经承受太多失败了，极度渴望一次成功的发射。当猎鹰 1 号顺利点火升空之后，大家都欢呼雀跃起来。在一级箭体和二级箭体都顺利开始飞行之后，悬在人们心里的忧虑都消失了，接下来的燃烧过程也十分顺利，9 分钟之后，猎鹰 1 号准时停止工作，完成了全球第一架私人火箭的飞行壮举，这是马斯克团队耗尽 6 年的时间完成的壮举。虽然和马斯克的预期计划相比延长了四年多，但毕竟是成功了。

在发射之前，马斯克为了缓解紧张的情绪，特意和弟弟金巴尔以及孩子们去迪士尼玩。直到发射前两分钟，马斯克才钻进 SpaceX 的控制室，目睹大家流出了激动的泪水。马斯克像明星一样被 SpaceX 的员工们夹道欢迎，那一刻他真正体验到了成功的感觉。在开始研发火箭的时候，马斯克是盲目乐观的，后来经历了几次失败之后，他的自信心一度遭到了打击，现在终于获得了成功，这让他从绝境中走了出来。

私人研发火箭，能够经历三次失败后成功上天，这在世界范围内当属奇迹。马斯克后来表示，这是自己人生中最棒的一天。

多年以后，马斯克对猎鹰 1 号的几次发射失败进行了经验总结，他认为是推进器在升级的时候变成了再生冷却推进器，让推进器在瞬间的推力增大了，同时也延长了 1.5 秒的时间，导致燃烧室的压力增大，进而使火箭发射失败。虽然这个问题在测试时已经被发现了，但因为和正式发射的环境和压力并不相同，因此火箭通过点火测试并不代表着能够顺利上天。

成功的喜悦逐渐散去，马斯克开始考虑下一步的行动了。现在对 SpaceX 来说，最大的问题就是资金短缺，好在猎鹰 9 号获得了社会的广泛关注，在启动资金上不会太紧张。

在航空界，上述这些项目至少要花费 10 亿美元。对于 SpaceX 来说，如果不能降低成本，即便能获得一些赞助也是难以为继的。但是在媒体看来，SpaceX 的财政状况也许没有那么差，他们认为能够玩得起火箭的人不会太缺钱——至少他们认识更多的有钱人，而且 SpaceX 员工的薪资待遇也随着猎鹰 1 号的发射成功提高了，SpaceX 又拿到了为马来西亚政府发射卫星的订单，这一切都预示着 SpaceX 的盈利前景十分光明。不过，仔细分析可以发现，马来西亚政府的订单要在 2009 年才能付款，这期间所有的费用都是要 SpaceX 先行承担的，马斯克不得不在狂欢过后开始考虑现实问题。

2007年8月，猎鹰9号搭载的"龙飞船"顺利通过了NASA安全审查委员会第一阶段的审查。

在和美国政府建立合约关系以后，马斯克将主要精力放在了猎鹰9号的研发上，和猎鹰1号相比，它体积更大，高达224.4英尺，宽12英尺，重110万磅，装载了9个推进器，推进器连接着一级火箭体，二级火箭体个头较小，它的任务是飞上太空，并能够搭载一个装载卫星的圆柱形容器，也可以搭载太空舱。

虽然马斯克是一个注重形象设计的商人，但是他没有将猎鹰9号打造成一个外观浮夸的巨物，因为现在是和政府合作，政府希望看到的是SpaceX的设计能力而非营销技巧，所以猎鹰9号的外形简单实用，没有浪费任何一个细节，马斯克准确拿捏到了政府方面的心理。

SpaceX现在可以借用美国军方的空军基地来发射火箭，其中有一个位于南加州的范登堡空军基地，这里比夸贾林环境好得多，毗邻太平洋，开阔地上布满了灌木丛，风景怡人。

2010年6月4日，猎鹰9号正式发射，在点火之前，工程师们进行了严密的检查，不过却出了一点小问题：在为火箭填入液态氧和煤油时，因为温度较低导致液态氧和金属、空气接触后发生了气化，很快从通风口里泄漏出来，冒出了白色的气体，还好这个问题不是很严重，工程师们在检查其他部件之后解决了这个问题。

当发射还剩下10分钟时，发射进入了自动化阶段——不再需要人工操作。随着时间一分一秒的流逝，人们紧张的情绪并没有放松下来，接下来就是更为紧张的10秒倒计时。在进行倒计时的那一刻，计算机同步对9个推进器进行评估，以此来确定它们是否能给火箭提供足够的向下压力，这个过程十分顺利。倒计时结束后，火箭摆脱了惯性，飞向了天空，同时发出了巨大的轰鸣声，现场的人感到大地在震动。

SpaceX又一次完成了惊人的壮举,自从猎鹰1号发射成功之后,SpaceX的火箭发射越来越顺利,马斯克也从曾经被航天界看不起的笑料变成了头面人物,现在他可以信心十足地接各种订单:国际空间站的、运送卫星的……马斯克从一个门外汉变成了业界标杆,SpaceX也从一个初创公司变成了行业领头军。

马斯克的成功之处在于,他敢于为自己和企业谋划一个宏伟的商业远景,这让他具有很高的格局和视角,也就易于在进入实操环节之后按部就班地完成每个步骤。马斯克之所以选择进军航天业,正如像他研发电动汽车那样,是因为该领域处于老气横秋的氛围中,很多国家满足于20世纪的航空技术,而不是绞尽脑汁地反思和颠覆,马斯克的搅局如同一只牛虻叮咬了一头沉睡的野牛,让它发疯地奔跑起来。

Chapter 4

第四章

有一种爱叫互相折磨

1. 被一句话"套路"的女神

有的成功人士感情生活单调，有的则丰富多彩。而马斯克则属于后者，他曾经向媒体证实：自己和三个女人生下9个孩子。

马斯克的第一任妻子叫贾斯汀·威尔逊，她和马斯克是安大略皇后大学的同学。

贾斯汀是一个典型的反传统女性，她在失恋之后进入了安大略皇后大学，她不仅容貌出众而且博学多才。尽管她是跆拳道黑带，还是挡不住被一群人追求，而她只钟情年龄比自己大的男人。

马斯克是在公共课上遇到贾斯汀的，那种一见钟情的感觉让他难以自拔。作为一个行动派，他马上采取了追求措施。当时，贾斯汀要参加一个聚会，马斯克穿戴整齐，想要制造一次"偶然"的邂逅，让他失望的是，贾斯汀却没有到场。马斯克也顾不上浪漫了，直接到她的宿舍里找她去吃冰激凌。贾斯汀开始答应了，可后来又变卦了，她在门上给马斯克留了字条，说自己要去参加一场考试所以没办法赴约了。

虽然被放了鸽子，但是马斯克没有气馁，他从贾斯汀身边的好朋友下手，询问她通常在什么地方学习，喜欢什么口味的冰激凌。一天，贾斯汀正在教室里学习西班牙文，忽然身后传来一阵咳嗽声，她回头一看，发现是马斯克，他手里拿着两个快要融化的冰激凌。

其实，贾斯汀对马斯克的印象还算不错，她知道他出身不错，衣着有品位，只是口音有些南非味道。正是这还不算糟糕的印象，给了马斯克博得美人一笑的机会。他每天都会送玫瑰花到贾斯汀的宿舍，热情洋溢的情书也雪片似的飞进她的邮箱。对一个校花级别的女生来说，这些追求手段既没创意也没有杀伤力。

因为马斯克不知道，贾斯汀的爱好有些不同寻常——喜欢阅读科幻小说。

原来，贾斯汀一直幻想自己有朝一日能成为一名科幻小说作家，如果这个愿望实现不了，她可以退而求其次，和一个科幻小说作家来一段浪漫的爱情邂逅。一天，贾斯汀和马斯克去书店闲逛，贾斯汀指着书架的一角说："我希望有一天我自己的书也会摆在这个架子上。"马斯克马上说："你的灵魂中有一团烈焰，我在你身上看到了我自己的影子。"就是这么一句看似平淡的话，却在瞬间打动了贾斯汀。在此之前，她跟别人讲述自己的作家梦时，得到的往往不是理解，而是嘲笑，尤其是一些肤浅的男生，总认为一个金发碧眼的美女和科幻小说作家是风马牛不相及的两件事情，他们在乎的是她的烈焰红唇和翘臀蛮腰。正是有了这种对比，贾斯汀才对马斯克另眼相看，两个人才开始了正式的交往。在贾斯汀看来，他们两人的爱情与玫瑰花无关，与情书无关，只和心灵深处的共鸣有关，尤其是马斯克用"影子"来描述贾斯汀时，她一下子捕捉到其中深藏的意义了。

马斯克和贾斯汀开始了正式的交往，不过两个人不像其他情侣那样终日甜甜腻腻，反而更像是竞争对手。他们一起修读了变态心理学课程，马斯克得了98分，贾斯汀得了97分，虽然只有1分之差，然而贾斯汀却不服输，找到教授要回了被扣掉的3分，最后得了100分。

在安大略皇后大学的几年里，马斯克像一个守城的卫兵，随时都要提防贾斯汀身边的追求者们，他们就像虎视眈眈的攻城部队，摆好了投石机和弩炮，随时企图占领属于马斯克的阵地。贾斯汀也曾经和其他男生约会而把马斯克晾在一边,不过最后还是会回到他的身边。对于贾斯汀,马斯克也不全是宠爱和顺从,有时也会用强硬的态度压制她,而这一策略反而让她规矩起来,对马斯克的依赖也越来越强。

马斯克来到宾夕法尼亚大学以后,他和贾斯汀开始了异地恋,贾斯汀有时候去探望他,二人会去纽约度过一个甜蜜的周末。虽然和心上人要暂时分开,但马斯克觉得这种牺牲是必要的。但是,他们的爱情输给了距离——他结交了新的女朋友,不过一直瞒着贾斯汀。他照旧送给她玫瑰花,还和她讨论电动车的发展前景。但是,纸终究包不住火,贾斯汀还是知道了这件事并提出分手。

毕业后,贾斯汀去日本教授英语,后来又回到加拿大,在一家酒吧工作,同时创作科幻小说。马斯克退学后,贾斯汀竟然回到他的身边。原来,他们虽然已经分手,不过贾斯汀还是留恋马斯克,她表示如果他打电话给她,那么她很可能会回到他身边,而马斯克也对她余情未了,很快联系了她并表达了复合的愿望。当贾斯汀抵达加利福尼亚时,才得知马斯克已经辍学了。所幸的是,贾斯汀并非墨守成规的人,她不反对马斯克的决定,而是选择陪伴在他左右。

马斯克逐渐积累了财富之后,贾斯汀对他的态度并没有发生变化,因为她不是一个拜金女。她反而对马斯克的财富增加感到不安,虽然他们的二人世界没有发生太大的变化,但是在她看来,男友的财富很不真实,让她的生活充满了虚无感,她担心马斯克有一天会选择一个超级模特而将自己抛弃。

1999年11月,马斯克手捧戒指,在洛杉矶的街上跪地向她求婚,此时他们已经相恋6年。马斯克这个举动让贾斯汀猝不及防,她几乎是眩晕地接受了求婚,他们决定在2000年1月举行婚礼。

2000年1月,马斯克和贾斯汀结为连理。在他们的豪华别墅里,亲朋好友聚集在一处,为这对新人献上了祝福,然而马斯克并没有享受身为新郎的快乐,他满脑子琢磨的都是他的未来商业计划。在随后的婚礼招待会上,当优雅的舞曲响彻整个别墅之际,马斯克和贾斯汀共同进入舞池,然而马斯克却说了一句大煞风景的话:"在我们的这段感情中,我是主宰者。"

马斯克的霸道,贾斯汀早在结婚前就见识过了。当时他请来一位律师,拟定了一份婚前财产协议,然后递交给了贾斯汀。这一举动犹如给贾斯汀泼了一盆冷水,然而马斯克却解释说,这不是婚前财产协定,而是他的新公司董事会提出的要求。对于这份协议背后所隐藏的真相,贾斯汀也无意纠结,在她看来,这倒是符合马斯克的一贯作风,而且如果他们是真心相爱,又何必介意呢?

如果换成别的女人,马斯克的这些举动足以让她变身逃跑新娘,不过贾斯汀太了解马斯克的为人,所以只是耸耸肩表示不以为意。但是让贾斯汀意外的是,马斯克的那句"主宰者"并非是随口而出。在婚后的生活里,马斯克的确扮演了一个控制者的角色,也许这和南非的传统文化有关——男性依然是社会和家庭的主导。在这种文化背景下,马斯克的自我意识得到了强化,他并没有将事业和家庭区分开来,他一以贯之地保持着强势的态度,即使面对娇妻也从不妥协。

贾斯汀无力改变这种畸形的夫妻关系,或许对她而言,最聪明的应对策略就是尽快适应身份转变,然而马斯克的强硬态度始终不改,他总是用自己的思维方式去指责妻子的错误,眼里容不得一粒沙子。终于,贾斯汀忍无可忍地对马斯克说:"我是你的妻子啊!我不是你的雇员。"马斯克并没有安慰她,反而直言不讳地说:"你书读得太多了,如果你是我的雇员,我一定会把你炒掉。"

马斯克的成功得益于他的领导型人格,他强烈的攻击性和占有欲帮助他取得了成功,这对他来说是一个光芒四射的亮点,所以在他眼里,他的这些特质不应当被批判,因为这会影响到别人对他的评价,但是将这种观念带入家庭关系中,只会给贾斯汀的心灵造成伤害。或许这就是成功的偏执狂的残忍之处。在马斯克的世界里,只有手中掌握得越多,才越有安全感,贾斯汀毫无疑问成了这种性格的牺牲品。

2. 婚姻是两棵仙人掌在跳舞

　　总有一些夫妻会从亲密的爱人变成最熟悉的陌生人，甚至还会变成相互攻击的仇人。马斯克和贾斯汀就不幸成了最残酷的那一种。在马斯克卖掉 PayPal 之后，他不到三个月大的儿子在睡梦中离开了人世，经医生诊断是婴儿猝死综合征。儿子去世时，马斯克不在儿子身边。他是在飞往得克萨斯州的飞机上得知这个消息的。贾斯汀独自一人拥抱着死去的孩子，悲痛欲绝，并痛恨马斯克没有陪伴在她身边。

　　丧子之痛是人生大不幸，然而更不幸的是，失去爱子的贾斯汀长期沉浸在痛苦中，马斯克也不愿意提及此事，他只能通过忙碌的工作分散对痛苦的注意力，夫妻二人由此变得聚少离多，交流日渐稀少。后来，马斯克被拉夫琴赶下台之后，总算和贾斯汀有了大量的相处时间，他们也像普通的情侣那样偶尔争吵，不过还是有一种强大的力量将他们重新拉到一起。为此，贾斯汀作出了很多让步，她知道马斯克的童年给他留下了难以磨灭的阴影，这才造成了他有些扭曲的性格。在贾斯汀眼中，无论马斯克多么强硬刚愎，他都是她心目中的英雄。

　　不幸的是，贾斯汀的美好心愿只是单方面的，或者说她的意愿败给了残酷的现实和冷漠的时间。在猎鹰 1 号经历多次失败的那段日子里，马斯克的事业跌入了谷底，他绝大部分时间都扑在了工作上，根本无暇顾及家庭,他和贾斯汀的关系也加速恶化。

贾斯汀骨子里是一个文艺女青年。从青年时代开始,她幻想的就是某个人"骑着摩托车停在女生宿舍楼下,穿着深棕色夹克,站在昏暗的路灯下喊着我的名字,也就是像罗密欧那样的人"。

贾斯汀对爱情和婚姻的幻想是浪漫、温情以及长相厮守,然而马斯克却无法圆贾斯汀的这个梦。他虽然注重穿着打扮,事业有成,但本质上还是一个整天守在计算机前的"极客"。随着马斯克事业的壮大,他的个人时间越来越少,和贾斯汀之间的沟通也逐渐减少,两个人精神世界的桥梁渐渐坍塌,而儿子的夭折更削弱了他们的感情基础。后来,贾斯汀先后怀孕两次,一次是双胞胎,一次是三胞胎。

不幸的事情有时也会带来一丝幸运,当马斯克成为富豪之后,也间接圆了贾斯汀的作家梦,她终于有时间进行创作,她先后出版了三本小说,此外还开了一个博客,详细记载了她的家庭生活,因为内容有趣,所以引起了不少人的关注,当然也有一部分人关注博客并不是关注贾斯汀,而是想要间接了解马斯克。其实,人们的这种想法并不奇怪,因为马斯克曝光在大众面前的都是他身为创业者、成功人士的光辉形象,却很少展示他的个人生活,这种神秘感驱使人们想要更进一步了解他。对于媒体来说,马斯克意味着流量,而他的私生活就意味着"顶级流量",当然不会错过了解他的每一个渠道。

对媒体来说,马斯克的创业故事已经是耳熟能详了,无论是上天的火箭还是奔驰的电动车,总有很高的曝光率,但是他的私生活很少被曝光,大家唯一知道的就是马斯克喜欢收藏汽车,有捷豹、迈凯伦、哈曼宝马等。在私生活方面,马斯克也极力给自己保留着最后一丝神秘感。由于马斯克的张扬个性和传奇经历,媒体喜欢拿他做话题,哪怕是他打了个喷嚏也会让媒体兴奋不已。或许在大众精神普遍娱乐化的时代,人们需要热议的话题,而马斯克本身就代表着争议。

在公众眼中,贾斯汀外有能赚钱养家的老公,内有五个活泼可爱的孩子,自己也如愿以偿地成了作家,这种幸福无忧的生活不正是人生的巅峰吗?然而事实上,贾斯汀的精神世界并没有被金钱填充起来,她很少能看到马斯克,即便回到家里,马斯克的心也在火箭和电动车上面,他们之间的代沟越来越深。

贾斯汀照顾不了五个孩子,马斯克为此雇用了一个"保姆军团",减轻了贾斯汀的负担,她甚至可以不用亲力亲为就能享受为人母的快乐,但这并不是她想要的生活,因为越是无所事事,她越会把自己想象成马斯克高价购买的花瓶。她认为夫妻之间的和谐关系要靠携手并进来维系,这样才能深入地培养他们的感情。

贾斯汀虽然是马斯克的合法妻子,却不了解家里的财务状况,丈夫究竟赚了多少钱抑或是赔了多少钱,似乎都和她没有关系。或许从好的方面看,这是马斯克不想让贾斯汀担忧柴米油盐,但是对生活在同一屋檐下的夫妇来说,这种信息不对称也会造成彼此关系的疏离。

对马斯克来说,如果他能抽出一点时间和精力用在妻子和孩子身上,他们之间还是能够和好如初的,毕竟五个孩子是他们感情的强化剂,可他的时间太宝贵了,哪怕是抽出一个小时都可能危及他的事业。当然,贾斯汀也不愿意继续这种生活,这并非是她不理解丈夫,而是她已经看透一个残酷的真相:只要马斯克活着,家庭永远不是他关心的主题。她不能继续这种毫无温情的生活。同样,马斯克也丧失了对贾斯汀的耐心,他们都隐隐预感到了劳燕分飞的结局。

2008年春天,马斯克提出了离婚诉讼,贾斯汀虽然也表示同意,但是双方在财产分割等问题上存在争议,于是开启了一场离婚诉讼大战。不过,他们并没有对外公布这个消息,只能从贾斯汀的博客中窥见一丝端倪。

2008年6月,贾斯汀在博客上引用了音乐人莫比的一句话:"世界上从来没有完美的、在任何场所都收放自如的公众人物。如果他们是完美的,那么他们就不会成为公众人物。"在之后的几篇文章中,贾斯汀讲述了她和著名女影星莎朗·斯通找房子的经历,这个暗示已经十分明确了,再后来,贾斯汀直接说明了要处理一场重大纠纷。这样一来,有心人如果联系上下文,不难发现是贾斯汀的婚姻出了问题。

贾斯汀在当年9月发表了一篇博文,向公众告知了她和马斯克已经离婚的事实:"我们曾经有过一段美好时光。我们在年轻的时候就结为伴侣,相依走过了漫漫长路,而现在我们走到了尽头。"这篇博文发表之后,各大媒体的神经都被刺激到了,人们抓住这个热点新闻开始了追踪报道,很快就有人爆料马斯克正在和一位年轻的女演员约会。

重新变成单身之后,贾斯汀感觉到一种久违的自由,她开始在博客上随心所欲地写下生活感悟,同时对上一段失败的婚姻进行大胆的剖析,很多不为人知的细节也被公开。人们通过贾斯汀的真实再现,了解了她前夫在家庭生活中是如何咄咄逼人的,而这是很多人讨厌的一副嘴脸。客观地说,在感情破裂之后,贾斯汀对马斯克的某些看法难免有失公允,不过还是给大家提供了一个近距离了解他的机会。

贾斯汀在博客上的放飞自我,给马斯克带来了麻烦。虽然前妻暴露的只是他在私生活中的表现,可社会大众都是感性的,很容易会为他的一句粗话和一声怒吼而刷新对他的认识,进而牵连到他的事业。本来,马斯克一直想要把自己包装成一个完美的成功者,他不能允许外界议论他在家庭里是如何欺负妻子的,这对于还在发展中的公司来说无异于公关危机。

贾斯汀的博客虽然没有直接爆出任何猛料,却起到了导火线的作用,让各大媒体持续关注夫妇二人的离婚事件,不少记者开始去法院寻找素材,了解马斯克和贾斯汀在离婚后的财产分配以及儿子的抚养等问题。其实,两人的离婚原本没有这么麻烦,因为在他们感情尚有余温时,马斯克曾经让她签署了一份离婚协议书——这意味着不存在财产纷争。然而贾斯汀却表示,自己当时并没有认真去研究这份协议,言外之意协议是有利于马斯克的,是对她的变相的剥削。

尽管在法律上贾斯汀暂时不占优势,但是她利用自己的博客继续写文章抒发感情,告诉粉丝她正努力地争取离婚后的房产、赡养费、儿童教育费以及马斯克公司里的股份。马斯克不算是一个刻薄的人,但是对于股权问题相当敏感,他不接受贾斯汀介入他的事业,因为这是在剥夺他在公司里的地位,于是两人之间的矛盾继续扩大。后来,贾斯汀参加了一档名为《离婚的战争》的节目,还在女性向的杂志上发表文章,称她和马斯克的分手是美国最混乱的离婚。二人的离婚大战顿时引起了公众的强烈关注,其实大家对于双方的财产分割并不感兴趣,他们看到的不过是一个被事业心和控制欲都极强的男人伤害的妻子,大部分人都对贾斯汀给予了同情,还有人认为,身为亿万富翁的马斯克,对相伴自己多年的妻子过于吝啬,他只要随便舍出一些钱财就能满足贾斯汀的要求。

舆论的倾向让马斯克不得不重视这件事情,如果他过于强硬毫不妥协,那么贾斯汀很可能会继续扮演一个弱者的形象,让同情她的粉丝们集中火力向他射击,且不说他能否抵挡住这种进攻,即使他的个人利益能够躲过一劫,但是他经营的事业必定会被牵连,到时再想挽回将十分困难。最终,马斯克和贾斯汀达成了和解,贾斯汀得到了房产和200万美元的现金,每个月马斯克要给她8万美元的赡养费以及17年的儿童抚养费外加一辆 Roadster。

马斯克认为他的人生不该纠缠于一桩离婚官司中,他决定以和平的方式结束这场纷争。

虽然贾斯汀的要求被满足,但是这段婚姻带给她的伤痛不会在短时间内结束,毕竟他们经历了刻骨铭心的爱情,经历过肝肠寸断的丧子之痛,现在她迫不得已地将这些遭遇公之于众,等于重新体验了曾经的温馨和痛苦。每当记者采访贾斯汀时,她都很难保持平静的心情,常常说到激动之处而落泪。贾斯汀告诉媒体,马斯克对她隐瞒了很多事,在他眼里妻子不是生活伴侣，而是一个需要被驯服的商业对手，他们之间的关系有时如同仇敌。

作为外人，谁也无法真正理解贾斯汀的痛苦，所以她仍然以博客作为阵地继续发泄。在一篇博文中，贾斯汀称马斯克对儿子非常严厉，不允许家中摆放毛绒玩具，用她的话说就是："他在严厉的家庭和社会环境中长大，所以他变得十分强悍，认为这样才能够变得强大并且征服世界。他不希望过分溺爱孩子，不希望他们没有人生目标。"

马斯克和贾斯汀在儿子的教育问题上一直存在争议。马斯克很少直接和孩子们说话，而是通过助理跟他们沟通，这让贾斯汀觉得不可思议，也非常愤怒。她知道孩子们很崇拜他们的父亲，因为他的社会地位能让他们去工厂参观，还能乘坐私人飞机出去游玩——这是普通的父亲不能给予的幸福，但是他们之间缺少了最基本的情感沟通。

或许，马斯克作为一个父亲并不称职，因为他的教育方式太过自我，无法带给孩子们一个幸福的童年。但这不能简单地判定为是错误的。然而在公众眼里，一个压迫孩子的父亲形象只会损害其作为企业家的形象，因为这样的他让人难以产生亲近感。

和贾斯汀的离婚条件相比，她的博客给马斯克带来的伤害更大，甚至让他陷入一种恐慌之中，他不知道下一篇博文又会提及哪些事情，即便是随意选取一个生活的片段都可能让公众再次憎恨他。几经思考之后，马斯克认为自己不能再保持沉默，否则等于默认了贾斯汀对他的所有指责，于是他在报纸上发表了一篇长文，称他和贾斯汀的婚后协议是经过协商的，并不存在谁欺骗谁，而且协议中涉及的财产权也是独立的，也就是说马斯克可以从他的公司中赚钱，而贾斯汀依靠她的稿费赚钱，双方互不相欠。

马斯克的文章或多或少起到了为自己正名的作用，也让一些理性的看客们不再听信贾斯汀的一面之词。不过在离婚诉讼结束之后，马斯克却要求报纸删掉了这篇文章的电子版，他认为删掉了就不会再被人重新提起，他不想让自己和前妻的争执被媒体当作娱乐版块的花边新闻。对于一个整日思考人类未来命运的人来说，家庭纠纷实在不该出现在他的生平事迹中。

3. 爱情很傲慢，世俗很偏见

第一次婚姻的失败，让马斯克郁郁不振，他身边的朋友劝他放松一下心情。没想到，一向不愿示弱的马斯克竟然采纳了这个建议，他和投资人进行了一次海外旅行。

虽然是旅行，但是对马斯克而言这也是一次拜访客户的机会，他和朋友一起参观了阿斯顿·马丁汽车公司，马斯克以为凭借特斯拉的声望能够和对方进行深度交流，然而阿斯顿·马丁的CEO却认为马斯克只是一个汽车行业的门外汉，言谈之中总是摆出一副盛气凌人的架势，让马斯克十分不爽。在返回途中，原本就憋着一肚子气的马斯克胃部剧痛，朋友马上带着他去诊所检查，所幸没有查出任何问题，但是这些不和谐的小插曲破坏了他之前对旅行的向往。

后来，马斯克被朋友强拉着去了伦敦的俱乐部。喧闹的人群让他无所适从，他待了不到一刻钟就想离开。朋友看透了他的心思，马上叫来了几位新朋友，这次不是商界人士或者技术专家，而是几个年轻漂亮的姑娘，其中有一个名叫妲露拉·莱莉的22岁女演员。

莱莉的出现让马斯克眼前一亮，随即坠入爱河，莱莉对马斯克也颇有好感。莱莉虽然不是一线知名演员，但是她出演过《傲慢与偏见》《新乌龙女校》《海盗电台》等电影，也算是有点人气的新生代女演员。对她来说，马斯克虽然年龄比自己大很多，但他有一种成熟男人才具备的气质，结合他成功企业家的形象，让他更加具有吸引力。

对于马斯克而言，他虽然经常出入各种社交场合，美女也见了不少，可是在这样的环境中近距离接触一个女演员还是十分新奇的，加上他确实对她有了怦然心动的感觉，所以难免有些紧张，这一点也被莱莉察觉到了。

所幸的是，马斯克的朋友一直在旁边撮合他们，因为他意识到莱莉已经成功俘获了马斯克的心。更神奇的是，之前困扰马斯克的胃病也不发作了。

马斯克邀请莱莉第二天共进晚餐，对方痛快地答应了，这让马斯克有些意外，毕竟莱莉在影视圈内也算是小有名气，她能够如此爽快地接受第一次见面的人的邀请，让马斯克十分高兴。然而莱莉的父亲却不这么认为，他曾经担任过英国国家犯罪小组的组长，职业习惯让他对每个人都戴着"放大镜"，当他得知女儿交往的对象是马斯克之后，就在网上把他调查个底朝天，最后得出一个结论：马斯克就是个浪荡公子，他只是想搭讪莱莉，他是一个混蛋。更糟糕的是，莱莉的父亲调查出了马斯克的婚史和五个孩子，于是急忙告诉女儿她被骗了，不过莱莉并不介意，她认为马斯克能够向她说明一切。

第二天晚餐时，马斯克和朋友一起赴宴，莱莉也找了一个女演员作陪，和前一天晚上的聚会相比，这一次用餐的气氛有些严肃，因为餐厅里很冷清。虽然气氛压抑，不过莱莉还是没有主动去谈敏感话题，她希望马斯克能够主动向自己坦白，结果马斯克没有让她失望，很快就提到了他和贾斯汀正在办理离婚手续的事情以及他的五个儿子，这让莱莉觉得马斯克对自己还是有诚意的。用过晚餐之后，马斯克和莱莉提前离开，他们到市中心散步，此时莱莉已经打消了对马斯克的疑虑，她觉得这个男人还是有很多吸引自己的地方。

在接下来的日子里，马斯克和莱莉频繁约会，有时他们去艺术馆看画展,有时会在酒店里度过美妙的夜晚。当马斯克回到美国之后,他们也会通过电子邮件保持联络,莱莉当时并不确定自己是否愿意成为马斯克的女友,只是觉得和他在一起很有意思。不过,马斯克对此看法不同,他的实用主义价值观让他意识到,莱莉是一个值得深入交往的对象,两个人只有将关系升级,才能"价值最大化",最后他直言不讳地告诉莱莉想娶她为妻。莱莉以为马斯克在说笑话,马斯克却一本正经地说:"如果你愿意,那我们可以用口头约定代替。"结果,22岁的莱莉约定了和37岁的马斯克的婚姻。

　　莱莉从小生活在家教相对宽松的成长环境里,她既是一个乖乖女,又是一个优等生,无论是学业还是课外活动,她都能完成得非常出色,而且她性格温柔可人,被朋友们称作白雪公主。莱莉在认识马斯克之前,没有和任何男人上过床,仅仅交往过一个和马斯克年龄差不多的男朋友,却没有发生性关系。更让人不可思议的是,莱莉身处娱乐圈这样的大染缸,从不抽烟,也不喝酒。

　　就是这样一个堪称模范的女孩,却决定和一个刚认识几个星期、比她年长15岁、有五个孩子的中年男人结婚,这让莱莉的家人无法接受,尤其是莱莉的母亲几近崩溃。

　　面对双亲的质疑,莱莉感到很委屈,她认为自己的眼光没有那么差,马斯克也绝不可能是一个花花公子。在莱莉看来,自己天生就是一个浪漫主义者,她相信一见钟情,也相信自己的直觉,所以在父母看来的那些缺陷对她而言并不重要。很快,莱莉收拾好行李,和父母一起去美国见马斯克,当时马斯克的房子已经给了贾斯汀,他只好带着莱莉一家去朋友的房子里暂住。由于事先没和朋友打招呼,结果朋友回家后撞见了莱莉,问她是谁,莱莉自报身份之后,朋友一言不发地离开了。

　　马斯克并不像公众认为的那样,仅仅是因为上一段失败的婚姻和冲动而爱上了莱莉,他是真的把她当成了想要共度下半生的伴侣。很快,他买了一枚超大的钻戒向莱莉求婚,之后又买了两枚,一枚日常佩戴的戒指,一枚由他自己设计的镶嵌着10颗蓝宝石的钻戒。马斯克虽然已经有了5个孩子，但他还想和莱莉再生10个。

如果说马斯克和贾斯汀的爱情故事是典型的校园爱情，那么马斯克和莱莉的爱情就是挑战世俗的成年人的爱情。虽然马斯克是一个成功的商人，但他的事业必定会有波折起伏，这并非是每一个女人都能承受的，马斯克告诉莱莉，选择他等于选择了一条艰难的路途。

浪漫的人总能感受到浪漫的气息。对莱莉而言，马斯克既是一个风云人物，也是一个在刀尖上行走的英雄。在莱莉和马斯克相处的那段时间，马斯克的资金状况是最糟糕的，每个月给员工支付薪水都要磨蹭一番，很多投资项目也被迫下马。倘若火箭和电动车的项目顺利一些，马斯克或许就不会如此为难了，然而现实总是残酷的，马斯克每天见到莱莉说的总是一些负面消息，对莱莉而言那是一段痛苦而可怕的经历，不过她还是挺了过来。

在马斯克和贾斯汀进行离婚诉讼时，莱莉和贾斯汀还见过一面。本应是剑拔弩张的双方竟然一见投缘，这让很多人感觉不可思议。贾斯汀的朋友问她为什么不用筷子戳莱莉的眼睛，贾斯汀却认为她没必要把生活演绎成正邪分明的美国电影，她宁愿自己出演的是一部描摹人性的法国电影。

2010年，马斯克和莱莉喜结连理，然而这段婚姻仅仅维持了两年的时间，2012年两人离婚，莱莉只得到了420万美元和一辆Roadster汽车。当所有人以为马斯克会另觅新欢的时候，他们竟然在2013年复婚，然而这段爱情故事依然没有完美大结局，他们在2014年底又一次签署了离婚协议。据说这一次是马斯克主动提出的，然而过了7个月，他又撤销了申请。2016年3月21日，莱莉向洛杉矶高等法院提交了离婚申请，彻底结束了她和马斯克的这段孽缘。

马斯克和莱莉没有生育子女，这似乎意味着他们之间的感情缺少必要的纽带，因此他们的婚姻随着时间的流逝逐渐走到了尽头。之前外界一直认为，尽管马斯克和莱莉很般配，然而对于像他这样野心勃勃的男人，婚姻、家庭注定不是第一位的。他确实喜欢那些个性独立又气质脱俗的女人，然而他也无法放下自己的占有欲和操控欲，在这种心态的作用下，他的婚姻势必要经历一番波折。

4. 谁是新欢，谁又是归宿？

和莱莉的婚姻结束后，马斯克很快交了一个新女友——艾德柏·希尔德，她是著名影星约翰尼·德普的前妻，她和马斯克的恋情一直比较隐秘，他们经常避开熟人和媒体约会，所以人们对这段感情了解得很少。

希尔德也是一位演员，1986年出生于美国得克萨斯州，高中时期就进入演艺圈，出演过《狂暴飞车》《朗姆酒日记》等多部影片。在娱乐圈里，希尔德被称拥有91.58%的完美面孔。她是一个双性恋，曾经高调和一位女摄影师恋爱。2011年，希尔德和德普因为《朗姆酒日记》在片场第一次见面，或许是德普的魅力让人无法抵挡，希尔德的异性恋细胞被激活，他们在2013年公布恋情，2014年订婚，2015年在洛杉矶正式举办了婚礼。

在外人看来，希尔德和德普是天造地设的一对，然而好景不长，希尔德在2016年5月向法院递交了家暴的照片，称德普因酗酒而殴打她，为此她申请了禁止令。2017年，两人正式离婚，这场离婚大战在好莱坞闹得沸沸扬扬，直到2022年6月，这场纠纷最终以德普胜诉告终。至此，希尔德的形象和名声一落千丈，还要向德普赔偿1500万美元。

早在2013年，马斯克就认识了希尔德，对方精致的面容给他留下了深刻的印象，他多次托人帮他和希尔德牵线搭桥，后来两人在2017年4月终于公开了恋情。当时，马斯克在Instagram（照片墙，一款移动端的社交应用)上发布了一张和希尔德的约会照片并留言:"我正与希尔德在黄金海岸的 Moo Moo 餐厅吃牛排。"与此同时,希尔德也在推特上发布了一张类似照片,并刻意让大家看到了马斯克脸上的吻痕。

只可惜这段关系也没有维持多久,马斯克和希尔德在 2017 年 8 月分手。据说,分手是马斯克提出的,但是知情人士透露,马斯克是从别人口中得知了希尔德的一些事情,这让他难以接受所以提出了分手,从这个角度看马斯克才是被分手的那个,不过这并不重要了,因为如果马斯克继续和希尔德在一起的话,难保他不会成为"德普第二",到时候他损失的将是声望、金钱乃至事业,因为德普曾经被希尔德污蔑家暴,后就被迪士尼公司解约,无法出演他最经典的银幕形象——《加勒比海盗》中的"杰克船长",几乎葬送了演艺生涯。

马斯克与希尔德的和平分手,让他不仅没有多一个敌人,反而还保留了基本的情面。有一次,马斯克在接受《滚石》杂志采访时说,与希尔德的分手影响到了他的情绪,甚至耽误了特斯拉 Model 3 电动车的发布,因为那段日子里他总是意志消沉、精神恍惚。后来在一些朋友的帮助下他才慢慢振作起来,为此他不断告诫自己:"还有这么多人靠着我吃饭呢。振作起来,加油。"

2017 年 12 月底,马斯克和希尔德被媒体拍到在一起吃早餐,据知情者透露,这次早餐是希尔德主动邀请马斯克的,两人吃过饭以后马斯克送希尔德上车,并和她拥吻告别,不过他们是各自乘坐自己的汽车,所以这并不意味着他们复合了,只是不能完全放下对方的一次重逢而已。

总有人认为马斯克是一个花花公子,其实他渴望找一个长期稳定的伴侣。这对于一个成功人士来说是合情合理的,因为过多的感情经历会让人的情绪处于亢奋和低落的交替状态,不利于保持有规律的工作节奏。

2018 年,马斯克认识了加拿大音乐人格莱姆斯,两个人在被誉为时尚奥斯卡的 Met Gala 上公开亮相,马斯克抱着格莱姆斯快乐地转圈,表现得亲密无间,人们这才意识到,马斯克又一次恋爱了。

格莱姆斯于1988年生于加拿大温哥华,她不仅是一位音乐制作人和歌手,她还是一个脑神经学科的学霸,毕业于加拿大排名第一的麦吉尔大学,被粉丝们称作外星人和女巫,她的手上也有外星人的文身,这一点上看倒是和马斯克非常合拍。由于格莱姆斯性格怪异,人们称她是拥有多重人格的精神分裂症患者:需要唱歌时就释放流行偶像人格,需要学习时就释放学霸人格……格莱姆斯自己也承认,她总会有意识地培养其他人格出现。此外,格莱姆斯还是一个集合了多种病症的"活体病例":她患有语言障碍和阅读障碍、多动症和强迫症,她紧张的时候语速会加快,别人很难听清她在说什么。

不得不承认,马斯克和格莱姆斯是最有"综艺感"的情侣,一个是疯狂瞄准火星的霸道总裁,另一个是赛博朋克风的独立音乐歌手。

格莱姆斯在性格上和马斯克很像,她非常强势,MV从来是自己操刀,不允许其他人插手。尽管她患有多种病症却依然坚持独立创作,不会向他人求助。为了创造出自己所想要的艺术形式,格莱姆斯曾经在录制作品前闭关三个礼拜,九天不吃饭不睡觉用以刺激神经,产出最完美的作品。毫无疑问,格莱姆斯和马斯克都是反潮流的人,她讨厌流行的口水歌,在被嘻哈文化围剿的欧美时尚圈,她始终坚持特立独行的音乐流派,普通人很难读懂她的内心世界。

这样一个来自异世界的精灵,马斯克是如何与她相识的呢?这还要追溯到一个名叫 Roko's Basilisk 的思想实验。

Roko's Basilisk 是一个网名叫 Roko 的网友在一个社区中提出的一个思想实验,探讨了有关人工智能的话题,因为所涉内容过于危言耸听以至于被管理员封禁。这个实验的推导过程是:有朝一日世界上会出现无所不能的超级 AI(人工智能),它们会判断自己的出现是对人类社会有益的事情,同时也会认为一切不支持人工智能研究的人都犯了罪,因此会折磨这些人。

2015年,格莱姆斯在歌曲 *Flesh Without Blood* 的 MV 中,出演了一个

名叫 Rococo Basilisk 的角色,将有关 Roko's Basilisk 的故事藏了进去,只可惜没有一个人看出来,因为这个故事融合了艺术和科技,又晦涩难懂,格莱姆斯曲高和寡。

巧合的是,马斯克对 Roko's Basilisk 也十分感兴趣,因为他一直关注人工智能的发展,他也曾经提出过一个问题:如果人类不帮助 AI 的话,会不会遭到报复呢?后来,马斯克将 Roko's Basilisk 和"Rococo"(洛可可)一词联系起来,而"Basilisk"的意思是巴西利斯克(欧洲传说中的蛇王),两个词组合成了"洛可可蛇怪"。本来,他想把这个超冷的笑话发布在推特上,却没想到这个梗在 3 年前就被格莱姆斯创造出来了,他也由此破解了格莱姆斯 MV 中的秘密,于是两个人开始了互动。这种带着智慧之光的套路让格莱姆斯十分高兴,毕竟她等待了 3 年,马斯克当之无愧成了她的知音。

2020 年 5 月 5 日,马斯克迎来了他的第六个孩子,这也是他和格莱姆斯生的第一个孩子,被马斯克称为"X",然而不久之后两人分手。2021 年 12 月,复合后的马斯克和格莱姆斯通过代孕生下了女儿"Y"。

至此,马斯克已经有了 7 个孩子,然而让公众大跌眼镜的是,2021 年 11 月,马斯克与他的脑机公司 Neuralink 高管希冯·齐里斯生下了一对双胞胎。不过,很多人认为,马斯克和齐里斯并不是恋爱关系,两个人的结合就是为了生孩子。2023 年 4 月,马斯克和齐里斯向法院提交申请,要求为他们的双胞胎改名,将孩子的姓正式改为马斯克,并将母亲的姓齐里斯设为中间名,这一请求在当年 5 月份得到批准。

2022 年 3 月,格莱姆斯在推特发文称已经与马斯克分手并称"马斯克依然是她最好的朋友和一生的爱人"。至此,马斯克又回到了明面上的"单身状态"。不过在 2023 年,《每日邮报》报道称,马斯克已经有了新女友,她就是澳大利亚女演员娜塔莎·巴塞特。根据网络上流传的照片可知,两人被拍到一起走上了马斯克的私人飞机。值得一提的是,巴塞特比马斯克小了 20 多岁,很多人也认为他们并不能走得太长远。

截至 2023 年,马斯克已经公开承认的孩子达到 9 个。

成为 9 个孩子的父亲，这着实是马斯克身上的另一个特殊标签。在 2021 年 12 月，马斯克表达了自己的观点：如今人类文明面临的最大风险就是低出生率和出生率快速下降，他还用日本的少子化问题和美国的低出生率现象作为佐证。因此他坚定地认为自己是在为人类文明做贡献，正如他的一条推文所说："不管怎样都要生孩子，否则人类就会裹着成人纸尿裤在呜咽声中消亡！"

"多子"的马斯克必然要面对相对棘手的家庭问题，由于子女众多加上多次婚变后产生的裂痕，让他不可能和每一个孩子都保持亲密、良好的关系。2022 年 4 月份，刚满 18 岁的马斯克大儿子泽维尔来到法院提交了一份文件，申请将自己的性别改为女性，同时更名为薇薇安·威尔逊，跟母亲姓，通过这种方式和马斯克划清界限。有媒体就此事采访马斯克时，他说："我很在乎我的孩子们，尤其是我的大儿子。但是现在的情形让我没有办法继续维系这个关系了。我只能希望他能够过得好。"

现在看来，马斯克想要把亲子关系维持在最佳状态要耗费相当的精力，因为他的个性决定了很难有人能和他长期融洽地相处，或许当他回忆起自己的童年时，会意识到亲子关系的和谐对人的成长有着至关重要的作用，让他能够主动积极地肩负起为人父的责任。至于马斯克的情感之路，找到终点恐怕更不容易。

Chapter 5

第五章

扔掉你的油箱

1. 极客的疯子项目

如果用上天入地来形容马斯克,那一点也不为过。他关注着人类在未来移居火星这个宏远目标的同时,还在筹划着一个新的创业方向——电动汽车。

早在上大学的时候,马斯克就在思考一个问题:当今二氧化碳的排放量越来越大,引起了严重的环境污染问题,想要彻底解决汽车尾气的排放问题,那么只有一条路可走,那就是使用无污染的电动汽车。

马斯克为何执迷于研究电动车呢?在美国,电力很大程度上来自燃烧石油和煤炭等燃料,所以有人认为,电动车也在间接消耗这些燃料来补充电力,是在制造能源危机。对此,马斯克的解释是:"化石燃料在发电厂里燃烧发电,然后再给电动汽车充电的方式更加节约能源。"

听起来这好像是五十步笑百步,然而马斯克说的的确有道理。化石燃料发电的能量转化率是60%左右,如果作为汽车燃料,其能量转化率只有30%左右。假设在城区内行驶,由于汽车的输出功率通常会受到路况和速度限制的影响,那么燃油的能量转化率会进一步下降。另外,燃油汽车还会排放大量的尾气,而电动车几乎是没有什么污染的。

从发电厂到电动汽车充电,这个过程必然会产生输电损耗,在汽车充电时也会产生损耗,不过这些损耗只占总能量消耗的5%~10%,远远低于燃油汽车的能量损耗率，这主要是因为发动机是依靠电磁发动的，不像燃油车那样依靠热力作用，而变压器电路所产生的损耗几乎可以被忽略。从结果上看，化石燃料在发电厂燃烧发电再提供给电动汽车充电的方法，能够让能源的利用率足足提高两倍，这是人们对电动汽车的一个认知误区。

燃油汽车从问世至今已经一百多年，尽管它有着种种的缺点，但是目前想要替代它并非易事，因为这不仅关乎动力技术，还涉及大众的消费观念以及一大批汽车厂家的根本利益。正因为要冲破重重障碍，所以马斯克产生了一种孤独感，他需要有志同道合的人跟他一起谋划这个宏大的项目。很快，马斯克找到了一个名叫马丁·艾伯哈德的人。

艾伯哈德出生于加利福尼亚，比马斯克年长11岁，他同时拥有电气工程硕士学位和电脑信息技术学位，曾经在慧智科技公司工作过，后来创办了和互联网有关的两家公司。艾伯哈德是一个才华横溢的工程师，而且社会责任感很强，他和马斯克有一个最大的共同点，那就是对人类当前的生态环境极其不满。艾伯哈德认为，现在全球的汽车制造业都太过依赖于中东的石油，只有采用新能源才能遏制地球变暖。起初，艾伯哈德认为氢氧燃料可以替代电池，然而这种燃料太过稀少且无法量产，他认为只有制造出具有真正意义的纯电动车才能代表未来的科技方向。后来，艾伯哈德去了一家名为AC推进器的公司，提出拿50万美元帮助该公司渡过难关，让它们生产使用锂离子电池的电动汽车，结果遭到了拒绝。

碰了钉子以后，艾伯哈德决定自己创业，他首先在电脑上制作出一个电动车的技术模型，以便对每个部件进行调整，同时分析汽车的零部件和外形之间的关系，制造出符合动力学的新型载具。这项工作占用了艾伯哈德的大部分精力：从设计车身到构想轮胎，从研究电池到考虑外壳的造型……最后艾伯哈德发现，当时比较火爆的SUV和货车并不是最理想的设计方向，只有体型更柔和的跑车才适合使用电池动力。

放眼美国的电动车市场，支持这个新生事物的主要是一些富裕的环保主义者，他们不在乎钱，只在乎生存环境，从这个角度看，电动汽车基本可以纳入高消费商品中。那些只需要一个代步工具的人对环境的敏感度极低。不过在一些富人眼中，电动汽车更像是一个新奇的玩具，能够在驾驶燃油车之外获得一种新体验。

2003 年，艾伯哈德在加利福尼亚创办了一家电动制造公司，名叫特斯拉。之所以取了这个名字，是因为想要纪念伟大的发明家尼古拉·特斯拉。

尼古拉·特斯拉是 19 世纪伟大的发明家，1856 年出生于澳大利亚，他发明了世界上第一部交流发动机，同时还研发了双相和三相交流发动机。特斯拉曾经是托马斯·爱迪生的助手，在他的电灯公司里扮演了重要角色，不过后来两人因为意见不合而分道扬镳：爱迪生主张用直流发电，特斯拉崇尚交流发电。到目前为止，世界上的配电系统基本上都在使用特斯拉的交流电。

特斯拉成立以后面临着诸多困难，不仅办公条件较差，而且技术攻坚也遇到前所未有的挑战。因为将一张复杂的设计图纸变成结构更复杂的原型车会遇到诸多困难，而且没有雄厚的财力，也难以支持研发和生产工作。不过艾伯哈德比较乐观，他认为只要发明出性能强劲的电动机，再需要一个传动装置就能将汽车驱动起来。

艾伯哈德的想法没错，因为从电动车的设计理论上看这并不复杂，但现实的问题是需要一个大型的工厂。经过调查，艾伯哈德发现世界上很多大型汽车制造商几乎都不自己生产汽车，而是将一些无关紧要的零部件让别人生产，只有核心的内燃机是自己研究、生产的，特斯拉想要从市场上获得现成的零部件并不容易，因为很多供应商不屑于和一家小公司合作。

无奈之下，艾伯哈德再次找到了 AC 推进器公司，希望能从那里获得车型的技术授权，不过这需要花钱购买，艾伯哈德只好去筹措资金。为了让投资人相信自己，艾伯哈德从 AC 推进器公司借来了一辆电动跑车，驾驶着它去找投资人,虽然投资人觉得跑车的体验不错,但是没有觉得它和燃油车有多大不同,不愿意投资。

特斯拉面临着700万美元的资金缺口,这个缺口能否填补决定了第一台原型车能否顺利诞生。艾伯哈德动用各种社会关系去寻找愿意投资给他的人,最后遇到了马斯克。此前,艾伯哈德听过马斯克将老鼠送上太空的演讲,他认为这个来自南非的企业家想法独特、思维开阔,或许能够接受电动车这种新生事物。

艾伯哈德和马斯克相约见面,两个对电动车痴迷的人很快一拍即合,马斯克拿出650万美元作为投资,成功掌控了特斯拉的话语权,这也正符合他与生俱来的控制欲。后来,艾伯哈德也发现这一步棋走错了,他应当找更多的投资人去平衡各方的势力,而不能让马斯克一家独大。事实上,马斯克入主特斯拉并不是简单地进行合作,当然也不是为了恶意夺权,他是想组成一个战略联盟,从此实现他的电动车战略布局。

和艾伯哈德拥有相同观念的还有一个人,名叫斯特罗贝尔,他也是一个对电动汽车极其感兴趣的人,在14岁时就迷恋高尔夫球场上的电动球车,并从垃圾堆里找到一辆破旧的高尔夫球车进行改装。高中时代,斯特罗贝尔将几种化学溶液混合在一起引发了爆炸,脸上因此留下一道伤疤,这和马斯克在后院放火箭的经历颇为相似。1994年,斯特罗贝尔进入斯坦福大学,原本想成为一名物理学家,最后发现自己不适合这个专业,因为很多课程太过理论化,而他更喜欢动手实验。斯特罗贝尔获得硕士学位后进入罗森汽车公司工作,专门研究混合燃料动力。后来,斯特罗贝尔和一家宇宙航空公司一起创业,主要研究由氢发电的飞机。总的来说,斯特罗贝尔是一个敢想敢干的技术专家,他曾经构思用混合燃料驱动汽车,还将一部保时捷944改造成了电动驱动,是货真价实的电动发烧友。

当马斯克在硅谷声名鹊起之后,斯特罗贝尔认为他们是一路人,就找到他寻求资金支持,马斯克表示了浓厚的兴趣,他认为这是一个非常好的创意。斯特罗贝尔将马斯克视为知音,因为在很多人眼中他被看成是一个科学疯子,只有马斯克最理解他的想法,两个人也由此结下了深厚的友谊。

在和马斯克会面之后,斯特罗贝尔找到了在 AC 推进器公司工作的朋友,参观其当时生产的车体为玻璃纤维的原型组装车。随后,斯特罗贝尔让马斯克试驾了其中的一辆,马斯克怦然心动,他认为只要采用如此炫酷的车型,电动车就能改变人们对它的不良印象——早期的电动车外形普遍笨重难看。正是这次试驾体验,让马斯克的商业思路更加清晰:轻量型电动车才是未来的发展方向。

很快,马斯克让斯特罗贝尔和特斯拉的团队成员见了面,斯特罗贝尔对艾伯哈德带来的团队也产生了合作的欲望,毕竟当时在这个世界上对电动汽车感兴趣的人寥寥无几,能够研发出成果的人更是凤毛麟角。2004 年 5 月,马斯克以 9.5 万美元的年薪聘用了斯特罗贝尔,斯特罗贝尔告诉马斯克,他的团队正在研发艾伯哈德所需要的电池,他们三个人简直是天作之合。

拥有疯狂的创业计划不可怕,可怕的是缺少为之奋斗的团队。现在马斯克终于找到了志同道合的人,也看清了未来努力的方向,他由此踏上了研发新动力汽车的征程。

2. 三个电动迷一台戏

一个疯子不可怕,因为他得不到别人的认同;一群疯子就不同了,他们会彼此鼓励、互相安慰,为了实现他们"疯狂"的梦想不惜一切代价。

2004年,马斯克正式出任特斯拉的董事长,艾伯哈德出任首席执行官,斯特罗贝尔出任首席技术官。这样一来,三个狂热的电动迷开始带动特斯拉朝着新能源领域进行探索。

和传统的汽车制造公司相比,特斯拉具备了很多与众不同之处,团队当中并没有多少顶尖的工程师,充其量只是一群汽车爱好者,即便是负责营销的人也并非知名高手。从这个角度看,特斯拉别说准备开创一个新领域了,就连从事传统汽车制造都十分困难。更糟糕的是,特斯拉推行的设计和生产原理并没有经过实践的检验,属于纸上谈兵。

按照SpaceX的创业经验,马斯克应当先从老牌汽车制造商那里取经,弥补团队在经验和知识上的短板,然而马斯克却反其道而行之,他仍然沿用了硅谷式的创业理论——组建年轻的团队去探索一个未知的领域。也许在马斯克看来,年轻意味着思想和观念前卫,能够理解时代发展的方向,也能了解消费者的需求,而电动汽车本身就代表着对传统的颠覆,而这正是符合硅谷精神的。至于有没有成功的案例并不重要,因为特斯拉就是要成为第一个样板。

在人力资源管理方面，斯特罗贝尔比较有优势，因为他在斯坦福读书期间结识了不少技术过硬的工程师，经过他的介绍，很快为特斯拉招募了一批技术人员，有人只和马斯克等人见了一次面就决定加入团队，因为特斯拉的终极目标对他们太有诱惑力了。

随着团队的不断扩大，特斯拉原本的办公场地显得狭小了，而且也需要一座具有生产力的工厂。于是，特斯拉搬到了一条商业街上，并找了两层楼作为厂房，占地面积大概有10000平方英尺。以目前的这种规模，特斯拉只能算是一个初级的汽车制造商，不过马斯克给特斯拉的定位是主做研发，并不需要设立生产线，所以只要能容纳原型车就足够了。

在员工的自主装修下，特斯拉的办公场所开始变得井井有条，不仅购置了计算机，还购买了一批木工用具，和传统的写字楼格局迥然不同，对马斯克来说，这正是他最熟悉的工作环境——和SpaceX的装修风格大同小异。

马斯克成为董事长之后，他的一个重要任务就是帮助特斯拉获得更多的投资，因为他的个人资产很大一部分已经花在了SpaceX上，所以他要从别人的口袋里拿钱去养活电动车研发项目，虽然这和研发火箭相比投资要小得多，可在新能源领域的很多技术创新也需要大把的钞票。

2006年，马斯克几乎不费吹灰之力就融资4000万美元，"谷歌小子"拉里·佩奇和谢尔盖·布林、eBay的原总裁杰夫·史科尔都重金投入。

有了足够的启动资金后，接下来需要思考的就是生产什么类型的产品了。首先，马斯克等人分析了当前的汽车市场，他们认为那些矮胖的车体设计都是面向一般用户的，并不适合电动汽车，所以马斯克给设计团队的方向是制造跑车造型的汽车，这是一个大胆、激进的商业战略，也引起了很多人的关注，用马斯克的话说就是直指金字塔的顶端——跑车造型的汽车是任何一个车迷都喜欢的。为了细分市场,特斯拉设计出针对不同人群的三款车型:2 万美元的大众车型、5 万美元的中级四门轿车以及 10 万美元的高级双人座跑车 Roadster。

根据估算,Roadster 的研发费用在 2500 万美元上下,这笔钱对马斯克来说还能接受,不过他计划在两年之内完成全部研发工作,后来证明这个想法有些天真了。

经过 2004 年的第一轮融资,马斯克为特斯拉融资了 750 万美元,第二年他又融资 1300 万美元,其中有不少资金来自硅谷的公司。现在,资金对特斯拉来说不再是燃眉之急了,他们急需解决的是技术难题,也就是如何将电动动力和跑车造型完美地融为一体。但是,特斯拉本身并不是一个传统的汽车制造公司,马斯克必须聘请专业人士参与研发。

经过一番考察,特斯拉决定和英国的莲花汽车公司签订开发电动跑车的合作协议。莲花汽车名字很文艺,历史也很悠久,早在 1952 年就诞生了,主要从事赛车的制造生产。1996 年,莲花汽车公司的莲花 Elise 轻型跑车受到全世界车迷们的喜爱,人气骤升。Elise 跑车整体造型是流线型,外表采用了纤维强化塑料,车体是由铝合金打造而成,极大地减轻了重量,符合特斯拉电动车的造型需求。

对于电动车来说,车身重量是一个非常重要的因素,因为电力在动能上很难和燃料相比,不把重量降下来,电动跑车就变成了高尔夫球车的改装版,不可能占有太大的市场份额。艾伯哈德认为,莲花公司是特斯拉最好的合作对象,它能够提供给他们有关新动力汽车的设计建议,还能在技术上进行分享和援助,确保特斯拉在研究方向上不走偏。

特斯拉最初的模型是将制作好的电动汽车行驶系统安装到莲花 Elise 跑车的身上,然后让汽车开动起来。为此,工程师们分析了莲花汽车的基础软件系统,研究他们是如何将机械装置整合在车身上的。后来发现,莲花汽车的底盘并不能直接为特斯拉所用,因为它的车身在整体形态上存在严重问题:莲花汽车的车门只有 1 英尺高,驾驶员只能跳进车里,这对那些身份显贵的用户来说太不稳重,必须重新设计。而且,电动汽车对电池组的存放位置要求很高,工程师团队放弃了玻璃纤维而采用了碳纤维,进一步为电动车减负。

为了优化驾驶的体验感,特斯拉制造出了几十种专门供试驾的模具。除此之外,特斯拉还对电动汽车的耐用性和续航反复进行了测试。

由于特斯拉的设计团队不够成熟,所以在设计 Roadster 跑车的时候从外面聘请了几位设计师,同时做出几个不同的方案让大家挑选,特斯拉的团队也由此获得了不少灵感,比如用聚酯薄膜把模型包裹起来,让它保持在真空状态,使车身轮廓变得更加清晰,而且这种设计方法能够直接将车体的形状扫描到电脑里,方便工程师后期操作,比如进行空气动力学方面的测试等。

经过长达一年的测试和调整,特斯拉电动车的设计终于完成,而下一个面对的课题就是制作原型车。

马斯克最初的想法是和 AC 推进器公司合作,商业化量产该公司的轻型电动车,却遭到了对方的拒绝,因为 AC 的团队都是一群技术精英而非营销能人,他们不太在意电动车的外形而是它的核心部件,这让马斯克非常失望,他只好决定自主生产一辆原型车:电动机由特斯拉设计,变速器从美国购买,其他零部件外包给亚洲的厂商生产,这样的分配能让人数较少的研发团队集中精力设计电池系统,任务量也不是很大,只要两到三个机械工程师和熟练的装配工就能完成。

原型车队由斯特罗贝尔牵头,团队中有在硅谷工作 10 年的机械工程师,也有曾经在斯坦福太阳能车团队混迹的成员,人数虽然不多但是足够精干。为了制造原型车,工程师们购买了升降机安装在厂房里,还添置了手持工具以便于夜间工作,特斯拉工厂变成了研究和创新的主阵地。

既然要开创一个新领域,就不能瞻前顾后,要勇于尝试,大胆突破。马斯克为此说过一句话:"特斯拉就像黑暗中的启明星。结果,电动汽车的引入使它的发展进程又加快了 5~10 年。"马斯克认为,人类的生存环境正在逐步恶化,越早普及电动汽车,就会避免污染更多的土地和空气,优化人类的生存环境和生活质量。

3. 推翻第二次工业革命

人类的发展史从某种程度上说也是一部破坏史。旧的社会制度被破坏,才有了更健全的新社会制度;旧的生产关系被破坏,才有了更先进的新生产关系。革命不仅作用于政治领域,更常见于商业领域,它所产生的能量往往深度作用于人类的经济生活,这或许才是人们对"颠覆"又恨又爱的原因。

对马斯克来说,电动汽车原本就代表着一种颠覆,它颠覆的不仅仅是技术,也包括人们在工业和生活领域的既有认识。

电池是意大利人亚历山德罗·伏打发明的。1859年,法国人加斯东·普兰特发明了后来被电动汽车和手机所使用的二次电池(充电后才能使用的电池)。1868年,法国人乔治·勒克朗谢用传导性能很强的氯化铵作为电解液,将包裹在多孔质容器里的二氧化锰和碳的混合物作为正极,将锌棒作为负极,形成了现代电池的雏形。由于电解液容易泄漏,在使用中偶尔会发生问题,所以在寒冷地带这种电池就无法使用了。后来,日本人屋井先藏进行了改良,发明了稳定性更强的干电池。最后,松下幸之助将干电池的作用发扬光大,使之大量地进入了世界市场,每年的产值高达几百亿日元。

20世纪60年代,由于日本企业大规模地制造和使用二次电池,松下和三洋等公司对镍镉电池进行了批量生产,镍镉电池演化为更先进的镍氢电池。在20世纪90年代,锂电池异军突起,市场占有率超过了镍氢电池,被广泛应用在电子计算机和手机等产品上。

锂电池的工作原理是通过电解液中锂离子的移动进行充放电。和过去的镍氢电池相比,锂电池的能量密度更高,也很少发生自动放电的情况,也不会在电量没有完全耗尽的情况下重复充电,也就是不存在记忆效应,能够不损失电力。对电动车来说,中途充电很重要,所以只有锂电池最合适。当然,锂电池也存在缺点,比如无法进行过度充放电,这就需要对电路进行相关保护。

电池组是电动车的核心部件,也是检验特斯拉设计和研发能力的关键。马斯克的设计理念是,将几百块锂离子电池组整合在一处作为电池组,这个想法听起来简单,实践起来却很难,不过特斯拉的工程师团队还是做到了。

69块直径18毫米的、高65毫米的圆筒形电池并联起来,做成一个长方形固体,再将9个长方形固体串联起来,组成电池片,再将11片这样的电池片连接起来,最终构成特斯拉电池组。经过多次测试以后,这6831块锂电池能够保持良好的运行状态,即使其中有几块电池出现问题,也不会影响到整个电池组的工作性能。

电池组的总重量为450千克,每小时能够产生56千瓦的电力,特斯拉的核心技术就是将这种造价低廉的普通电池集中起来,形成一个功能更加强大的电池组,如果发生事故也能够及时切断电路系统。让将近7000块电池组成稳定的系统又能够帮助汽车提速,这是一种不亚于制造电池本身的技术突破,倾注了特斯拉工程师们的大量心血,也成为马斯克引以为傲的技术优势之一。

由于电池在使用的过程中会持续发热,而散热差就会弱化电池的性能,另外在低温环境中,电池组自身的电气特性也会下降,所以每块电池需要依靠水冷的方式增强散热能力，让电池保持在常温状态下，其圆筒形结构的设计出发点也是为了平衡温度。

为了实现高效的温度管理，特斯拉的工程师们将几十块电池并联成一块完整的"电池砖头"，研究电流是如何在其中进行传导的，后来他们又将10块"电池砖头"整合在一起，目的是为了测试不同的液体和气体的散热机制。这个试验过程十分漫长，前后耗费了四个月，在18位工程师的努力下，特斯拉终于制造出了原型车。得知这个消息后，马斯克激动万分，他马上召开了董事局会议，决定拿出900万美元继续投资。过了几个月，特斯拉又制造出了第二辆原型车。

从当时的情况看，特斯来似乎离成功越来越近了，然而事实并非如此，他们研发的电动汽车存在一个严重的隐患——爆炸。

这个隐患的发现十分偶然。2005年7月4日，工程师团队去艾伯哈德家中庆祝美国独立日，正当大家玩得不亦乐乎时，有人忽发奇想，把20块电池绑在一起装上了引信，点着之后电池像火箭一样飞了出去，这个场面让大家都震惊了，要知道，原型车的电池将近7000块，如果点燃，汽车就会像导弹一样飞出去，那场面简直不敢想象。

电动车和燃油车相比，理论上具有两个优势：一个是环保，另一个就是远离易燃液体，增强驾驶的安全性。然而，特斯拉的电池在发热之后可能会爆炸，由此带来的危险不亚于燃油车爆炸，这让电动车失去了取代燃油车的资格。

美国的独立日变成了特斯拉公司的反省日，特斯拉工程师们从狂欢中冷静下来，他们也意识到前期工作过于顺利是一种假象，他们开始着手解决电池散热的问题，为此成立了专门的测试团队，开始对电池进行爆炸测试。

第一次爆炸测试在特斯拉的总部进行，虽然没有发生意外，但是很多人意识到这是存在安全隐患的，所以测试团队将爆炸试验转移到一块专门的试爆场地。经过多次试验，他们逐渐了解了电池内部的工作原理，也懂得了如何阻止电池之间的火焰扩散，最后还找到了防止爆炸的办法。爆炸试验非常"烧钱"，特斯拉前后购买了几千块电池，不过这是一项必要的投资。只要特斯拉解决了这个难题，其他的障碍就容易突破了。

电池组的技术突破，标志着特斯拉的电动车具备了性能更强、安全更有保障的特性。从19世纪60年代开始的第二次工业革命，让人类社会进入电气时代，现在马斯克将电能应用的领域进一步扩大，重新诠释了它不可替代的作用和地位，这不是对内燃机的宣战，而是对人类想象力和生产力的极限挑战。

4. Roadster 就是颜值控杀手

在一个看脸的世界里,一款汽车的外形如何,决定了它在市场上得到的关注程度和销售前景。

特斯拉打动消费者的王牌就是 Roadster 电动跑车。和其他厂商生产的电动车相比,这款车无论从外形还是性能上都独树一帜,它采用了100%的电动化设计,没有燃油车那难看的排气管。用马斯克的话说:"我们制造的电动汽车不是环保车,而是高级跑车。"

Roadster 全长 3.946 米,高 1.126 米,宽 1.851 米,在车体的中间部分配备了气冷式的三相交变电流四极诱导发动机,属于典型的后置发动,最大输出功率高达 215 千瓦,最大扭矩为 370 牛·米,能够和 400 毫升排量的燃油车比拼性能。Roadster 的发动机体积小,重量轻,采用了航空专用的铝合金材质,兼顾了轻量化和坚固化。陶瓷轴承增强了使用寿命,流经电动发动机的定子电流量最高可达到 900 安,极大地提高了传输动能和使用效率,发动机的转速达到每分钟 14000 转,绝非普通电动车可比。另外,Roadster 充一次电就能行驶 394 公里,超过了之前所有电动汽车的续航纪录。

Roadster 整车自重 1235 千克,大部分的载重来自电池组,因为这些电池和笔记本电脑的规格相似。特斯拉没有单独开发专门的大型电池,用现有的生活电池是为了节约研发成本。当然,很多专家表示反对,他们认为这种不专业的电池无论在性能上还是安全上都无法和专业电池相比,但是马斯克认为足够使用就好,没必要再拿出资金和精力去开发,因为笔记本电脑的电池在全世界都实现了量产,供应渠道多且技术成熟、价格便宜。

无论驾驶还是乘坐 Roadster,都和其他燃油车的体验不同,因为燃油车在发动汽车和踩油门等操作时,发动机不可避免地会发出很大噪音,这是一种糟糕的体验。但是,Roadster 就没有这种烦恼,无论驾驶员打火还是踩油门,几乎听不到任何噪音,只能听到汽车发出"准备就绪"的声音,变速杆也被操作按钮取代,中控台布局十分简约。当驾驶员按下 D 按钮时,按钮的颜色就会从橙色变成绿色,只要踩下油门就可以让汽车启动,从启动到加速的过程十分流畅,不仅速度快而且无噪音,这得益于 Roadster 安装的单速齿轮,它能够让驾驶者获得坐过山车一样的刺激体验。

由于 Roadster 的电池组被放在驾驶座后面的最低位置,汽车前后方的重量比例是 42∶58,按照常理,重心在后的汽车高速转弯时,车的后半部分会受到离心力的作用向外甩出,如果汽车本身很重的话会更明显。然而,Roadster 却能够避免这种天然的缺陷,即便在高速行驶的状态下车体也不会颠簸,这主要是受益于莲花公司的精妙设计,其工程师赋予了汽车安静稳定运行的技能,Roadster 也沿袭了这个优点,难怪马斯克会说:"乘坐这样的车,你会惊讶于它良好的反应,感觉自己已经和车融为一体。加速在瞬间就能完成,你会觉得自己好像拥有超能力一样。"

Roadster 的方向盘后面有两个计量表,左面的计量表显示速度,速度表的内侧还会显示马达转数,这是因为 Roadster 采用的是单速齿轮,因此马达的转数就等于车速,这和燃油车有很大的区别,方向盘右面的计量表显示电的使用量和回收量。

燃油车的基本工作原理是,火花塞点火之后,让汽油产生能量,活塞往返运动,然后将这种运动转化为旋转运动,再让传动装置驱动轮胎转动,汽车就开动起来了。由于整个过程要在高温和高压的工作环境中进行，因此汽车内部的零部件都必须具备较高的精密度和复杂度。而且燃油车的转数如果不能超过1000，将无法达到最大扭矩，因此必须设计多段变速器。

相比之下，电动汽车的马达从开始旋转的时候就能产生扭矩，它不像燃油车那样在后退时需要反转齿轮，只要将电流逆转就能进行反向旋转。因此，从内部构造上看，电动汽车明显要更加简单，因此产生的噪音和震动就很小，而且能够很方便地进行再生制动。比如燃油车在下坡的时候需要发动机制动，而电动车只要依靠电动马达就能完成，工作步骤更简洁。

Roadster的驾驶座后面搭载着6831块小型锂电池和汽车传动系统，将车身的重心转移到后面，最高时速可达到201公里，时速从0公里加速到97公里只需要3.7秒的时间，超过了大多数的燃油车。有人好奇地用2006年保时捷推出的911 CarreraS与Roadster进行对比，并在网上播放了两款汽车的速度比拼，结果Roadster完胜。

Roadster克服了传统电动车的缺陷，又强化了自身的优点，所以在和燃油车的数据比拼上更胜一筹，带给人们更优质的驾驶体验。正是因为能够跟专业跑车相媲美，马斯克才拥有了绝对的自信，所以不菲的售价会吸引有购买能力的消费者，也成为Roadster对外推广时的卖点。

2006年5月，特斯拉的员工增加到了100人，此时特斯拉已经生产出了黑色款的Roadster，这款车帮助特斯拉进行了一次思考：人们到底需要什么样的汽车？更重要的是，特斯拉的投资人终于亲眼看到他们白花花的银子用在了什么地方，自然愿意继续拿出更多的钱投资，这对于马斯克来说无疑是个好消息。

2006年7月，特斯拉制造出了一款红色原型车，是上一个黑色款的补充版本，特斯拉将这两款汽车放在一场展示会上完美亮相，引起了媒体和大众的广泛关注。对很多第一次看到Roadster的人来说，这款双座敞篷电动跑车十分抢眼，而且它的速度丝毫不亚于普通的燃油车，从起步到加速只要 4 秒钟,打动了不少消费者。

对于新款 Roadster,马斯克非常满意,他甚至高傲地表示,其他厂商生产的电动汽车都糟糕透顶。在这次宣传展会上,时任州长的阿诺德·施瓦辛格等社会名流也出现在现场,他们对电动车都充满好奇,几乎每个人都乘坐了这辆跑车。不过,Roadster 还是存在一个比较致命的问题,比如散热,不熟悉电动汽车的人不能直接驾驶,因为汽车开出一段距离之后需要手动散热,这是因为电池组比较娇贵,不能持久地开动。但是,坐在车里的社会名流们似乎没有发现。

在这次展会上有 30 个人预定了 Roadster,大多数是商业界举足轻重的人物,马斯克似乎看到了成功正在朝自己招手,他表示特斯拉将在未来 3 年内推出一款价格更便宜的四门车型。这个消息让一直关注电动汽车的人们兴奋异常,而马斯克似乎也被满满的自信弄得有些缺乏理智。

马斯克一面发布新的电动汽车,一面开始宣传特斯拉的品牌价值,为此他登上了《纽约时报》,宣称 Roadster 预计会在 2007 年年中交货,比之前所说的 2006 年要推迟一些。与此同时,马斯克也让媒体和大众得知了特斯拉的商业计划:从少量高价产品开始,在核心技术提高之后再去增强制造能力,这样就能将相对奢侈的电动汽车变成大众消费品。事实上,这是源于硅谷的一种商业策略:从新技术发端,等到技术成熟之后再降低成本和售价,从精品策略转变为大众路线。

通过《纽约时报》的宣传,特斯拉完成了在大众面前的形象建设。但《纽约时报》没有拿出太多版面去介绍马斯克本人,这对他来说是一个重大的错误,为此他大发雷霆,这并非是马斯克想要刻意宣传自己,而是特斯拉已经成为汽车制造业中的热点话题,谈论它的往往都是社会精英,这会产生光环效应,甚至从某种程度上培养了一批忠实的信徒,如果马斯克能够在这个新的团体中享有知名度,这对他的商业帝国有重要的推广作用。

当时,很多主办汽车巡展的主办方都恳求特斯拉能够派出 Roadster 让大家一饱眼福，很快特斯拉就收到了雪片似的订单，这让马斯克意想不到。有些来自硅谷的企业家为了得到一辆 Roadster，直接绕开了销售部而去特斯拉总部购车。

在营销策略上，马斯克取得了巨大的成功，不过他也逐渐冷静下来，他知道公司还是要将主要精力放在产品研发上，因为技术的进步是日新月异的，如果忽视了某个环节的技术更新，很可能会被别人反超。很快，马斯克利用越来越先进的计算机技术，让特斯拉的汽车在细节上超越了很多大公司的产品。比如汽车的碰撞测试，在过去是需要实测的，是非常"烧钱"的，对于刚起步的特斯拉来说很难承受，现在马斯克利用实测和计算机模拟的方式，节省了一大笔费用，而其他方面的测试也可以通过计算机模拟完成。

硅谷精神衍生了硅谷式的工作方法，特斯拉的工程师们将这套工作体系运用到汽车制造上。比如在瑞典有一个专门用于测试的赛道，当别的厂商用真车进行为期几天的测试时，特斯拉的工程师在计算机中敲出代码，很快就能完成测试，也减少了不必要的时间和资源浪费，极大地提高了特斯拉的工作效率。

电动汽车对马斯克等人来说，是比火箭更危险的领域，因为汽车一旦出现问题，将可能导致驾驶员、路人以及乘客受伤甚至死亡，这不像电脑软件做错了可以重新升级或者打个补丁。因此，电动汽车的安全性是马斯克最关注的问题，艾伯哈德也意识到了这个问题，他在公开场合中说："汽车事故和电脑故障完全不同。"

为了制造出新动力、安全系数高、外形炫酷、驾驶体验良好的汽车，特斯拉的全体技术人员增强了团队凝聚力，在试错中不断前进，至于曙光何时到来，思想超前一步的马斯克也无法预知。

5. 游戏不那么好玩了

2007年，特斯拉已经发展成为拥有260名员工的大公司，他们完成了看似不可能完成的工作。他们从零开始，设计并制造出了全球速度最快、最炫酷的电动汽车，虽然只是原型车，但在市场上已经拥有一批忠实的拥趸。而且，两辆原型车制造完毕，让马斯克对特斯拉越来越有信心，他不断传递给团队一个观念：要让用户看到汽车后眼前一亮，从外观上就能超越普通的燃油车。

虽然猎鹰1号发射失败，但是这并没有影响到人们对马斯克的信任，在公众眼中他仿佛是一个不可预知的魔术师，随时都可能变出让人惊叹的物件。由于电动汽车代表着时代发展潮流，很多人都期待特斯拉能够生产出划时代的产品。基于这种市场需求，马斯克大胆地进行了第三轮融资。

按照最初的计划，马斯克准备用两年时间研发出高级电动车 Roadster，然而两年时间过去了，最初的2500万美元早就超出预算，实际花费高达6050万美元。然而，Roadster还是迟迟未能量产，这让关注它的人很失望，也给了马斯克极大的压力，他不想被人说成是空想家，更不想被说成是只会敛财的骗子。但是，想要研发工作继续开展，没有资金就难以为继。于是，马斯克在2007年5月又进行了第四轮融资，这一次虽融资了4500万美元，但是特斯拉的经营状况却惨不忍睹。

马斯克给 Roadster 的定位是高级跑车，售价将近 11 万美元，在发起预售之后，很多名人成了第一批吃螃蟹的人，比如著名影星莱昂纳多·迪卡普里奥、布拉德·皮特等。在明星效应的影响下，Roadster 成了媒体和公众热议的话题。但是因为电气系统开发不顺，导致 Roadster 的生产速度很慢，预定的用户迟迟没有提到车，让马斯克倍感压力。

电动汽车比马斯克预想的更加烧钱，而他也犯了一些决策上的错误。由于 Roadster 的第一批预订量只有 2500 辆，所以马斯克没有选择能够量产且价格便宜的厂商，反而选择了只接受少量订单的厂商，虽然其质量可靠但价格高昂，而且生产速度缓慢，直接导致了 Roadster 出货速度缓慢，让特斯拉长时间收不到货款，资金链出现了断裂的危险，而研发部门的费用也没有着落，特斯拉陷入了资金危机。

失败不可怕，可怕的是不能从失败中汲取教训，此时的马斯克意识到自己决策失误带来的恶果，更糟糕的是，特斯拉的领导团队也出现了问题。

在特斯拉最初成立的几年，艾伯哈德很受工程师们的赏识，大家认为他是一个做事果断的人，不会把时间浪费在无意义的工作上。每当特斯拉需要制定一项策略时，艾伯哈德总能带领团队检讨错误，然后快速进入下一个工作环节。相比之下，马斯克有时候会"拖后腿"，两个人在工作方法上展现出相反的风格。

艾伯哈德作为特斯拉的创始人，原本和马斯克拥有相似的思维，但是进入实操环节之后，两个人的观点越来越冲突，特别是在电动汽车的设计上：马斯克提出要将门把手设计成触摸板式，艾伯哈德却认为这会增加成本；马斯克认为车门下方的车体侧梁应当更低，艾伯哈德认为这会增加工作量……虽然这些分歧并非大方向上的矛盾，但是由于二人经常要博弈一番，间接导致了设计工作进展缓慢，让本来就遭遇产能危机的特斯拉雪上加霜。

马斯克和艾伯哈德究竟谁对谁错并不重要，重要的是很多工程师认为，马斯克提出的种种设想有时候显得不合情理，就像是附着了一种邪恶的力量。随着时间的推移，决策层的小分歧逐渐演变为发展策略层面的对立，为特斯拉日后的内乱埋下了伏笔。

就在马斯克为特斯拉低下的产能发愁之际，一个意外事件发生了，差点让马斯克的电动车之梦化为泡影。

这个危险事件源于 Roadster 的变速系统。

原来，特斯拉的工程师们对变速系统作出了错误的估算，他们最初的目标是让电动汽车在最短的时间内提速到 60 英里，这对于特斯拉而言是一个卖点，也是马斯克想要向媒体宣传的营销话题，让用户在驾驶电动汽车时有无与伦比的体验。但是为了达到这个目的，工程师们走上了一条错误的道路。

在最初设计时，Roadster 采用了麦格纳国际公司的两档变速器。第一档变速器能够让汽车在 4 秒钟内加速到 60 英里，第二个变速齿轮能够让汽车加速到 130 英里。马斯克认为变速器的生产是最顺利的一个环节，因为人类在这个领域的技术非常成熟，即便从燃油车迁移到电动车也不会有多大困难。然而事实并非如此，特斯拉设计的第一个变速箱只运行 40 秒就再也开动不了了，这是因为变速齿轮在高速状态下难以发挥作用，并使得安全性下降。

为了解决这个难题，特斯拉找到承包商设计替代品，希望他们用丰富的经验帮助特斯拉解决问题，然而供应商认为设计替代品得不偿失，毕竟当时特斯拉只是一个从硅谷走出来的不伦不类的汽车制造商，没必要为他们专门开发一款变速系统，所以敷衍了事地设计了一款，结果惹出了大麻烦。经过测试，这一批次的变速器系统性能极其不稳定，存在着严重问题。在几千英里的测试中表现出了神经病一样的特征：有时候行驶 150 英里会发生故障，而每次发生故障的距离差不多是 2000 英里。

变速器的稳定性直接关系到驾驶员和乘客的人身安全，特斯拉马上从底特律找来技术团队分析原因，结果找到了多达14个问题，而每一个问题都可能造成系统瘫痪，工程师们只好对动力传递装置进行调整，经过多次尝试之后最终放弃了麦格纳的产品，改用了博格华纳的产品，结果大大延误了交货日期，而且还影响到后续订单的生产。后来，马斯克权衡利弊，让第一批Roadster继续使用麦格纳的产品，他担心延迟交付产品会影响特斯拉的品牌声誉。

当然，客户的人身安全马斯克不能不管，他采取了迂回策略：先把电动汽车交给第一批订户，然后让他们更换博格华纳生产的变速器以及相关配套系统。虽然这一招帮助特斯拉缓解了部件危机，却增加了制造成本。

除了变速器的问题，特斯拉还在国外惹了麻烦。当时公司派出一批年轻有为的工程师去泰国，在那里成立了一家电池工厂，但是在寻找合作伙伴的时候犯了错误，他们选中了一个态度良好、能力却极差的生产商，而特斯拉却误以为对方是当地一流的电池工厂，直到工程师们目睹了由混凝土地板和几根破柱子建造的简易工棚，他们的心凉了半截，然而为时已晚。

由于泰国天气炎热，电池工厂又过于简陋，厂房几乎一直开着门，如果是生产普通的生活用品还没问题，但是电池原本就是娇贵精密的科技产品，长期和潮湿的空气接触，容易造成某些零部件腐蚀，特斯拉只好拿出7.5万美元为工厂专门搭建了干燥的墙壁外加几个可以调控温度的储藏室。

和厂房的硬件设施相比，工人低下的素质更让特斯拉欲哭无泪。工程师们硬着头皮去培训这些一无所知的外国雇员，一切都要从基础开始，比如怎样保存电子元器件等，工程师们甚至产生了和原始部落打交道的错觉。在这种软硬件条件俱差的环境下，电池工厂的生产效率低下得可怜，而对特斯拉来说，电池工厂原本是供应链中的重要部分，牵一发而动全身，耗费在泰国的额外投入又为Roadster增加了生产成本。

当时特斯拉的供应链体系是：发动机在中国台湾生产，车身面板在法国生产，电池组在泰国生产，中国和法国这两个环节没有什么问题，唯独泰国的电池组要求很高，需要在最短的时间内送到英国的莲花汽车公司，防止电池降解，因为英国公司要组装车身，电池组必须在那里被整合到车身中。

特斯拉过于看重不同地区的生产能力和制造成本的差别，却没有将全球供应链看作统一的整体，从商业思维上讲走进了误区。经过一段时期的摸索，马斯克终于发现这种生产工序的分配根本没有节省多少钱，甚至花费更多，还给团队增加了很多不必要的麻烦。如果仅仅生产几辆原型车的话，这个缺陷还不足以暴露出来，然而特斯拉现在需要的是量产，这个致命的短板一下子拖住了它前进的脚步。

6. 谁的锅谁来背

失败和错误不可怕，可怕的是不能找出失败的原因和错误的始作俑者。

当供应链问题直接威胁到特斯拉的生死存亡时，马斯克将部分责任归结到艾伯哈德身上，他认为问题是这个创始人没有通观全局造成的，而现在想要纠正却十分困难。但是，艾伯哈德毕竟是元老，马斯克不能对他过多指责，所以他先找专业人士为特斯拉"看病"。

沃特金斯是一家私募基金的总监，他对工作自动化十分精通，是一个做事严谨、考虑问题周密的人。在他被马斯克邀请到特斯拉考察之后，立即对整个供应链进行了分析，试图查清每一个环节存在的问题，最后确定一辆Roadster究竟花费了多少钱。

经过沃特金斯的考察，他发现特斯拉在人力成本上控制得很好，公司一般不雇用行业精英，而是从应届毕业生中寻找员工，每个人的年薪在4万－5万美元，相比于成熟的技术人员节省了7万－8万美元。由于特斯拉奉行硅谷精神，这些新手虽然欠缺经验，但是在技术过硬的工程师的带动下，不用多久就能掌握技巧，并不会影响到公司的正常运营。从这一点上看，马斯克的决策是正确的。

但是接下来的问题就让人脊背发凉了。马斯克的用人策略虽然正确，但在物料成本的控制上几乎达到了失控的程度。特斯拉虽然有专门的记账软件，可是几乎每个员工都讨厌它，即便使用这个软件的人也没有认真填写数据，他们会用原型车的某个零部件的单价去预估批量购买时的折扣，然而事实证明这只是他们一厢情愿而已，根本不具备参考价值。更可笑的是，这个软件在错误的操作下，竟然计算出 Roadster 每卖出去一辆就能赚取 3 万美元的利润，对此大家却置之不理，照旧将这些毫无意义的数据呈报给董事会。

在全面考察了特斯拉的运营状况之后，沃特金斯可谓"收获颇丰"，他将调查报告呈递给了马斯克。还好马斯克已经有了心理准备，他认为特斯拉走弯路是在所难免的，只要电动汽车能够批量生产，很多问题即可迎刃而解。但是，沃特金斯报告中的一个信息让马斯克震惊了：生产一辆 Roadster 的成本是 20 万美元，而特斯拉只卖 8.5 万美元！即便日后能够量产，一辆汽车的成本也不会低于 17 万美元。

这一次，马斯克是真的坐不住了，因为特斯拉已经收到了大量的订单，如果按照原价继续生产那就是在赔本赚吆喝，但是贸然修改定价又是极其危险的。当马斯克将这个糟糕的情况告知艾伯哈德之后，这位创始人也不曾想到他会将自己亲手创办的企业拉进了一个泥坑。让马斯克失望的是，艾伯哈德没有拿出切实可行的解决方案，只是在公司里做了一次慷慨激昂的演讲，主题就是当他的女儿长大之后，她所认识的汽车将和现在的汽车完全不同，而特斯拉正在创造这个奇迹。

显而易见，艾伯哈德的演讲只能从精神上给予员工鼓励，甚至连"打鸡血"都算不上，根本无法解决特斯拉长期存在的弊病，所以有人认为这是他黔驴技穷的表现——他作为创始人已经发挥了最大能力，再也不能带着特斯拉向前狂奔了。此前，艾伯哈德用他的人格魅力将公司的技术团队变成了拥有统一信仰的小"宗教团体"，但那是在人数较少、公司刚起步的阶段，当员工群体扩大之后，这种小范围的精神崇拜就显得十分幼稚了。

无论是一个人还是一个团队,其精力终究是有限的,当艾伯哈德将企业文化狭隘地理解为一种精神崇拜之后,特斯拉的很多基础性工作就被忽视了,现在这些问题严重影响了公司的生存。从另一个角度看,很多企业的创始人并不适合守业,因为创业依靠的是灵光乍现和热血沸腾,但守业依靠的是步步为营和战略眼光,艾伯哈德恰恰缺少这些才能。

当艾伯哈德意识到自己的演讲不能帮助 Roadster 降低成本时,他竟然使用了小孩子的伎俩——向董事会隐瞒公司严重亏损的事实,这一招引起了马斯克的不满。结果,艾伯哈德被降职为技术总裁,他当然不愿意接受这个事实,他开始怂恿老员工们发泄不满,甚至指出沃特金斯的某些调查数据搞错了。这种意气用事的局面持续了几个月,艾伯哈德仍然愤愤不平,而很多员工却已经冷静下来,但是他们不得不面对一个两难选择:要么跟着马斯克走,要么站在艾伯哈德这一边。

2007 年,在 Roadster 发售前的两个月,马斯克决定解雇艾伯哈德,在硅谷的一份报纸上,他这样写道:"我很抱歉,事情发展到了这一步,我极不愿意看到这一幕。这与我们两人之间性格差异无关,因为马丁(艾伯哈德)调任顾问的角色是董事会一致决定的。特斯拉有很多公司运营方面的问题需要解决,如果董事会认为马丁能够在某些解决方案中发挥作用,那么他现在仍然会是公司的一名员工。"

马斯克的这封书信并没有给艾伯哈德消火,反而挑起了两个人之间的战争,这种水火不容的状态一直持续着。其实,二人之间的矛盾也跟一个不和谐的小插曲有关。那是特斯拉第一次融资时,马斯克给这家嗷嗷待哺的公司拉来了赞助,当属头功一件,然而颇具讽刺的是,马斯克却没有被列入特斯拉的创始人名单,名单上只写了马丁·艾伯哈德和马克·塔彭宁这两个名字。马斯克认为他虽然不是真正意义上的创始人,但是没有他,特斯拉早就关门大吉了,这或许就是艾伯哈德对马斯克犯下的"原罪"。

艾伯哈德认为,特斯拉的亏损绝非是他一个人的责任,现在出了问题就找替罪羊,这是他无法接受的,毕竟特斯拉是他亲手缔造的,没有他就没有 Roadster,更不会有风光八面的马斯克,所以艾伯哈德对马斯克和特斯拉提起了诉讼。

为了不扩大负面影响,马斯克只好将首席执行官的职位暂时空缺,而不是自己顶上去,他知道这样能减轻艾伯哈德的愤怒,毕竟对他来说,当务之急是要重新物色能够力挽狂澜的接替者。

马斯克一边忙于火箭发射,一边试图将特斯拉从失败的边缘拉回来,他原本想抽出一部分精力亲自管理特斯拉,无奈分身乏术,他必须尽快找人帮自己分担。最后,马斯克任命迈克尔·马库斯暂时代理 CEO。

马库斯是全球著名的委托制造业伟创力公司的核心人物,之前曾经出色地完成了特斯拉的订单,执行力和领导力都很强,但在马斯克眼里他并不是 CEO 的最佳人选,但现在特斯拉已经火烧眉毛,必须有人顶上去解决问题。

特斯拉面临的问题越来越多。在工艺制造方面,因为电动汽车需要轻量化,所以采用碳纤维,却给喷漆造成了困难,特斯拉只好在多个厂商中寻找适合自己的喷漆。除此之外,特斯拉研发的双速变速系统也难以实现,只有重新设计变频器和发动机才能解决问题……这些看似无关紧要的小问题耽误了生产进度。

马库斯上任之后,马上召集管理团队,将他们在工作中遇到的问题都总结出来,然后落实到人头分别解决。这种复盘工作虽然很有必要,然而每一次开会都要耗费大量时间,严重分散了参与者的精力。此外,马库斯还在公司内部建立严格的规章制度,用以约束员工,因为硅谷的工作时间是很有弹性的,员工不必准时上下班,但特斯拉毕竟不是互联网公司,它需要大家遵守纪律。

当然,供应链是马库斯必须全力解决的难题。很快,特斯拉将远在泰国的电池厂撤销了,重新回到美国本土,缓解了之前的供应压力。

马库斯进行了大刀阔斧的改革,他能够迅速抓住重点,也不会和员工多费唇舌,只要他认为是必须解决的就马上动手,这种说一不二的工作方法看似专断,其实有利于让员工从职场政治中走出来,一门心思工作。这种"专断"的态度不仅针对员工,也针对马斯克等决策层。有一次,马斯克想要增加一个有关 Smart 的小项目,马库斯知道以后立即反问他:"谁才是这里的 CEO?"

马库斯的核心思想就是让特斯拉的资产彻底流动起来并建立实体优势,这样在未来可以将特斯拉出售给大型的汽车制造公司。因为在他看来,如今特斯拉已经处于倒闭的边缘,随时可能发生资金链断裂的情况,不如在状况良好时卖个好价钱。不过,他的这个想法没有得到马斯克的认同,马斯克之所以投资特斯拉,是为了改变汽车行业的现状,而不是包装起来一个公司之后套现,否则他也不会大手笔地追加投资。对他来说,如果为了钱而创业,他早就应当关闭 SpaceX 和特斯拉,他需要用财富证明他的价值,但财富不是他奋斗的唯一目标。

7. 有一种破产会触底反弹

常言道，物极必反，这不仅是事物发展的规律，也是商业运作的法则。当某个产品走向灭亡的边缘时，也是市场在给予它浴火重生的机会，能否在瞬息间抓住机遇就决定了它的生死。

马斯克并非只有商人思维，更有战略家的眼光和头脑。在特斯拉遭遇困境之际，他不仅不打算收手，反而要加大投资的力度，从而引起更多人的关注。然而在马库斯上任之后，马斯克对他的表现越来越不满，马斯克认为在他的带动下特斯拉的硅谷精神早已荡然无存。

2007年，马斯克敲定了新的CEO人选——格夫·迪罗里。他并非马斯克心目中的首要人选，事实上马斯克看中的是另一个人，只是对方不愿意过来工作。

迪罗里曾经在硅谷建立了半导体单片存储器公司，随后将公司出售给AMD公司，这段创业经历让他在高新技术领域掌握了丰富的经验和技术。迪罗里成为特斯拉的CEO之后，马上对公司当前的业绩进行了评估，找出那些在其位不谋其职的人，清理掉了一批能力不足或者消极怠工的人，其中包含一些老员工，掀起了一轮残酷的裁员大战，裁掉了10%的员工。此外，迪罗里还对特斯拉的财务状况进行了清查，对之前就存在或者尚未暴露的问题及时止损。

裁员引发了员工们的恐慌，不少人开始议论迪罗里，马斯克得知这一情况后，公开表示了对他的支持："去年没能控制公司资金的周转率……我们董事会为了改善这种状况，决定更新管理层。"马斯克旁敲侧击地表示，特斯拉要通过大换血来改变经营状况，所以迪罗里的一系列措施也在全局计划之内。当然，特斯拉积累的弊病很多，迪罗里在短时间内很难根治，还会出现反复。

由于是马斯克选定的人选，所以外界对迪罗里抱有很大期望，然而在实际改革中他的表现并不是很突出，有些人认为马斯克高估了他的能力。时间一长，公司上下都对迪罗里存在一些偏见，马斯克只好向外界宣告：特斯拉没有遭遇任何资金问题。此外，马斯克还乐观地说："即便所有的投资者都放弃了特斯拉，我也会一如既往地支持它。"这种超然的豁达和乐观让媒体和公众都十分震惊，马斯克挑战传统和不畏艰难的企业家精神，让越来越多的人视其为新硅谷精神的代表。

迪罗里年纪较大，和工程师们难免存在代沟，又是一个空降兵，所以在团队内说话的分量不是很足，结果马斯克就成了事实上的控制者。不过，迪罗里还是频繁出现在媒体面前，因为特斯拉需要对之前的亏损和内部震荡进行解释——特别是对于已经付了定金的客户。迫于舆论压力，马斯克承诺 Roadster 一定会在 2008 年初交付，而且特斯拉还将继续开发新的车型：一款名叫"白星"的房车。但是，公众对特斯拉的设计和生产能力存在质疑，为了打消公众的疑虑，马斯克承诺公司会寻找新的工厂去生产。

这一系列的公关活动都是在挽救特斯拉的名声，好让大家对它重拾信心。为此，特斯拉还在市政大厅举办了见面会，将之前暴露出的问题都罗列出来并一一剖析，让大家彻底放心。与此同时，特斯拉也建造了属于自己的汽车展示厅，起初马斯克对这个"烧钱"的项目不是很赞同，但是当他走进展示厅后眼神变了,他当着媒体的面举起了一个100磅①重的发动机。马斯克这个举动与其说在展示他的肌肉力量,不如说在展示特斯拉的工艺之美。这种激情四溢的表现赢得了人们的赞许,大部分人愿意继续等待Roadster交货,只有极少数人要回了定金。

作为董事长,马斯克开始不间断地处理特斯拉的公关问题,他的私人飞机经常在空中穿梭,有时候他会去法国的工厂查看生产进度,有时候会去英国寻找新材料,这种积极的态度让特斯拉的成本控制问题得以解决。除此之外,马斯克还要求员工加班加点地工作,只要有人表示反对,马斯克就会语重心长地说:如果特斯拉破产了,他们就会有足够多的时间休息。

在特斯拉遭遇危机的时刻,马斯克身上的暴躁脾气也不加遮掩地表现出来,他会用带有生殖器字眼的脏话骂人,还会因为没给他热咖啡而把喝进去的咖啡又吐出来,每个人都在忍受着他那具有攻击性的言行。不过,马斯克对那些工作出色的员工还是报以心平气和的态度。

由于吸取了之前的经验教训,特斯拉现在对每一个零部件的价格都标得十分清楚,马斯克也一再要求大家降低成本,他不会放过任何一个可疑的数字,也不会掉进任何危险的陷阱,他对细节的苛求逐渐将特斯拉拽回正轨上。

公关和营销是密不可分的,马斯克十分关注有关特斯拉的新闻,极力维护公司形象。如果发现了负面新闻,马斯克总要想尽办法扭转人们的态度。在他眼里,特斯拉的存在是为了改变世界,而不是被舆论改变。

马斯克对员工的要求越来越严格,有的人因为打错字被辞退,更不要说那些不能按期完成任务的人了。在员工眼中,马斯克成了一个面容可憎的管理者,他咄咄逼人的态度让很多人不寒而栗,公司几乎每一次开会马斯克都要痛骂几个倒霉蛋,以致员工们在开会前打赌今天谁会挨骂。在这

---

① 磅,质量单位。1磅约合0.45千克。

种高压管理之下，能够留下来的员工不仅心理素质强大，也经受住了来自各个方面的考验。虽然这种管理方法不值得推广，但是对刚从倒闭边缘挺过来的特斯拉来说是必要的手段。

斯特罗贝尔虽然对马斯克的某些做法颇有微词，但是对他的管理方式表示支持。他和艾伯哈德不同，他没有那么强烈的控制欲，也不会用务虚精神去管理团队，他将主要精力放在技术研发上，他比特斯拉的任何一个人都更了解电动汽车。这是一种近似于硅谷式的工作态度，所以被马斯克尊重。而且，斯特罗贝尔也能够在必要时刻提醒马斯克改一改暴脾气。

经过5年的辛苦工作，特斯拉的员工们从上到下都疲惫不堪，虽然在创业初期他们被热血驱使着去工作，而现在不分昼夜的工作已经透支了他们的情怀和信心。有些工程师悲观地认为，电动汽车不可能代替燃油车，只能作为一种小众的交通工具，于是离开了特斯拉。还有一部分人因为整日加班，无法陪在家人身边而离开……在离开者中不乏一些能力出众的人才，他们在加盟其他团队之后都获得了不俗的业绩。

随着一大批老员工离开，特斯拉开始了新员工的招募，虽然人才的流失或多或少对公司造成影响，但此时特斯拉的品牌效应还是能够帮助马斯克招揽更优秀的人才。和创业初期相比，新招募的员工中有很多来自传统的大型汽车制造企业，更具有专业性，他们能够将之前积累的经验带给特斯拉，也能够承受繁重的任务。

2008年，特斯拉再次遭遇了资金匮乏的危机。当年9月，特斯拉一共只生产出27辆Roadster，远远没有达到预期目标。10月，有媒体爆料称，特斯拉的银行账户里只剩下900万美元，对于一家出售价值10万美元的高档汽车制造商，这个数字太过寒酸，一旦发生变故将拖垮特斯拉。

在Roadster的研发过程中，一共消耗了将近1.5亿美元，超过了4年前在计划书中设定的2500万美元。如果不是在2008年，马斯克会有很多方法为公司筹措资金，然而这一年恰恰遭遇了世界金融危机，很多汽车制造商都濒临破产，资本大鳄根本没有钱去拯救别的公司。更重要的是，金融危机让消费者的购买能力严重下降，没有多少人会在困难时期购买高价消耗品。马斯克想要依靠雄辩家的口才去说服资本市场为特斯拉投资，可谓困难重重。

身处绝境的马斯克思前想后，决定以个人名义对特斯拉投资，这个举动引起了媒体和公众的热议，因为在美国商界，很少有企业家以个人名义去承担企业的债务，即便是通用汽车倒闭时，时任 CEO 的查德·瓦格纳也没有负债，现在马斯克却要打破这个不成文的法则，着实让世人震惊。

马斯克冒着个人破产的危险给特斯拉注入了一针强心剂。如果成功，特斯拉将迎接一个新时代；如果失败，马斯克前半生的奋斗成果将会化为乌有。面对外界的非议，马斯克没有动摇，他的这次冒险让不少人肃然起敬，他们敬畏的不是马斯克银行账户里的存款，而是他胸膛里的胆略。

8. 崩盘？特斯拉要完蛋？

创业难免遭遇低谷,有的人卧薪尝胆东山再起,有的人自暴自弃就此一蹶不振,所以决定低谷吞噬力的不是它的深度,而是创业者的坚韧度。

2008 年是马斯克创业生涯中最灰暗的一年,把他拖拽到深渊的正是特斯拉。

虽然特斯拉一直在设计并制造出有竞争力的原型车,但因为盈利模式的不清晰导致它始终徘徊在破产的边缘,这让一度不看好它的媒体兴奋不已。出于一种恶趣味,某个网站为了给焦头烂额的马斯克"助兴",竟然开设了一个"特斯拉死亡倒计时"的恶搞栏目,处处抨击马斯克,否认他是特斯拉的创始人,将他描述为一个将创始人艾伯哈德赶出去的阴谋家,后来艾伯哈德在网上发表文章谴责马斯克时,该网站也成了忠实的拥趸之一。

一些媒体也对特斯拉的电动汽车进行了无情的批判,好像它的诞生正在威胁人类社会一样。当然这些对马斯克来说并不可怕,让他担忧的是,竟然有很多旁观者关注这个所谓的死亡倒计时,好像特斯拉出生就带着原罪。这种恶意的玩笑闹得最厉害时,马斯克在一天之内可以看到 50 篇讨论特斯拉将如何灭亡的文章。

部分媒体对马斯克的恶意,或许与他的特立独行有关。马斯克总想要颠覆传统,他提出的设想或多或少地冲击着当今的社会秩序,所以一些卫道士会跳出来攻击他。对马斯克而言,自己走的这条路注定避免不了被人指责,所以他只能接受现实,甚至将承受讽刺视为日常工作的一部分。

社会大众的仇富心理,也是马斯克遭受攻击的原因之一,特别是当人们看到马斯克的豪宅、跑车和私人飞机时,他们不会关注他是如何获得这一切的,而是会想:这个家伙真是走了狗屎运。一旦马斯克的事业陷入低谷,人们就开始幸灾乐祸,好像马斯克在为之前的"罪孽"付出代价。马斯克整日被各种流言蜚语包围,他认为大家都在折磨他,有媒体,有前妻,有不怀好意的公众,这些人传递的负能量对马斯克造成了很大的压力。

当然,更残酷的一个问题摆在马斯克的面前,在他计算了所有账目之后发现,SpaceX 和特斯拉只能存活一个,如果将所剩的资源平分,哪一个都活不下来,只有集中全部资源给其中一个才能提高它的生存概率,但这就意味着另一家他同样倾注了心血的公司将要关门大吉了。马斯克的焦虑并非是杞人忧天,在经济环境恶化的 2008 年,很多企业都面临着生存困境,更不要说马斯克手握的两家"烧钱"的公司了。

这是马斯克人生中最糟糕的时间,不过幸好女友莱莉陪在他身边,马斯克也不像对待贾斯汀那样,对伴侣缄默不语,有时候他也会和她讲公司里的事情,不过只限于三言两语,因为他不想把过多的负面情绪传递给她。莱莉也发现马斯克成了一个悲剧式的人物,无论是表情还是神态都有些沧桑感,他甚至会在睡觉时突然惊醒。

无奈之下,马斯克只好向朋友们借钱,他初步估算了一下,特斯拉每个月需要花费 400 万美元,这样才能挺过 2008 年。为了不让员工饿着肚子,马斯克几乎找遍了所有能够拿得出钱的朋友,投资人比尔·李拿出了 200 万美元,谢尔盖·布林也拿出了 50 万美元,甚至一些员工也为公司出资,到最后都成了合伙人,这让马斯克和员工的关系变得十分微妙。除此之外,马斯克开始节约一切开支,比如不再乘坐他的私人飞机而是改乘廉价的西南航空。

对马斯克帮助最大的无疑是弟弟金巴尔了。由于遭遇金融危机,金巴尔的大部分资产都变成了泡沫,然而他还是将所剩不多的财产拿出来投资特斯拉。虽然金巴尔对哥哥的事业充满信心,但是对他拆东墙补西墙的做法持保留意见,因为这的确是在承担巨大的风险。

2008年12月,马斯克开始了几项计划挽救SpaceX和特斯拉,他打探到一个消息:NASA将对国际空间站签订一份补给合约,SpaceX的发射成功会带来超过10亿美元的合约,于是马斯克和美国政府开始了对话,他拼尽全力地让官方相信SpaceX的实力。但是对特斯拉,马斯克一时间还找不到办法,他只能祈祷能够有好心人来帮助自己,为了让特斯拉看上去具有光明的发展前景,马斯克将自己剩下的最后一点钱投了进去,又从SpaceX的账户上转移出一部分投给特斯拉,最后东拼西凑了2000万美元,然而这些钱仍然不足以维持公司的运营,马斯克只好说服特斯拉的现有投资者们继续追加投资,大家终于被他说服了。

著名的创投机构Vantage Point Capital也参与了特斯拉的融资,却没有在最重要的一页上签字。当马斯克向该机构询问此事时,得到的答复竟然是对方认为特斯拉的估值过高,这让马斯克十分震惊。他知道如果融资不能顺利进行,等待特斯拉的将是灭顶之灾,于是马斯克恳请对方尽快履行合约,因为他已经到了山穷水尽的地步了,然而Vantage Point Capital犹豫不决,最后表示不愿意出资。

在马斯克看来,Vantage Point Capital的行为无异于欺诈和侮辱,其出发点根本不是拯救特斯拉,而是故意在他们内部制造矛盾,甚至是想把马斯克驱赶出去,让他们的人控制公司。如果换成是其他人,Vantage Point Capital的阴谋或许能够得逞,因为确实有一些公司的CEO就是这样被驱逐出场的,但是马斯克强硬的态度决定了他不会受人摆布,而且他还将继续冒险,他想把这次股东权益融资变成债务融资,这样的话投资机构就无权干涉,不过有很多风投机构并不参与这类交易,因为债务融资的公司通常都不够稳定，投资人对此信心不足。

　　为了打消投资机构的疑虑，马斯克告诉投资人他会继续从 SpaceX 那里弄到 4000 万美元来参与这次融资，这样就能保证特斯拉不会在短时间内垮掉，投资机构终于被说动了，他们在圣诞节前夕完成了融资，此时马斯克的个人账户里只有几十万美元了，特斯拉躲过一劫。

　　SpaceX 的情况也不是非常乐观，据说是 NASA 对 SpaceX 的信心不像之前那么高，主要体现在对马斯克本人的怀疑上。具有讽刺性的是，SpaceX 的创始人迈克尔·格里芬出任了 NASA 的主席，成了航天局的新宠，而他的存在是对马斯克的最大威胁。航天局也有人透露，他们认为马斯克本人欠缺一定的商业道德。当然，这只是一个借口，实际情况是格里芬在构思建造大型的宇宙飞船来树立他在航天界的威望。

　　客观地说，马斯克是一个不容易相处的人，尤其是在航天界。他打算建造一枚名叫大猎鹰的火箭，在这个庞然大物上配备世界上最大的推进器，这种想法单从创意上看很有亮点，但在实践上却存在诸多问题，特别是马斯克的供应商们不知道自己能否满足这个疯狂的要求。虽然猎鹰 1 号成功上天，但是马斯克的胃口也变得更大，他想要在一年之内用 100 万美元去制造一个涡轮泵，而波音公司完成同样的工作耗资 1 亿美元且用了 5 年的时间。

　　这就是马斯克独特的工作哲学，经常让合作伙伴们摸不着头脑又感到恐惧。最糟糕的是，一旦马斯克认定了做某件事，任何人都别想让他回头，这在投资巨大的航天界是很危险的特点：谁跟马斯克同乘一条船，要么到达彼岸，要么沉没得无影无踪。

　　这些负面消息的传出让马斯克感到不安，如果他的位置不稳，将直接影响 SpaceX 的未来。所幸的是，上天这一次眷顾了他，SpaceX 最终成了国际空间站的指定供应商，格里芬因为奥巴马的上台而离开了主席宝座，新总统对 SpaceX 更加看好，马斯克在航天界的名声和地位都保住了，SpaceX

拿到了16亿美元的款项,他们需要做的工作就是为国际空间站提供12次运输。

一直被经济危机困扰的马斯克,终于长出了一口气,当时他正和金巴尔一起度假,为了表示庆祝他给莱莉买了3只塑料猴子。

美国政府也看到了特斯拉研究的方向是符合时代需求的,于是在2009年6月正式向特斯拉提供4.65亿美元的低息贷款,当时美国政府也在致力于推动混合燃料汽车和电动汽车,马斯克等于心有灵犀地先行一步。特别是在奥巴马上台之后,政府对新动力汽车的关注不断提升,美国能源部门设立了一个先进汽车制造技术项目,预计投入80亿美元,大名鼎鼎的福特汽车公司和日产汽车都由此获得了融资,而特斯拉也赫然出现在名单上。

政府的支持,不仅使马斯克得到了资金和政策上的扶持,也带动了汽车消费市场对电动车的关注度。与此同时,丰田汽车公司也看到了特斯拉的惊人成长和现实困境,在2008年投资5000万美元。作为锂电池生产大户的松下电器,意识到电动车的普及将进一步扩大锂电池的需求量,也对特斯拉投资了3000万美元。在众多资本大鳄的援助下,马斯克终于从困境中走出来。

虽然有一部分企业和有识之士看到了电动汽车的前景,但仍有人对电动车能否最终取代燃油车心存怀疑,他们认为特斯拉终将昙花一现,时代不会选择马斯克。

2008年对于马斯克来说是充满灾难的一年,他承受了很多人都不曾承受的考验和苦难,不过他最终还是挺了过来,他打退了敌人,拉拢了队友,也战胜了自我。虽然前路依然坎坷,但是马斯克坚信,黑暗过后,特斯拉会迎来一个全新的辉煌时代。

Chapter 6

相信我，你不会后悔

1. 太阳城不需要阿波罗

决定人类生活状态的不是技能，而是想象力的上限。上限有多高，人类改变世界的可能性就有多大。

马斯克的终极目标是改变人类的生活现状，从祖居地球迁移到火星。这是一项投入浩大的工程，如今他创立的 SpaceX 正在接近这一目标，不过除了航天器之外，移居火星还需要一项重要的技术——太阳能。没有太阳能作为持续的能量来源，人类在火星只能做短途旅行而非常年居住。除了火星计划，特斯拉电动车的充电站也需要太阳能作为电能补充。由此可见，太阳能对马斯克而言是下一个重点开发的项目。

林登·赖夫是马斯克的表弟，他不是一个技术天才，所以在硅谷的名气远不如马斯克，不过他也拥有不平凡的人生经历。赖夫的父母都是普通的按摩师，家庭教育方面不如马斯克，这导致他在学生时代的成绩很不理想，但是他在学业之外却表现出极高的商业素养。赖夫从 12 岁开始就经商，通过向成年人传授交际舞技巧赚钱。在赖夫 17 岁那年，他创办了属于自己的第一家公司，主营业务是销售医疗用品，每月收入高达 2 万美元。

由于赖夫长期沉溺于商业活动，学校多次表示要开除他，最终他未能进入大学，而是出售了他的医疗公司，移民美国继续从事商业活动。有意思的是，赖夫能够拿到签证和他的商业头脑无关，而是因为他水下曲棍球打得非常不错。

赖夫来到美国之后,和哥哥一起创办了一家远程服务管理软件公司,名叫 Everdream,他们的业务做得风生水起,很快引起了 IBM、WebEx 等巨头的关注,不过赖夫没有将这家公司当成事业的终点,而是在 2006 年离开了。随后,赖夫和一个名叫皮特·赖夫的朋友筹划着开创新的事业。

皮特·赖夫是一个技术狂人,他能够将赖夫的很多构想转变为现实生产力,他们的关系正好形成了有效的互补。后来,他们将创业方向锁定在太阳能领域,为此拿出两年的时间去研究这个领域的动态。他们在参加了太阳能国际会议之后才确定了未来的业务模式:降低太阳能板的材料成本,让安装变得更加简单。

2006 年 7 月 4 日,林登·赖夫和皮特·赖夫以联合创始人的身份,在加利福尼亚州的福斯特城成立了 SolarCity(太阳城),它是一家致力于光伏发电项目的公司,这和马斯克的生态理念一致:人类使用的能源正在破坏着生态环境,而且将陷入永无休止的恶性循环之中,所以必须减少二氧化碳的排放量,广泛采用新能源。

由于马斯克一直关注清洁能源的开发和使用,所以在他的影响下,赖夫坚定了创立 SolarCity 的信心,他的企业也顺理成章地进入了马斯克的商业链条中。

众所周知,太阳能以资源丰富、可再生、无污染、安装便捷等优点成为未来主流电力的最优竞争者,不过具体到光伏制造业,情况就不同了。

光伏是太阳能光伏发电系统的简称,是通过太阳能电池半导体材料的光伏效应,让太阳光辐射直接转变为电能的一种新型发电系统。虽然从技术演进的角度看,光伏发电走在了时代的前列,却存在着成本高昂的天然缺陷。简单说,要想获得上佳的体验必须拿出高额的研发成本,这导致产品价格昂贵。受制于这个行业特点,进入光伏发电领域的企业,要么掌控核心技术成为领航者,要么一着不慎满盘皆输。不过,正因为有越来越多的企业意识到清洁能源的发展前景,在客观上促进了光伏发电业的发展,使很多组件的成本持续下降,对传统能源发电系统逐渐造成了威胁。

尽管光伏发电优势很多,但具体到用户的日常使用上,却又存在不少麻烦。通常,如果用户想要安装太阳能板就要做很多额外工作,不仅要考虑设备的安放问题,还要结合用户家里的光照条件,致使很多人对光伏发电望而却步。赖夫兄弟以此为突破口,准备改变行业现状。

SolarCity的成立,背靠美国的光伏扶持政策的有利条件,依靠吸引大量的税务基金对屋顶光伏发电系统进行投资。这会带来两个好处:一个是能够让投资人实现税收减免红利,另一个是依靠出租或者出售电力实现营收。和用户持有发电系统的模式相比,这是一种崭新的商业理念,也让光伏发电系统在美国全面铺开。

到目前为止,美国的光伏发电市场分为大型地面电站和居民、商业屋顶发电项目两大种类。全美各州的电力公司为了满足法律上提出的可再生能源的占比指标,长年投资大量地面光伏电站,忽视了屋顶光伏项目,导致后者在安装总规模上落后于地面光伏电站,不过考虑到它巨大的民用需求,其增长势头在未来会高于地面项目,这也是赖夫放长线钓大鱼的根本动力。

马斯克对SolarCity进行了资金上的援助,同时给赖夫提供了很多建议,后来他出任了SolarCity的董事长。当时,马斯克手头的资金几乎都用在了太空探索和电动汽车上,但他认为SolarCity和自己的商业理念一致,所以竭尽所能扶持它。

赖夫虽然成立了SolarCity,但公司自己不生产太阳能板,而是通过其他公司进行采购,公司将主要精力放在其他环节上。比如,他们设计了一套软件,能够分析客户目前的电费账单、房屋地理位置等因素,然后判断用户家里安装太阳能是否划算。此外,该公司还创造了一个财务系统,帮助用户以月租的方式在若干年之内租用太阳能板,让用户免去了搬家之后无法继续使用太阳能的后顾之忧。

2012年,SolarCity在纳斯达克上市,市场占有率排名第一,成为全美最大的太阳能板安装公司。随着中国的太阳能板大量涌入美国市场,太阳能板的价格大幅度下降,安装用户越来越多,SolarCity的利润也直线上升。虽然赖夫完成了他的初始目标,不过也引来了更多的竞争者,他们纷纷抄袭SolarCity的商业模式,对SolarCity构成了潜在的威胁。

2014年,SolarCity开始销售储能系统,其需要的电池组正是特斯拉制造的,这个系统可以帮助用户将收集的太阳能储存起来,在用电高峰时段切换为电池供电,由此节约一大笔电费。随后,SolarCity出资2亿美元收购了一家太阳能电池制造商,这意味着其经营策略发生了变化:不再向供应商购买太阳能板,而是自主生产,同时努力探索如何让能源的转化率进一步提高。

2015年,SolarCity设定的目标是每年安装2吉瓦的太阳能板并生产2.8太瓦的电力,力争成为全美最大的电力供应商。不过他们距离这个目标还差很远,而马斯克希望他们能够成为行业的领头羊。就在当年,赖夫和皮特·赖夫投入了大量资金,促使SolarCity的设备安装量上涨了73%,不过也造成了短期内的营业收益为负的尴尬局面。但是,马斯克并不介意短期内的收益如何,因为清洁能源代表的是人类未来的生活状态,需要经历一个过程,而盈利只是时间问题。

2. 谁在给空中花园蓄水

巴比伦空中花园被称为世界七大奇迹之一,之所以被人称奇,是因为人们无法想象它的恢宏气势,更无法想象它的建筑原理。同样,一个看似天方夜谭的商业构想,在构建初期也会被当成遥不可及的空想,只有敢于实践的人才有资格成为奇迹的创造者。

马斯克很早就意识到了太阳能是未来可以商业化的行业,因为太阳一个小时照射在地球表面的能量,相当于全球一年能源的消耗总量,未来人类必将大力开发这种能量来源。太阳能是马斯克统一场理论中重要的组成部分,所以他给 SolarCity 的分工是负责销售,而特斯拉负责生产电池组,这样一来,SolarCity 就可以免费给特斯拉的充电站提供太阳能板,让客户免费享受充电服务。这个商业模式也带动了很多特斯拉用户对 SolarCity 产品的关注,他们纷纷在家中安装太阳能板并开始适应这种新生活模式。

目前 SolarCity 面临的情况是,客户过于依赖政府的补贴,而这个政策能够持续多久还是一个未知数,因为当时美国政府表示,太阳能发电税收暂免只是时间问题,在 2012 年底之前将会逐步取消。美国有些州已经将传统电力公司的固定成本转移到了太阳能用户身上。另外还有一个不利情况。随着太阳能面板的生产成本降低,很多业主不再需要租赁而是直接购买太阳能板，这就让 SolarCity 的盈利模式遭到了冲击。

马斯克投资 SolarCity 的目标是"加速世界交通行业向使用完全可持续燃料转型"，但如果 SolarCity 不能在瞬息万变的市场环境中破局，那么他的清洁能源计划就会受到一定程度的阻碍，这时再想拉拢其他投资人将变得十分困难。

从 2012 年到 2016 年，SolarCity 累计亏损 20 亿美元，因为和大量用户签订了免费安装太阳能板的长期合同，这种业务模式注定前期要投入高额的成本，SolarCity 的债务远远超过它的收益。因为看不清未来的盈利方向，很少有投资者愿意追加投资，为此 SolarCity 发行了"太阳能债券"，利率达 6.5%，不断邀请之前的用户购买债券，当然，最先响应的还是马斯克。

2016 年 8 月，马斯克以个人名义购买了 SolarCity 6500 万美元的债券，在他的劝说下，SolarCity 的 CEO 林登·赖夫和首席技术官皮特·赖夫分别购买了 1750 万美元的债券，三个人总计购买了价值 1 亿美元的债券，算是帮助 SolarCity 解了燃眉之急。

2016 年 11 月 18 日，经过投票，SolarCity 同意特斯拉以价值 21 亿美元的股票将其收购，合并后的公司将由马斯克领导，成为特斯拉汽车公司旗下的子公司。然而，正是这次收购给马斯克带来了麻烦。2021 年，特斯拉的部分股东提出控告，称马斯克推动特斯拉董事会以高价收购 SolarCity 公司，目的是拯救他在该公司的投资，因此希望马斯克归还他在收购中获得的特斯拉股票（粗略价值为 130 亿美元）。2023 年 6 月，特拉华州最高法院裁定马斯克给出的收购价格是合理的，这场持续数年的风波终于尘埃落定。

现在来看，SolarCity 更像是马斯克一个人的投资，毕竟它在马斯克未来的商业版图中占据了重要地位。不过，要想让别人也一样相信 SolarCity 的发展潜力，SolarCity 就不能安于现状，要推出能够让大家买单的产品并让投资者相信它创造价值的能力。

2016年10月26日,马斯克亲自为SolarCity的新产品"太阳能屋顶"站台,向大家介绍该产品的全新功能。当然,他不只是扮演一个解说员的角色,而是让大家关注清洁能源,关注SolarCity的发展前景。

太阳能屋顶从设计理念上打破了常规,它被专业人士称为"光伏建筑一体化",这并非是马斯克的创意,但是被他合理改造了。所谓的太阳能屋顶,就是在目标建设的过程中,让光伏产品和建设项目高度融合而不是后期添加。根据相关市场调查,有75%的用户更青睐这种方式。到目前为止,市场上常见的建筑一体化模式有半透明的太阳能玻璃、被集成到屋顶的电池镀膜以及柔性薄膜电池制作的屋顶等。

虽然光伏建筑一体化很早就出现了,不过马斯克是第一个将这种概念型产品转化为生活用品的人,这和他的"超级工厂计划"(旨在降低特斯拉生产成本的大型工厂,比如目前建成的超级电池工厂)相契合——太阳能屋顶是超级工厂的主要产品之一。如果该产品能够热销,就等于提前为超级工厂获取了订单。

SolarCity的商业思路是和特斯拉的"加速地球向可持续能源转化"的战略高度匹配的,因为特斯拉并非只是一家电动汽车公司,还兼具清洁能源整合者的定位,这也是马斯克寻找新能源方案的根本出发点。

虽然SolarCity目前的业绩很不理想,然而马斯克却对此信心满满,他算了一笔账:仅在美国就有4500万户家庭的房顶可以替换为太阳能屋顶,而扩大到全球这个数据将是9亿,这些都可能在未来并入特斯拉式的服务计划中,也就是说让购买特斯拉电动车的用户同时购买太阳能屋顶,这种隐形的"搭配销售"很可能成为一种趋势。

马斯克竭尽全力地为SolarCity搭桥铺路,将每一个发展步骤都转变为一个庞大计划中的组成部分:第一部分,SolarCity要生产美观实用的太阳能板,这个实施难度并不大,目前正在进行中;第二部分,特斯拉会继续丰富电动汽车的产品线,满足不同消费者的使用需求;第三部分,推广自动驾驶技术，让车辆成为车主在闲置时期的赚钱工具。从这个计划表可以看出，SolarCity 扮演了桥头堡的角色，如果它不能产出有竞争力的太阳能板，会影响到特斯拉电动汽车的销售。

太阳能屋顶结合了能源的再生和存储利用，背靠特斯拉这个新贵品牌，正在吸引更多的投资者和消费者。或许这个计划在推动的过程中会遭遇各种障碍，不过马斯克也一定作出了风险预案。对 SolarCity 来说，目前最需要的不仅是资金，还有时间。虽然传统电能霸占着当前的消费市场，但是人类对完美产品的体验欲望是不变的，这就是 SolarCity 存在的价值。

能源是马斯克改变世界的宏远计划之一，也是他布局新能源市场的重要组成部分，虽然从目前的状况来看，户用光伏金融企业的融资规模已经从 2021 年的 163 亿美元锐减至 2022 年的 78 亿美元，其中光伏贷款融资受到的打击最大。但是对马斯克来说，SolarCity 仍然具有发展潜力，毕竟在他解决了登陆火星（SpaceX）和如何在火星上移动（Tesla）这两个问题之后，下一个该解决的问题就是如何获取能源了（SolarCity）。

3. 赤裸裸的圈钱有什么可耻？

　　大部分创业者的成就发端于 ppt，但是能走多远就差别迥异了：有的止于 ppt 关闭的那一刻，有的止于第一桶金花完之后，也有的止于融资上市……马斯克之所以在推特上有两千万的粉丝，不仅在于他拥有惊人的脑洞和广阔的视野，更因为他有着特殊的生财之道。

　　特斯拉从上市以来，公司的流通股数量翻了一番，尤其是 2011 年中、2012 年下半年、2013 年中以及 2016 年中等时间节点在证券市场上呈现出的增长速度，成为股民们津津乐道的话题。当然，证券市场是一把双刃剑——特斯拉能够被炒高也会被做空。所以，马斯克不会将股票当作是圈钱的唯一手段，否则很可能会惹祸上身。

　　马斯克曾经发行了 15 亿美元的债券，用于特斯拉的投资再生产。另外，每年收取的特斯拉跑车的定金也成了融资的另一条渠道。不过，这些并不能证明马斯克是一个财迷心窍的葛朗台，只是因为特斯拉和 SpaceX 都处在对资金极度渴求的行业，尤其是特斯拉，虽然每年销量都在增长，但它的亏损率也一路高涨，这倒不是马斯克的经营战略出了问题，而是他一直在投资超级电池工厂，由此"吃"掉了大量的利润。

　　回顾特斯拉的运营历史，几乎无法找到有清晰盈利的某个时间段，它的业务属性很难产生正向的现金流,其资金大多是来源于证券和债券市场。按照目前这个态势,未来几年内,特斯拉的债券总额将达到100亿美元,负债总额将积累到200多亿美元,只有少部分债券能通过债转股的形式消化掉,前提是特斯拉的股价保持良好态势,否则形势会更加严峻。

马斯克深谙圈钱之道:圈钱要先树立口碑和知名度。因此,马斯克总是不遗余力地制造各种吸引眼球的新闻来提升特斯拉的股价,由此被一些人质疑是庞氏骗局的2.0版本。当然,这种指责并无根据,因为特斯拉不是传销组织,而是创新型的实业,这和庞氏骗局有着本质上的差别。

特斯拉的战略愿景并不是做一家汽车公司,而是成为开发新能源的综合型企业。只要人类的能源危机存在,特斯拉的存在就有意义,不会在短期内破产,因此马斯克会凭借各种手段为特斯拉输血打气。

有人将马斯克比作美国版的贾跃亭,事实上二人走的是完全不同的商业模式:乐视设定的目标并不具有内在的逻辑性,所推出的产品也是伪创新的,而马斯克瞄准的商业方向都是符合人类社会的长远利益的,这就是他圈钱的底气。

从另一个角度看,特斯拉的发展史也是马斯克的融资史。2004年,马斯克对特斯拉投入了750万美元的资金,随后在第二轮融资中,特斯拉又获得了1300万美元的融资。2006年,特斯拉获得了第三轮4000万美元的融资,马斯克同样也投入了一部分资金。2007年,特斯拉在第四轮融资中获得4500万美元。2008年是特斯拉最困难的时期,即便如此还是筹集到了4000万美元,避免了破产。到2009年,特斯拉一共募集了1.87亿美元。

2010年6月29日,特斯拉完成IPO,开市当天股价就上扬41%,募集到2.26亿美元的资金,而在2009年特斯拉还亏损了5.57亿美元,特斯拉拥有了上市平台,获取资金的渠道就更广泛了。

特斯拉有一个天然的优势:它的产品概念符合美国的能源战略,所以在 2009 年获得了美国能源部 80 亿美元的低息贷款,这笔巨款成了其研发新车型的主要资金。此外,特斯拉还有来自州政府和联邦的各种补贴,总计 49 亿美元。

马斯克圈钱的精明之处在于,他先让社会看到希望,让投资者看到回报的可能。他创立了 SpaceX,帮助 NASA 解决航天事业停滞不前的情况。他也看到了环保问题和能源危机,所以有了特斯拉和 SolarCity,这就让他圈到的每一笔资金都可以看成是对新技术的投入。从 2013 年到 2017 年,特斯拉总计发行了价值 122.64 亿美元的股票/债券,马斯克源源不断地从资本市场上获得真金白银。

2018 年是马斯克圈钱最困难的一年,因为发生了自动驾驶汽车的死亡事件,一定程度上影响了特斯拉的口碑,甚至让特斯拉遭遇了"信仰危机"。另外随着产能的提高,特斯拉流水线"烧钱"的速度也加快了——每分钟的运营成本高达 6500 美元,现金存量接连 5 个季度呈现负数。通过 2018 年第一季度财报可知,特斯拉净亏损值高达 7.85 亿美元,同比增长两倍。

现实困境让媒体不断唱衰特斯拉,马斯克唯有不断为它输送养料才有翻盘的可能,于是就形成了一个怪圈:烧钱让特斯拉处于破产的边缘,而只有继续投钱才能把它从绝境上拉回来,而一旦情况好转,又会"吃"掉大笔资金。这种尴尬的局面让马斯克不得不动用一切手段遏止特斯拉的颓势——从真金白银的融资到网络上的激扬文字,一个是撬开投资人的口袋,另一个是给投资人吃定心丸。

2018 年 7 月 10 日,上海市政府和特斯拉签署合作备忘录,之前马斯克宣称在中国建厂的消息得到了证实:特斯拉将在上海临港投资 50 亿美元,这也是特斯拉在美国之外建造的第一个超级工厂。2019 年 1 月,特斯拉上海超级工厂正式动工。随着新能源汽车概念的逐步深入人心,特斯拉在中国的销量也稳步增长,尤其是步入 2020 年后,特斯拉的拳头产品 Model 3

接连数月成为中国新能源车的销量冠军,这一点足以证明特斯拉在中国已经大范围地"圈粉"了。

马斯克在中国建设超级工厂,既有战略因素的考量,也是为了让公众看到特斯拉未来的盈利能力。至于建厂的资金,马斯克并不发愁,因为他可以通过向当地银行贷款的方式获得,这样做的好处是不会稀释他的股权,确保他拥有足够的掌控力,符合他的一贯作风。

2018 年,美国证监会对马斯克进行了调查,认为他如果不能证明资金的来源将面临操纵市场的民事或者刑事诉讼。这个事件发端于马斯克宣布有意将特斯拉私有化之后,特斯拉的股价上涨了 10%,这对股民来说无异于打了强心剂,但是对一些投资者来说,他们认为马斯克是在开空头支票,制造虚假繁荣。在此之前,马斯克在推特上公开表示:如果特斯拉股价能够达到 420 美元将考虑私有化,他将出资 710 亿美元回购这些股票,但是马斯克也表示,如果投资者能够留在特斯拉也可以继续成为股东。

马斯克又一次把自己推到了风口浪尖上,现在公众的聚焦点在于他的 710 亿美元从何而来。对此,马斯克并没有给出解释,华尔街的投资人也没有分析出可能的来源,不过还是有相当多的人相信马斯克不是开玩笑,只是他还没有亮出底牌而已。这起私有化事件因为充满了悬念和争议,被媒体称为"融资门"。

无论这 710 亿美元出自哪里,马斯克的所作所为无非是想提振特斯拉在证券市场上的表现,因为 2018 年上半年,特斯拉一直受到产能瓶颈的掣肘,影响了一部分人对它的信心,这对它日后发行债券是极为不利的,所以马斯克有责任创造令人期待的良好前景。事实上,如果没有人能证明马斯克拿不出 710 亿美元,这种言行就不构成欺诈。更何况,马斯克并非第一个用社交媒体发布公司重大事件的高管,流媒体巨头 Netflix 的 CEO 就曾经在 Facebook 上公布了 Netflix 的浏览量数据,结果也遭到了美国证监会的调查。

纵观马斯克的商业发展路径,不难发现他的融资方式天然充满着争议性,因为他的很多商业理念要用时间去证明,而不能用当前的市场占有率去证明,更不能用产品概念去证明。但是为了尽快达成目标,马斯克离不开巨额资金的长期供给,这就让他在圈钱的道路上越走越远。但愿,他最终能够用事实证明自己。

4. 把你们的时间交给我

时间管理是企业的必修课，也是领导者运筹帷幄的基本技能。如果没有以时间为轴线去量化工作，任何投入和努力都可能变得缺乏方向性，失败的概率会进一步增大。

当 SpaceX 在技术领域中不断探索之际，马斯克也从一知半解变成了专业人士，这源于他的自我反思和自我激励。在 SpaceX 成立初期，由于马斯克是个门外汉，所以购买了很多无用的设备，导致大家对他的管理方法产生了质疑，后来马斯克也逐渐意识到这对经营是不利的，他开始学习火箭领域的基础知识，他不能将自己仅仅定位为 CEO，还要求自己能和工程师们进行无障碍的沟通，这样才能促进公司管理模式的专业化。

火箭技术比汽车更专业化，不经过专门的培训很难掌握，但是马斯克生来就有一种顽强的好学精神，每当他有问题想不通时，就会在公司里随便拦住一个工程师询问，一开始大家以为他是在故意测试自己的专业能力，后来才发现这是马斯克在恶补专业技能。马斯克这种求知欲疯狂到了常人无法想象的程度，他差不多能将别人掌握的 90% 的知识都吸收到大脑中。

马斯克拥有超人的学习能力，他的记忆力堪比计算机，能够快速学习之前从未接触过的知识并把它们牢牢熟记在脑中。虽然记忆力并不是人类最引以为傲的技能，但是对于一个 CEO 来说，能够不借助计算机和他人提醒就能快速地提取知识，能够给员工一种神秘的威力，让他们无法预知马斯克究竟掌握了多少知识。和普通人相比，记忆力往往会随着年龄的增长呈现衰退的迹象，而马斯克却不受这一规律的影响，堪称奇才。

除了拥有强大的记忆力之外，马斯克还具备出色的时间管理能力。他管理着两家公司，每天都要面对数不清的项目和各种杂事，如果不能将其按照轻重缓急的顺序去处理，将给他造成困扰。还好马斯克能够充分认清时间的价值，可以快速地将需要处理的问题排列出优先等级，而他的时间表也是最积极的，让很多工作狂都为之恐惧。

马斯克赋予 SpaceX 和特斯拉的运行原则就是：高效再高效，用速度去争夺市场，用效率去击败对手。

马斯克之所以重视速度和效率，这和特斯拉之前遭遇的交货困境不无关系，因为 Roadster 无法按时交货，很多媒体都对他进行嘲讽，认为他是一个"拖延大师"，总在用各种借口来搪塞客户。实际上，延迟交货并非马斯克所愿，是不利的客观条件造成的，毕竟马斯克的职业经历源自硅谷，和汽车制造业存在着较大差距。马斯克能够知道一行代码所需要的编写时间，但他无法计算一辆汽车的出厂时间。

当然，延迟交货是普遍存在的现象，但是马斯克并不会因为别人和他犯同样的错误而觉得自己无辜，他希望能够赶超他人，这才能凸显他的企业的竞争力。在马斯克的带动下，SpaceX 的工程师们也在努力探寻和时间赛跑的技巧，因为他们知道这不仅是完成任务的必要条件，也会影响自己在马斯克心中的地位。

一般的企业，项目计划书、月度总结表这些文字类的东西，都是按照每天或者每个星期为单位来编写的，但是在 SpaceX 则不同，很多员工会尽量缩短时间，因为马斯克的要求往往是以分钟为单位的，稍有怠慢就会引起他的不满。在马斯克眼里，一个人似乎不需要吃饭或者上厕所，应该整日坐在办公桌前或者蹲在工厂里。

马斯克是一个能够有效驱动员工的时间管理大师，这并非是单纯依靠强权和高压来完成的，而是一种洞悉人心的技巧。马斯克从来不会要求员工在某月某日完成某项工作，而是会询问员工是否能够在某月某日完成某项工作，这样一来，马斯克对时间的紧迫要求就变成了对方展示个人才华的机会，很多人都会不由自主地表示能够做到，从而体现自身的价值。

在马斯克眼中，一个人不管有多么出色的能力，都应当通过持续性的工作来体现，而不是作用在某一件事上。换句话说，与其证明你在一个小时内做出的成就不如证明你在一个小时内的工作效率。

SpaceX 的"龙飞船"能够在 4 年的时间内完成复杂而艰巨的设计任务，是人类航天史上的奇迹，这得益于马斯克对员工们的时间管理驱动。在这个项目开始时，马斯克亲自带队，而他手下的工程师们并非经验丰富的老将，还是一群还不到 30 岁的新人，这种年龄结构很有硅谷的风格，也意味着马斯克不能依靠他们的经验走捷径，只能激发他们的工作斗志。比如，如何让"龙飞船"具有更强大且造价低廉的隔热性能，这是工程师们经过实践完成的技术突破，让"龙飞船"的整体造价远低于其他飞船，马斯克起到了极为关键的引导作用。

虽然马斯克是门外汉，但是他敢于给员工布置难以完成的任务，这并非是他盲目乐观，而是他清楚对方有能力完成，只是缺乏足够的驱动力。在制造猎鹰 1 号的时候，SpaceX 需要能够触发平衡动作的设备，但是工程师们之前都没有接触过，于是就找到供应商询问报价，结果发现价格太高，马斯克就要求团队自己设计，最后用了 9 个月终于完成设计，为 SpaceX 的低成本航空奠定了基础。从那以后，SpaceX 遇到供应商要价过高或者供应链压榨过于严重的情况时,都会考虑自主生产,这得益于马斯克对团队的高要求。

因为马斯克对成本有着高标准和严要求,所以他希望工程师具有相同的思维。凯文·华生进入 SpaceX 之前参与喷气推进实验工作,一直致力于设计造价低廉的能够用于太空运算的计算机,他在接受马斯克的面试时两人心有灵犀:马斯克希望火箭的计算系统成本低于 1 万美元,而在航天界的市场价是 1000 万美元,看似异想天开,然而华生却认为可行。最后,华生在最短的时间内设计出了一个名为 CUCU 的廉价通信装置,后来被安装在了猎鹰 9 号上,帮助火箭及时处理某些故障,成为属于 SpaceX 的专利技术。

在外界看来,马斯克的工程师团队并没有多少专业人才,他们只是一些掌握了初级或中级水平的技师而已,但是 SpaceX 还是能够突破能力上限,这和马斯克的时间管理驱动不无关系,他能够让员工在执行命令时确保成本的最小化和效率的最大化。因为马斯克对开销超过 1 万美元的申请都要亲自批复,这就迫使大家在提交申请前考虑能否进一步降低成本,否则可能会被马斯克痛骂一顿。

这种工作方法看似专断,但确实能够有效驱动 SpaceX 在完成项目时更精确、更具目的性。相比之下,在规模上和资金上都超过 SpaceX 的很多同类企业,往往因为机构臃肿和效率不高,难以在短时间内完成制造新设备的任务。

领导者的知识体系决定了他所采用的工作方法,也在一定程度上约束了技术人员,让他们不敢怠慢,因为领导者知道他们在干什么,也了解每一笔采购费用是否含有水分。正是基于这种工作方法,才让 SpaceX 创造出了一个让人叹为观止的测试台。

这个测试台的作用是对火箭所需的零部件进行检测,比如电子设备、推进器等。工作人员可以将零部件设备放在金属制成的台面上，然后对部件的功能进行模拟再现，从而减少不必要的实测工作，控制成本。对于那些整日忙碌的工程师来说，如此方便的自检设备节约了他们的时间，不必让他们频繁地往返于公司和试验基地，也能让他们更清晰地了解火箭的性能和存在的问题，提高发射的成功率。有一次，一位工程师在发射前的几个小时突然发现了一个软件中存在代码错误，于是立即进行修改并测试了对硬件的影响程度，最后确认没有任何问题，这才放心大胆地进行正式发射，前后不超过半个小时，由此可见该测试平台的强大功能。如果换做其他公司，常规的解决时间长达几个星期。

时间就是效率，而效率源自正确的工作方法。对于 SpaceX 来说，工作方法也不是一成不变的，马斯克会根据实际情况进行调整，他会通过电子邮件群发的方式告诉员工他正在推行的新策略。在马斯克眼中，这些策略可以是火箭发射器上的一个重要程序，也可以是某个工程师的口头禅。有一次，马斯克在群发邮件中提到，大家在工作中使用自创缩写词成为一种潮流，虽然对经常打交道的内部人士来说也许不存在障碍，可一旦交流范围超越了工作组、小团队乃至部门之后，这些缩写词就会造成阅读障碍，SpaceX 需要给每一个员工都发一张缩写词的对照表，让大家在文字沟通之前先弄清对方要说什么。

马斯克的担忧不无道理，SpaceX 每时每刻都在壮大，总有一些新员工加入，所以当使用自创缩写词成为一种潮流之后，会加深员工之间的沟通壁垒，从而降低工作效率。为此，马斯克明确提出，除非得到他的允许，否则任何人都不准使用自创的缩写词汇。

一件看似无关紧要的小事，反映的却是马斯克有错必纠的态度。在他的认知体系中，事无大小之分，只有对错之别，一个看似微不足道的缩写也许会导致一次沟通出现偏差。为此他会毫不客气地批评犯错误的人，他要让所有人都明白，工作方法都是为了提高工作效率而服务的，凡是阻碍效率提高的行为都必须禁止。

由于马斯克事无巨细地管理着SpaceX，让大家在做每一件缺乏案例参考的事情时，都会诚惶诚恐地去找马斯克请教，为的就是从他那里得到正确的指示。如果某个人在某个项目中作出了严重的失误判断，马斯克会直接将他踢出团队改由自己负责。最重要的并不是他这种雷厉风行的态度，而是他能够胜任任何岗位和项目，因为他对SpaceX上上下下了如指掌，这成为他"独断专行"的基础，也成为SpaceX能够后来居上的资本。

5. 榨干他们的想象力

人才为企业提供的最有价值的并非劳动力，而是想象力。当然，高价值的想象力是建立在熟练技术和专业精神之上的，而非天马行空的胡思乱想。符合理性原则的想象，能够转变为生产力，加速企业的发展。

SpaceX 代表的不仅仅是一种廉价科技的进化，更是一种旨在为人类服务的商业视角。马斯克关心的不仅是把卫星送上太空，而是要让人类的梦想一起进入太空，这样才能真正改变人类的生存现状。虽然在外人看来这是一种疯狂的念头，但正是这种狂想给 SpaceX 注入了发展的无限动力。

新的太空竞赛悄然开始，马斯克正在消除那些负面的工作思路，他要把新一代的航天理念一起送上太空，SpaceX 由此成了一个行业搅局者。事实上，传统的航天承包商从来没有什么远见，他们只关心每年能够从政府或者其他私人企业手中获得多少订单，赚来的钱也不会用于研发，而是分给股东变成豪宅、跑车以及私人飞机。马斯克不屑于做这样的企业，他要让 SpaceX 变成一家走在尖端的企业，他手下的员工也不只是雇佣工人，而是充满了奇思妙想的艺术家。

在人才储备上，马斯克倾向于招收刚从学校里毕业的学生，虽然他们没有经验，但是能够接受 SpaceX 的企业文化，当然这并不意味着马斯克对有工作经历的人才存在排斥感，他对那种在工作和生活中都有出色表现的工程师同样十分欣赏。其实无论是否有职业背景,人才的关键价值在于是否能够和团队通力配合,而这往往决定了企业的成败。当然,马斯克在选择人才的时候,也难免会有一些主观上的偏好,比如他欣赏那种从小喜欢做各种小器具的人。

招募人才并非易事,不是单靠高薪就能吸引过来的,也不可能每个人才都会主动上门,有时需要人力资源部门主动去挖掘。在这个环节上,SpaceX 有一个很好的方法,他们通过搜索相关的学术论文去寻找工程师,这样锁定人才既符合 SpaceX 的技术要求,也能找到志同道合的战友,免去了一边工作一边磨合的麻烦。有时候,SpaceX 也会主动出击,将高校实验室中的优秀人才挖走。即便是在一些研讨会上,SpaceX 的人力资源部门也会偷偷挖走他们看中的人。随着 SpaceX 名气的提升,被选中者也像中了头彩一样高兴。

马斯克在选人才的时候,注意面试和考试同步进行:面试是了解彼此,作为一个基础性的信息呈现;考试则是检测一个人的专业能力。对工程师而言,SpaceX 所出的题目都不简单,比如其他公司的软件工程师只需要现场写十几行代码,而 SpaceX 的工程师就要多写上几十倍甚至更多,然而通过这些测试还没有结束,应聘者还会被要求写出自己为何在 SpaceX 工作。

虽然选拔过程比较挑剔,然而一旦入选,这些幸运儿就有机会和马斯克面谈。尽管公司的规模日益扩大,马斯克还是会亲自参与面试,哪怕是门卫他也必须亲自面谈。当然在这个环节中,有些人会表现得比较紧张,不过马斯克却收放自如,他会继续做手头的工作,然后很随意地和对方来一场对话。

有些面试者会认为马斯克说的话很难懂,当然也有人会觉得那些话非常精彩,这是因为马斯克的谈话都是随机性的,他不会用同一种方式去和无数个面试者沟通,但只有一个问题是不变的:"你站在地球表面,往南走 1 英里,往西走 1 英里,再往北走 1 英里,刚好回到原地,请问你在哪里?"标准答案是北极,这对于受过高等教育的工程师来说完全不是问题,但是马斯克不会就此停止,他会抛出一个新问题:还有可能在什么地方?这个备选答案是在南极附近。

这个答案听起来简单,但并非所有面试者都能答对,不过马斯克不会就此判断对方的能力或者智力出了问题,因为这是一个很容易被多数人忽视的答案,他会耐心地给对方讲解,而且他要得到的不是答案,而是一个人在面对难题时的解决态度。

对于求职者来说,SpaceX不仅薪资待遇很好,而且前景光明,同时也意味着进入这里要经受非人的考验,人力资源部会告诉他们:SpaceX的员工要具备勇于接受挑战的精神,否则就不配来这里。回想起马斯克当年在夸贾林的艰苦岁月,就不难发现这是已经植入SpaceX企业文化中的精神内核,因为探索太空本身就是人类最富有挑战性的工作,绝不是单纯依靠智力和体力就能胜任的,更需要有一种坚忍不拔的意志,这也是支撑马斯克从困难走向成功的关键。

很多求职者认为,但凡企业提出的战斗精神,不过是随口一说而已,工作和工作不会有太大的差别,然而事实并非如此。当久经考验的求职者正式进入SpaceX之后,才发现人力资源部门给他们提出的要求不是在开玩笑,大部分人在入职之后的几个月就黯然离去,不是因为工作环境压抑,而是工作强度太大——几乎每个岗位都要在一个星期之内工作90个小时以上,这对于初出校园的学生来说太具有挑战性,而那些有过职场经历的人,通常也没有从事过如此高强度的工作。另外,马斯克对员工的直言不讳也让一些内心敏感的人无法接受。

正是因为SpaceX的这种特殊企业文化,让公司的人员流动比较频繁,这个现象不仅体现在基层,也反映在公司的高层,但还是有一些追随者坚持了十几年的时间,工程师中也有能工作5年以上的"老兵"。促使他们坚定地留下来的原因不仅仅是热爱这份工作,也有对获得股权的期待——这不仅事关荣誉，也代表着利益。

成功的企业家往往都是优秀的演讲大师，他们具有鼓舞人心的能力，能够激发人们潜藏在内心的宗教式狂热，也能够唤醒被懒惰埋没的奋斗精神。马斯克无疑就是这样的领袖，他能够用"我们可以去火星"号召大家为这个目标而努力，也会让人一面承受着工作之痛一面不忍离去。最有意思的是，即便是离职的或者被解雇的前SpaceX员工，也会对马斯克崇拜得五体投地，或许在他们看来，自己没有最终留下不是马斯克的问题，而是他们自身不够优秀。

这大概就是SpaceX的信仰之力，一种让人牺牲小我而成就大我的强大力量。在这种力量的驱使下，SpaceX也拥有了和同行截然相反的工作思路。比如，马斯克在原则上不允许SpaceX对外采购零部件，这不单纯是节约资金，也是为了不让自己的命脉掌握在别人手中，但是从社会分工的角度看，SpaceX事必躬亲的做法也给自己找了不少麻烦，因为很多供应商在航天领域深耕多年，拥有成熟的技术和丰富的经验，在马斯克拒绝与他们合作时，就意味着SpaceX要从头开始，那么在初始阶段必然不会产生高效率，反而会频繁出错。

尽管如此，马斯克还是坚定地走上了一条自主生产的道路。SpaceX由此具备了生产主板、传感器等零部件的能力，极大地节约了成本，还帮助火箭减轻了重量。能够做到这一点，不仅依靠了工程师的想象力，也得益于马斯克的商业策略——SpaceX将现有的电子消费品改装为零件。在某些专家的眼里，这是一种很不专业甚至是投机的行为，然而事实上很多民用电子消费品的成熟度很高，只要稍加改造就可以应用于工业领域，比如特斯拉的电池组就是用笔记本电池改装而成的。

如此对比就不难发现，为何其他航天界的企业奋斗多年却成长缓慢，而SpaceX却能异军突起，这是因为马斯克少走了很多弯路，他既敢于向传统观念挑战，也敢于打破固定思维，所以SpaceX从上到下弥漫的是一种全新的商业特质，它符合业界的各项标准，又能够走出自己的捷径，而且按照这种态势发展下去，SpaceX 未来很可能成为行业的标准化模板。

SpaceX 在技术层面有了重大突破，这可以看成是硅谷精神在火箭工艺上的应用，比如焊接流程自动化，它是通过摩擦搅拌的新焊接方式，将巨大的金属板严丝合缝地焊接在一起，从而完成火箭主体的制造。这种焊接工艺在目前是最先进的，其焊接长度达到了 20 英尺。因为对火箭来说，焊缝是一种危险的存在，会随着火箭升空之后承受的压力增大而破裂，很多发射失败都是源自于此。SpaceX 掌握的这项焊接技术在密闭程度和稳定性上超过了传统的焊接方式。当然，摩擦搅拌这个概念并非 SpaceX 首创，其他公司也采用过类似的方法，但都是局限于小块的金属板件，从技术的成熟度来看远远比不上 SpaceX。

一项技术的革新往往要经历无数次失败，SpaceX 的工程师们也是通过多次测试才掌握了焊接大而薄的金属片的技巧，这就免去了利用铆钉和其他固定配件的麻烦，让火箭主体减少拼接工艺，确保在升空之后能经受高温和高压的考验，同时也减轻了火箭的重量，有利于成本控制。

马斯克并非航空领域的专家，甚至连一个技术员都算不上，而他招募的员工也并非个个都是精英，但是他运用独特的管理模式和残酷的工作强度，以魔鬼式的训练培养了一批优秀的人才，他们能够以反传统的思维方式去分析问题，在马斯克不断的"压榨"下，他们将想象力充分转化为生产力和创造力，让 SpaceX 在航天技术方面拔得头筹，成为让竞争对手甘拜下风的业内新贵。

6. 取代原版的"山寨"钢铁侠

在 SpaceX 的办公楼里,摆放着一个特殊的雕像,它并非马斯克本人,也不是某位科学家,而是一位源自漫画的虚拟角色——钢铁侠。

众所周知,"钢铁侠"是马斯克颇具霸气的称号。他之所以有这个称号,是因为人们将他和漫威电影《钢铁侠》中的主人公联系到一起,甚至有人认为钢铁侠的原型就是马斯克,那么事实真的如此吗?

《钢铁侠》电影改编于漫威公司的同名漫画,第一次亮相是在 1963 年 3 月,漫画的主人公是托尼·斯塔克,一个亿万富翁和军火商,为人风流倜傥。从时间上看,马斯克不可能是钢铁侠的原型,根据作者的描述,真正的原型应该是霍华德·休斯。

霍华德·休斯生于 1905 年,于 1976 年去世,也是一个世界级的富豪,他是集航空工程师、企业家、电影导演、飞机大王等多个头衔于一身的传奇人物,研发了很多高科技尖端产品,推动了人类科学技术的发展。

2007 年,导演乔恩·费夫洛开始拍摄《钢铁侠 1》的时候,租用了休斯飞机公司的一片建筑群,这家公司正是霍华德创办的,曾经是美国最重要的航天供应商。据说,钢铁侠的扮演者小罗伯特·唐尼在实地参观之后灵感大发,破败的景象也让他触景生情。不过让人遗憾的是,毕竟休斯已经去世,唐尼无法和他沟通,不能了解这段传奇人生背后的细节。后来,唐尼听说了马斯克的故事,他忽然发现马斯克比休斯的故事更加典型——他同样建立了现代工业王国。因此,唐尼想从马斯克身上汲取新的灵感,他对乔恩·费夫洛说,演好钢铁侠最好能和马斯克聊聊。

和休斯相比,马斯克也热衷于开发高科技尖端产品,无论是颠覆传统汽车概念的特斯拉电动汽车,还是能够实现人类太空旅行的SpaceX,包括后来的SolarCity和超级高铁,这些都和钢铁侠托尼·斯塔克的人设非常接近,甚至可以说,世界上除了马斯克,再也找不出第二个人设如此接近漫画主角的人。

在《钢铁侠》的剧组成员看来,马斯克更接近钢铁侠的现代形象,马斯克的生活就是托尼·斯塔克的生活。乔恩·费夫洛为了丰富角色的内涵,让电影更能撼动人心,于是帮助唐尼和马斯克建立了联系,让马斯克成为"活体素材来源"。

所幸,马斯克本人也对拍电影很有兴趣,他不仅为《钢铁侠》剧组提供了拍摄场地——SpaceX总部的厂区,还友情参演了《钢铁侠2》,在电影中扮演了一个叫"埃隆·马斯克"的人。在电影中,傲慢无比的托尼·斯塔克看见他之后,居然绕过桌子主动过去和他握手聊天,可见钢铁侠对"马斯克"这个人物的尊敬程度。

事实上,唐尼和马斯克在拍摄之前就建立了较为亲密的关系。2007年3月,唐尼来到SpaceX的总部,马斯克亲自陪同他参观了工厂,这让见多识广的唐尼也深有感触,他说自己原本不是一个容易被感动的人,但是马斯克缔造的SpaceX让他为之震撼。更让他震撼的是SpaceX员工努力工作的状态,几乎每个人都像马斯克那样充满了激情。所以,唐尼觉得马斯克和他的商业帝国都是与众不同的,有些景象可以直接应用到影片中。

当然,对演员来说取景是次要的,了解角色的内心世界和情感才是第一位的。经过一段时间的接触,唐尼认为马斯克不像外界说的那样桀骜不驯,他是一个可以和员工共同工作的人,而且又不像那些不修边幅的程序员那样满身汗味。后来，唐尼回到摄影棚拍摄时，要求导演在钢铁侠的工作室里摆放一辆 Roadster，等于帮助特斯拉做了广告，同时也将托尼·斯塔克的社会地位提高了——他能在别人苦苦等待出货之前拥有极其稀少的 Roadster，而唐尼这样做的主要目的是让钢铁侠和马斯克的形象更为靠近。

马斯克给了唐尼灵感，同样《钢铁侠》电影也赋予了马斯克全新的形象，人们对他的认识从创建 PayPal 的企业家变成了同时拥有特斯拉和 SpaceX 的脾气怪异的富豪商人。

其实，马斯克到底是不是钢铁侠的原型，漫威的粉丝都非常清楚，可仍然有这种说法流传出来，恐怕这是和《钢铁侠》的导演乔恩·费夫洛说过的一段话有关："在将漫画英雄人物、制作了飞行盔甲的花花公子发明家托尼·斯塔克搬上大荧幕时，我头脑中想到的人物原型就是马斯克。"

从角色的性格和经历上看，托尼·斯塔克确实更接近马斯克，毕竟霍华德生活的年代距离现在太远，很多科技产品的设定无法满足目前观众的观影需求，所以马斯克更符合人们的预期，也有不少人把他视为当今世界的超级英雄。

对于钢铁侠这个称号，马斯克也欣然接受，不过在是否符合原型特征这个问题上，马斯克说："我和斯塔克之间仍然有许多不同点，我感觉我似乎像斯塔克爸爸更多一些。"总之，马斯克十分享受被人当作钢铁侠原型这件事，因为他的曝光率得到了提高，他的工厂也借由电影成为一些科幻迷心向往之的神秘所在。

马斯克和钢铁侠制作团队的联系并没有就此结束。2013 年，马斯克在互联网上传了一段有关全息投影手势操控的视频，他说这项新技术的灵感来源于《钢铁侠》中的一个片段：托尼·斯塔克对家中的电子设备进行智能操控。在此之前，马斯克已经在推特上向乔恩·法夫罗透露，他会将全息投影技术转变为现实。这项技术利用 leap motion 控制器跟踪用户手势，同时借助 3D 眼镜、全息投影机以及提供现实虚拟体验的头盔等设备，让人类的操作从实体接触升级为隔空接触，重现科幻电影中的精彩片段。当然，马斯克开发它不是为了展示，而是在未来应用到 SpaceX 的火箭设计中。

马斯克和《钢铁侠》结下的不解之缘，对双方来说是共赢：制作团队获得了人物灵感、拍摄素材以及取景场地，马斯克赢得了免费广告、影视圈人脉和新粉丝，以及一个更具有传播性和感染力的称号。或许他会借助钢铁侠的口碑和人设来激励自我，创造出更多的科技奇迹。

7. 收购推特：看似"亏本"的战略大棋

2022年10月，马斯克以440亿美元的价格收购推特，接管公司后，就发布了一张自己抱着大水槽高调迈进推特总部大楼的照片，然后配上一行文字：进了推特总部了，let that sink in！（这个短语相当于中文的"你品，你细品"）。

从2022年4月首次提出收购推特到10月交易完成，马斯克对于这桩收购案的积极程度经历了U型曲线的变化，最终在10月回到了U的另一顶点。

这次收购不禁让人想起了2018年，当时马斯克表示自己计划以420美元每股的价格将特斯拉私有化，结果让他陷入美国证券交易委员会（SEC）和特斯拉股东的诉讼中。这个计划失败后，马斯克便将目标锁定在了推特并最终成功。

马斯克是推特的资深用户，早在2009年就入住推特，到2022年10月27日完成收购时，他已经发布了19873条推文，平均每年发布1500多条，以他的影响力，在推特也属于"头号网红"，每条推文都备受关注。

马斯克的个性注定了他能够玩转推特，他习惯在社交平台上当一个怪人，通过高密度且极具个人风格的推文将自己打造成反传统、反主流的带有科幻色彩的激进人物，由此吸引到了平时对汽车或太空兴致缺缺的群体,获得了人设营销方面的巨大成功。与此同时,随着他的欲望的不断膨胀,推特这个平台自身存在的问题却开始束缚他的脚步。

近年来推特一直被人诟病,主要表现在不听从用户意见、鲜少对产品功能进行升级改进等方面。马斯克的不少推文也是在批评推特的管理层,比如质疑推特的价值观、希望能重塑推特的生态等。总的来说,马斯克觉得自己没法在推特上畅所欲言,深感推特限制了用户的发挥。2022年3月26日,马斯克发推称:"(我们)需要一个新的社交平台吗?"对他发起的投票网友反响强烈,有网友建议马斯克要么直接把推特买下来,要么自己建立一个新平台。

其实,马斯克在发布这条"引战"的推文之前就开始了动作。

从2022年1月开始,马斯克就积极推进收购推特股份的事项,到了3月份他的持股已超过9%,在此期间,他频繁接触推特创始人杰克·多西,不过他却并没有公开收购的进展,而是活跃在互联网平台上发表对推特的各种看法与意见,为自己造势。进入4月,马斯克突然宣布收购了推特9.2%的股份,摇身一变成为推特的大股东。时任推特CEO的帕拉格·阿格拉瓦尔邀请马斯克加入董事会,不过被他拒绝了,与此同时,马斯克在个人账号上持续发布一些模棱两可的言论,引发外界的猜测。4月13日至4月14日,马斯克向推特董事会发去全资收购并私有化推特的要约,意图以每股54.2美元的价格收购自己尚未持有的全部推特股份并将公司私有化。随后,一场"抗马"战争正式打响,推特的部分大股东公开拒绝,小股东进行联合诉讼,董事会开启了大量发行新股以稀释马斯克股权的"毒丸计划"等。

4月18日至4月25日,马斯克宣布自己从包括摩根士丹利等在内的金融机构获得了超过250亿美元的债务融资和贷款承诺,同时宣布自己也将出资210亿美元。随后,推特董事会初步表决通过了收购意向。进入7月,马斯克忽然单方面宣布终止收购,推特发起诉讼强卖,将马斯克告上特拉华州商事法庭。10月4日马斯克履行合同,经过几番交战后,最终在10

月 27 日完成了收购。

收购推特是一幕多次反转、矛盾复杂的斗争大戏。推特董事会、大股东、小股东和摩根士丹利等主要或次要角色都在推动着剧情。虽然"抗马"运动声势浩大,但是推特经营亏损的现状是不争的事实。近年来,推特的商业化之路相当不顺,自 2019 年以来就未再盈利,同时用户活跃度也不断下降,表现远远不及 Meta。在马斯克开始收购之前,推特 2022 年第一季度实现营收 12 亿美元,同比增长 16%,看上去还不错,然而公司的成本和费用就高达 13.3 亿美元,运营亏损达 1.3 亿美元。

综上所述,推特被收购只是一个相互博弈所需要的时间问题,更何况马斯克私有化推特的整个交易总金额高达 440 亿美元,而推特当时的市值一般被认为只有 350 亿美元。

目前单从收益的角度看,马斯克收购推特似乎很不划算,不少媒体认为他收购的时机选得不好,是在商业周期的顶峰对推特进行了偏高的估值。2023 年 3 月,在马斯克写给员工的信息中透露,他估计推特的市值已经跌至 200 亿美元左右,不到他 10 月份支付的 440 亿美元的一半。

实际上,马斯克在收购推特以后,推特的财务状况似乎变得更加糟糕,这是因为他对该平台的运营进行了重大调整,导致大量广告商撤回或减少投入。马斯克透露,推特的广告收入下降了 50%。通过出售 Twitter Blue 订阅来提振收入的努力到目前为止尚未成功。尽管如此,还是有人洞察了真相:马斯克看上推特不是因为它的营收,而是因为它相对便宜。那么,这就要回归一个根本问题了:马斯克为什么要收购推特呢?

马斯克其实是一个网瘾很重的中年人,早些年他喜欢报纸、杂志、电台等传统媒体,总是争取被报道的机会,进而打造先锋企业家的形象,但是后来因为树大招风,总被一些媒体和记者写黑稿攻击,最终他发现,推特能给他带来信息平权,让关注他的人能够直接通过推特了解他、他的产品以及他的梦想,他可以通过推特对大众展示一个生动鲜活的企业家形象。当然，随着对推特的黏性的不断加深，马斯克发现这里并非是真的"信息平权"，而是存在着大量的信息垄断、信息霸权，于是在他上任后，解雇了包括推特 CEO、CFO、信任和安全主管内的多名高管，同时把推特员工从将近 8000 人裁到了 1500 人，这是因为马斯克认为很多部门人浮于事，干着违背信息公平的事情。特别值得一提的是，有一个叫"trust and safety"（信任与安全）的部门，负责给传统媒体发平台认证，以增强其"权威性"，而这个部门被马斯克直接砍掉了。

2022 年 4 月 14 日，马斯克在接受 TED 采访时表示，他收购推特并不是为了赚钱，而是因为"文明正在面临风险，推特对民主的运行至关重要"。马斯克自称是言论自由的绝对主义者，他一直认为推特没有公开自己的推荐算法，其中存在着幕后操作，比如"shadow ban"（有"影子封杀"的意思），这些行为都是在刻意引导舆论、混淆是非，是典型的平台霸权，比如美国前总统特朗普账号被封就和民主党对推特的影响力有关。

当然，不假思索地认为马斯克收购推特不是为了赚钱肯定是轻率的，但也不能简单地把收购推特理解为马斯克给自己做广告，因为这样就把他的格局看得太小了。其实在马斯克眼里，所有信息都应该一视同仁，正邪与否不是由平台来决定，而是由用户自行判断。总的来说，马斯克反叛的是西方世界的传统势力，这种权威是西方世界内部的，也是帝国式笼罩全球的。

马斯克曾经对微信的集成化大加赞赏，在他看来，能将社交媒体、支付、游戏，甚至叫车、订票服务集合在一起，这能增加多少订阅量呢？对马斯克来说，做一个高度集成的超级应用意义重大，或许他正是以推特这个社交平台为入口着手布局，成为他做下一代 AI 超级应用的开始。毕竟，每个账号的背后都可能是一个自然人，这个人喜欢什么、讨论什么都会被平台掌握，由此便能打造出一个信息帝国。

在建立起一个信息帝国之后，无论是特斯拉的汽车，还是 SpaceX 的火箭，抑或是脑机接口等产品，都能被大众快速熟知并接受，而这些改变不仅仅是赚取用户的钱，更能引导甚至改变他们的认知，让更多的人成为殖民火星大业的支持者、追随者甚至是先行者，开启一场互联网时代的思想启蒙运动，这背后所蕴藏的潜能自然是无穷无尽的。也许，这就是马斯克押宝推特的主要动机。

Chapter 7

脑洞连接虫洞

1. NASA"下嫁"乘"龙"快婿

2011年,亚特兰蒂斯号航天飞机退役,美国航天界陷入困境:高额的研发投入和维护费用正困扰着他们。进一步,是填不满的无底洞;退一步,是名誉扫地的万丈深渊。捉襟见肘之下,尊严一文不值,新航天飞机拿什么去造?一度财大气粗的美利坚也犯了难。其中影响最大的,莫过于美国对国际空间站的货物补给和乘员轮换,NASA完全靠支付高额票价购买俄罗斯联盟号飞船的运送服务,赔了钱也丢了面子。

此时美国经济处于下行阶段,美国梦让囊空如洗的政府夜夜梦魇。奥巴马上台后,对国内严峻的经济和就业形势重新作出评判,对小布什提出的耗资巨大的"太空探索远景"计划也展开了全面评审,这不是翻旧账,是为了从小数点里抠出银子和希望。

2010年2月,美国政府依据评审结果取消了已进入工程建造阶段的"星座"计划。消息一出,举国哗然,不过如此狗血的桥段也在情理之中:政策只能为现实服务,而"星座"计划和现实还隔着一个大气层。

在"星座"计划中,"猎户座"飞船和"阿瑞斯"火箭不再作为近地轨道运输系统,而是全力支持商业运输系统执行空间站任务,整个项目都是由私营公司负责设计、建造并运行到达近地轨道,打造出一套完整的载人运输系统,而NASA只需要掏钱支付航天员的运送费。按照常理,如此浩大的工程只能由国家机器来执行,然而当政府财政状况不佳的时候也只能转换思路。不过,这也给了航天领域的企业一次不可多得的机会。此前,除了政府投资、建造和控制的航天器,还没有任何私营企业的航天器造访过国际空间站。

2006年1月,NASA启动了"商业轨道运输服务"计划,允许私营企业承接近地轨道的往返运输业务,鼓励发展商业运输服务和相关市场,而NASA摇身一变成了只管付钱的客户:到市场上购买运输服务,为国际空间站寻求货物运输备选方案。

直面现实需要的不仅是勇气,还要有厚着脸皮的态度。这边,美国政府拍了拍空空如也的口袋,那边,马斯克拍了拍他那异于常人的脑袋,接下了一桩大生意。

新关系带来的是新思维。幸好,马斯克对这一切早有准备,他在2004年投资特斯拉后就掌控了董事会的话语权,有权就要任性地使用,他在2007年将创始人艾伯哈德罢免,算是清掉了一块"绊脚石"。

2006年,当NASA打算从一个"探索"太空的机构转变为"投资"太空的机构时,马斯克的眼睛亮了,他知道NASA光鲜背后的惨淡,尽管NASA声称"这是一个全新的经营方式",但在马斯克看来,这是SpaceX的重大机遇。为了确保项目万无一失,NASA还挤出些银子聘请了一个顾问来指导如何做风险投资,目的是为了和SpaceX这样的公司打造"真正的合作伙伴关系"。

做投资,NASA是菜鸟,可马斯克却是老油条,他手里握着从硅谷赚到的钞票,身边站着一圈作为风险资本家的朋友,他有底气和NASA做几笔大生意,而且他的胃口只大不小:他要用火箭将航天器送入地球轨道甚至更远的地方。

SpaceX的"X",就是一个未知的"surprise",数值的大小取决于胆量和能力。

马斯克不是省油的灯，然而 NASA 需要他，他们看中的是他的才干和造梦的能力，他们需要和马斯克一起站在最高的舞台上向世界宣布：我们有一个梦想要去实现。

2006 年，SpaceX 公司赢得价值 2.78 亿美元的商业轨道运输服务合同，在三次发射机会之内演示验证马斯克造的"龙飞船"进入太空，向 NASA 展示它执行任务的能力。

2008 年 12 月，SpaceX 公司和轨道科学公司共同获得 NASA 的合同，这两家公司要在 2012 年到 2016 年为国际空间站提供 20 次货运补给服务。SpaceX 公司获得的固定价格合同价值 16 亿美元，包含 12 次商业补给服务任务；而轨道科学公司的这一合同价格为 19 亿美元，包含 8 次商业补给服务任务，单次任务费用超过 2 亿美元。

和政府机构做合伙人，等于是踩在了同行们的肩膀上，马斯克说："波音等大公司都放弃了投标，它们等着我失败后，NASA 再去找它们，然后提高报价……我知道波音那些大公司非常恨我，我搅了它们的局。"

搅局从来不是马斯克的目的，而是他达成商业目标的副产品罢了。当然，为了顺利搞定 NASA，马斯克也不能狮子大开口，因为对 SpaceX 来说，竞争压力也是成功控制成本的重要因素。和垄断市场的联合发射联盟不同的是，SpaceX 作为业界规模几乎最小的新创公司，人脉关系和发射业绩都不足以与更有历史的轨道科学公司抗衡。所以，在商业轨道运输服务的两轮竞争中，SpaceX 不得不降低成本来尽力为自己加分。

小的确是小了点，可那又能怎样呢？一颗比指甲大不了多少的子弹却能要人性命。

2010 年，SpaceX 额外收到 1.18 亿美元，这促使其完成了最初的验证协议。然后，马斯克发现自己处于既是合作伙伴又握有主导权的地位，这对于控制欲极强的他来说再美妙不过了。NASA 俨然是一位带着嫁妆的新娘，情深意切地来到了马斯克的家门口。

2013年11月,商业轨道运输服务计划成功完成了所有货运验证飞行,NASA 在 2014 年发布的《"商业轨道运输服务"最终报告》将这视为一次绝对的成功和未来公私协作的典范。相较于 NASA 以往采用的成本加成合同(如 120 亿美元的"猎户座"飞船合同),商业轨道运输服务计划仅花费 8 亿美元的投资,具有前所未有的投入产出比,造就了"两种新的美国中型运载火箭和两艘自动货运飞船",这对于 SpaceX 来说相当于丰富了产品线。

2010 年,奥巴马在马斯克的陪同下参观了 SpaceX 的发射场。不过奥巴马是误打误撞过去的,本来他被安排参观波音-洛马发射场,但特工处担心狙击手能从远处炸毁那儿的氢罐,因此才转移到 SpaceX 的发射场。不管怎样,奥巴马在参观之后坚定了扶持商业航天工业的决心。就在同一年,奥巴马还在肯尼迪航天中心发表重要演讲,重新明确了 NASA 的使命。在演讲中,奥巴马宣布将更多依靠私人公司,而不是政府去打造美国载人航天事业的未来。

奥巴马的这次演讲,对马斯克来说,就像是一个偷着玩火的顽童被派到了篝火晚会上。当时,几乎全部电视节目和杂志文章在介绍马斯克的时候都会这样说:世界上只有四个实体掌握了航天器发射和回收技术——美国、俄罗斯、中国和埃隆·马斯克。

马斯克建立了一个凌驾于地球之外的空中帝国,他高高在上地俯视着你,你却拿他没办法。

2010 年 12 月 8 日,猎鹰 9 号火箭搭载着第一艘"龙飞船",将其成功送上太空,"龙飞船"在绕地球轨道两圈后安全降落,此举标志着 SpaceX 成为世界上首个把飞船送入太空的私人公司。NASA 局长查尔斯·博尔登激动地说:"龙飞船"的发射成功标志着美国再次成为太空探索的领头羊,这些开拓者之于商业航天的意义正如林德伯格之于民用航空的意义。

查尔斯·林德伯格是全世界第一个独自完成不着陆横越大西洋飞行的人。不可否认,SpaceX 公司也将永载人类航天史册,连同它的指挥者马斯克。

"龙飞船"完成任务成功着陆后，SpaceX公司将飞船上搭载的一个"高度机密"的盒子公开了，然而让世人大跌眼镜的是，里面装的根本不是什么机密，而是一大块奶酪。SpaceX声称，这是在向美国知名喜剧演员蒙提·派森致敬。其实，这更像是马斯克对同行们宣战：我动了你们的奶酪。

一块新兴的、充满巨大商机的市场已经纳入了马斯克的商业帝国版图，然而故事远没有结束。

2012年8月23日，NASA局长博尔登宣布SpaceX公司已经正式进入NASA的"商业补给服务"任务阶段。10月7日，"龙飞船"由猎鹰9号火箭在卡纳维拉尔角空军基地发射升空，执行"国际空间站"首次"商业补给服务"合同任务。10月10日，"龙飞船"与"国际空间站"成功对接，对接后的两周半时间，站上乘员完成飞船货物装卸工作。与首次空间站验证飞行任务不同的是，此次任务装载了用于空间站运营的大批货物，以及用作空间站科学样品的冰箱、站上乘员生活和工作的各种材料等。

2013年3月1日，"龙飞船"发射升空，执行其第二次"商业补给服务"合同任务。第二年4月18日，"龙飞船"执行第三次"商业补给服务"合同任务。同时，发射"龙飞船"的猎鹰9号v1.1火箭第一级在关机和级间分离之后还进行了海面软溅落回收验证试验并获得部分成功。2016年1月23日，SpaceX载人"龙飞船"完成空中悬停测试。多次任务的连续成功，表明SpaceX的货运飞船及运载火箭技术已稳定成熟。

与NASA"喜结连理"，也让马斯克变身乘"龙"快婿，不过他盯着的可不是那点可怜的嫁妆，他遥望的是整片浩瀚的宇宙。

2. 超级高铁计划

对速度的追求是人类不灭的渴望，从蒸汽火车到内燃机火车再到磁悬浮火车……人类不断改造交通工具的性能，除了追求高速、高效的生活之外，更是为了探寻动力的上限。

2013 年 8 月，马斯克宣布了一个超级高铁计划，该计划是要建立一种全新的运载方式，用一种大型的气动管道连接几个大城市，通过特殊设计的舱体运载乘客。

这个想法并非马斯克的首创，不过马斯克添加了新的元素，比如管道的运行环境是在低压状态中，能够漂浮在滑动装置产生的气床上，舱体被电磁脉冲推动，而自带的发动机会提供附加动力，让舱体能够达到每小时 800 英里的速度，它的动力来自于太阳能。一旦形成网络，就能在美国各大城市间进行快速运行，比人类现有的任何一种交通工具都更加便捷和安全。

马斯克之所以要建造超级高铁，是因为对目前的高铁系统存在质疑。他认为现在的子弹列车造价高昂却速度缓慢，配不上"高铁"的称号，两个城市间的运载都要几个小时以上，而且这个运载网络并没有完全成形，毫无优势可言。如果马斯克的超级高铁能够建成，其制造成本远远低于现在的高铁系统，造价不会超过 100 亿美元，远远低于高铁所需要的几百亿美元。

马斯克在推特上表示，他提出建造超级高铁而不是飞行汽车是有原因的，因为飞行汽车噪声太大，而且在它们降落时强大的推进动力会像直升机那样把地面的东西都吹走。因此，马斯克没有在他的电动汽车上做文章，而是务实地选择了高铁系统。

有意思的是，这一次马斯克提出的超级高铁计划，并不在他的整个商业计划中，他只是让政府和公众更关注人类现在的运载方式，起到一个抛砖引玉的作用，如果将来他有更多的精力和资金的话自然会亲自参与。结果，一些人认为马斯克只是提出创意而不打算付诸行动，这是在拿公众开玩笑，如果不想让大众觉得他在空谈，至少应当先做出一个模型或者用计算机进行模拟。

但是在硅谷的"极客"们看来，超级高铁并不是什么哗众取宠的娱乐段子，因为他们相信马斯克有能力完成这一切，只是现在为时尚早。而且，美国政府也对超级高铁产生了浓厚兴趣，奥巴马总统甚至为此单独和马斯克见了面，这是马斯克之前不曾想到的。很快，几个投资人成立了一家名为超级高铁技术有限公司的企业，目标是完成马斯克构想的第一部分——建立超级高铁的基础工程。

让攻击马斯克的人没想到的是，他一直在暗中布局超级高铁计划，最后成立了一家名为 Hyperloop One 的企业——这是一家位于洛杉矶的超级高铁公司。

Hyperloop One 属于初创型企业，在 2016 年 5 月获得 8000 万美元的融资。2016 年 5 月 12 日，Hyperloop One 的高铁列车在内华达州的沙漠进行了第一次试验，只用了 2 秒钟就达到了时速 180 公里的惊人成绩。

Hyperloop One 对高铁的设计理念和当前我们认识的普通高铁不同，它是在一个完全封闭的管道中运行，高铁的车身被设计成胶囊形状，方便在管道中自由穿梭。当然，马斯克绝不会满足于时速 180 公里的目标，他要让超级高铁在未来达到上千公里的时速,这样从旧金山到洛杉矶只需要半个多小时,极大地方便人类的出行。

要想让超级高铁的速度大幅度提升,需要对车身和传输管道进行特殊的设计。

首先,要采用低压管道,这和马斯克之前构想的纯真空管道不同。因为在施工和使用的过程中,很难让管道中不进入一点空气,只能用低压的方式尽量减少车身前进的阻力,而这种方式的维护成本要低得多;其次,超级高铁的动能来自于太阳能,借助太阳能电池板可以行驶一个星期,确保续航的稳定和可靠,毕竟如此高速的交通工具耗能也是巨大的,而将太阳能作为动力也能借助 SolarCity 的研究成果;最后,超级高铁离不开目前最先进的磁悬浮技术,它和传统的悬浮技术不同,是一种被动的磁悬浮技术,和主动磁悬浮技术相比造价更低、性能更可靠。

如果超级高铁计划顺利实施,那么马斯克将为人类社会贡献出第六种交通工具,继飞机、火车、汽车、轮船、高铁之后的新型管道运输,而且建造成本和运营成本只相当于目前主流交通工具的 10% 左右。

目前,Hyperloop One 已经获准建造第一条试运行线路,主要连接美国马里兰州的巴尔的摩和华盛顿,理论运行时间不超过 5 分钟。当然,这仅仅是超级高铁计划的前奏,马斯克希望在未来 10 年内在美国主要城市形成完整的运载网络。

2018 年,马斯克在推特上表示,他将在最近一段时间内进行一项重要测试:用一半音速的速度来测试 SpaceX 和特斯拉品牌的超级高铁客舱。该项测试的目标是让客舱的速度达到每小时 616 公里,同时让它拥有高性能的制动能力——在 1200 米的距离内完全停止运行,这个制动距离已经超过了很多地铁,而在 2017 年 8 月,马斯克打造的超级高铁客舱的最高时速是 354 公里。

如果这项测试顺利通过,马斯克将打破 2017 年 12 月维珍超级高铁所创造的纪录。但是，要想完成这个目标并不容易，因为距离实在太短，由此产生的撕扯力会让金属变成碎片，不过对制动性能的要求是一个高速行驶的庞然大物所必需的。

现在，超级高铁计划已经成为马斯克重建公共交通行业的"示范工程"，他能够在研究火箭、电动汽车和太阳能之外抽出精力去做这件事，足见他对理想化的交通生活的重视程度。为了匹配超级高铁，马斯克准备用他的隧道挖掘公司 The Boring Company 建造一个广阔自由的地下隧道网络，让超级高铁任意驰骋。

虽然超级高铁体现了马斯克先人一步的胆略和眼界，但这并不意味着他没有竞争者，目前在该领域马斯克最大的对手是维珍超级高铁。该公司成立于 2014 年，该公司打造的超级高铁也在内华达州进行过测试，创造了时速 386 公里的纪录，该公司设计的客舱原型还接待过沙特阿拉伯的王储。维珍高铁计划在 2021 年之前建成并运营三条超级高铁线路，这个远期规划和马斯克的战略部署形成了明显的竞争关系。不过，虽然两家公司都在紧锣密鼓地筹划运营，但是在短期内还需要进行多次试验和多方面的论证。毕竟，从马斯克提出超级高铁计划的那一天起，各地政府和公共交通专家就在质疑它的可行性，认为它的出现会给人类当前的交通体系增加安全隐患。

超级高铁的诞生和发展，对普通高铁造成了严重的威胁，因为无论从速度、安全性、维护成本等方面来看，普通高铁几乎不存在优势。马斯克的 Hyperloop One 和维珍超级高铁，已经走在了世界的前列，如果超级高铁能够顺利发展并经得起现实考验，不仅会改变普通高铁的未来生存环境，也会对航空运输构成强大的竞争压力，人类的交通生活和交通观念很可能在未来 10 年间再次遭到颠覆。

3. 坐着火箭去上班

有人说，敢想就成功了一半。这是在肯定创意对行为的指导作用，不敢想就注定不敢行动。不过在马斯克的字典里，"敢想"只是一个较低的评判标准，他的很多创意已经达到了"妄想"的级别。

2017年9月，马斯克在第68届国际宇航大会上宣布了一个大胆的想法：如果飞船能够由火箭送上火星，那么火箭是否也可以用于地球交通呢？

这里涉及一个概念——BFR（大猎鹰火箭）。

BFR是SpaceX计划研制的超级火箭，主要用途是星际运输、太空站补给以及月球基地建设等，所以同时设计了载人舱、载货舱以及太空加油船三种运载模式，可谓功能齐全。

BFR共分成两节，第一节的主推力火箭由31个Raptor甲烷火箭引擎提供动力，第二节的作用是为了载人和起降，两节都能返回地球表面，回收率100％。BFR的高度达到106米，干重约为275吨，动力推进剂可能达到6700吨，配备42台猛禽发动机，最大的卖点是能够重复使用1000次。换个角度看，BFR就是可以多次利用的超级运载工具，飞行中的时速最高可达27000公里，前往地球上任何一个地方都不会超过一个小时。

从这个角度看，马斯克制造的不是火箭，而是新型的商用客机。虽然听起来有些不可思议，但这也符合他的一贯作风：用超大的脑洞去改变人类的生活。

  2017年10月，马斯克在澳大利亚的一次演讲中，提到了人类未来的交通运输系统，同时向大家透露了SpaceX的一个长远计划——地球长途旅行。当然，这个计划目前正在筹备中，它的商业目标是将乘客从一个大城市运送到另一个大城市，可以完成"洲际火箭旅行"，人们甚至可以通过乘坐火箭上下班。

  这个构想听起来犹如天方夜谭，但是对马斯克的粉丝们来说，无异于给他们注入一针兴奋剂。在粉丝眼中，马斯克有关太空探索的演讲不亚于当年乔布斯主持的苹果新品发布会，甚至有粉丝已经在设想：未来某一天手机除了飞行模式之外还有一个火箭模式。

  和飞机相比，BFR的载人部分非常庞大，有八层楼高，空间容量超过空客A380，能够为100名乘客提供旅行服务，马斯克还想好了飞行策略：发射后不进入轨道就能完成地球内部的载客运输。当乘客进入BFR之后，乘客会被带往各个着陆点的发射台，然后经由电梯离开。为了增强营销效果，SpaceX举例说明：中国香港到新加坡只需要22分钟，洛杉矶到纽约只需要25分钟，而横跨大西洋去巴黎也仅仅需要30分钟……这如何不让人为之疯狂呢？

  从逻辑上来看，通过火箭完成洲际运载并没有任何漏洞，因为SpaceX已经实现了火箭安全回收技术，而且正在强化落地时的姿态控制，能够保证其平稳着陆，所以把火箭当成大巴车一样使用不存在理论上的障碍。但是，BFR本身只是一个航天器，要想完成载人运行，还需要构建更为庞大的交通管控系统，而在这个问题上，任何一个国家的航天部门都会有所顾忌，在10年内很难达到与飞机比肩的可靠性。现在，火箭载人存在四个问题。

  第一，运载成本。火箭发射因为燃料昂贵，发射成本极其高昂。以BFR为例，高度达到106米，相当于猎鹰9号的两倍，所以发射需要巨大的动能，甚至比超音速飞机起飞更困难，燃料将是波音747这种级别的飞机的数倍,即便是目前SpaceX采用的可回收火箭,也只是和传统火箭相比降低了成本,但是和飞机相比还是更贵一些,乘坐这种交通工具支付的费用是巨大的,乘客是否愿意花这么多钱去体验是一个现实问题,如何降低成本也将遭遇技术瓶颈。因此有人对马斯克的构想一针见血地评价:在地球上飞机仍然是效率最高的交通工具。

第二,安全性。火箭和飞机相比,其自身存在的不稳定因素很多,尤其是在加速和减速的过程中,由于消耗过多的燃料会延长飞行时间,等于变相抵消了火箭高速度的优势,而且在这个过程中会埋下各种隐患。另外由于火箭从飞行轨迹上看和洲际弹道导弹极为相似,在横跨多个国家和地区时会不会被反导系统攻击也是一个技术问题。

还有一个问题不容忽视,虽然乘坐火箭的实际飞行时间不超过一个小时,但是乘客从登机到出舱要花费好几个小时,因为火箭对乘客携带物品的要求更严格,没有流程复杂的安检很难做到,但这样就增加了乘客的旅行总时间。如果飞行距离不够远的话,还会出现和同距离的飞机飞行时间接近的尴尬情况,如此漫长的"候箭时间"将带来大量的地面工作和其他安全隐患,而火箭本身也将成为恐怖分子们袭击的新目标,一旦火箭掌控在他人手中,对建筑物和人群造成的杀伤力恐怕会超过"9·11"事件。

第三,乘坐的舒适性。按照SpaceX目前统计的数据来看,要想在半小时之内飞行到地球的另一端,BFR必须保持每小时数千英里的速度,甚至需要达到1.67万英里。这样一来,每个乘客对火箭飞行的感受都存在较大差别,有的会体验到失重,有的会体验到超重,那么BFR里一定要准备大量的呕吐袋。

关于这个问题,马斯克解释说,乘坐火箭的人会承受相当于自己体重2—3倍的重量,当然这是在上升的过程中,一旦火箭进入平稳的飞行状态,人们就会感受不到重力,直到火箭落地。对于这个潜在风险,一些航天领域的专家也表示,火箭在短时间内的加速和减速可能让人眩晕,哪怕朝着窗外看一眼也会头晕目眩，乘客将会体验到和晕船、晕车完全不同的新体验——宇宙晕动病。从病理的角度看，有些人注定无法体验火箭旅行，这是其天然的体质决定的。

火箭的发动机和航空飞机相比，无论是加速还是减速的过载量都非常大，也就是说在制动上控制难度很高，因为火箭一般采用液体和固体作为燃料，只能在短时间内加速和多次点火，所以这种反复加速和振动的情况以目前的技术难以消除，这样就会造成乘坐体验不佳，消费市场会小于航空飞机。

第四，观念问题。火箭对绝大多数人来说是没有体验过的运载工具，和飞机相比其危险性和挑战性更大，即使未来拥有更可靠的安全系统和防护措施，有多少人愿意乘坐是一个未知数，而且这还牵扯到跨越全球的公共安全问题，比如那些没有航天制造能力的国家如何看待火箭运输？公共问题专家是否会对火箭载人的合理性口诛笔伐？这些都会影响到它的发展态势和普及程度。而且，只要 BFR 上天，其相关的运载系统会受到美国和其他国家的严密监管，但是相关部门现在还处于空白状态，如何解决可能发生的事故和纠纷，这都是需要认真考虑的问题。

火箭旅行从目前来看只是一个想法，但是马斯克的伟大之处，不仅在于能够提出异想天开的想法，更在于能够拿出切实可行的解决方案。毕竟高效、高速是人类长期追求的目标，只要有符合这个目标的创意出现，总有人愿意尝试使之变成现实。

4. 小心，人类可能被取代

从机器人诞生的那一天开始，人类对这个新生事物一直存在两种声音：机器人会帮助人类做更多事情；机器人最终会毁灭人类。进入21世纪之后，当计算机技术日臻成熟，机器人会毁灭人类的这种担忧变得更为强烈。

2018年4月6日，马斯克在一部纪录片中说，人类也许会在不知不觉间创造"一个不朽的独裁者"，而且将永远无法摆脱它的统治。

这个独裁者就是人工智能。

马斯克认为，随着人工智能的发展，它的独裁统治期限会超过以往任何一个政权，将对人类进行严重的压迫。他的忧虑得到了其他知名科技人士的响应，不少人都对人工智能的未来前景忧心忡忡。

2017年9月，马斯克更是语出惊人：人工智能可能引发第三次世界大战。

在马斯克看来，现在很多国家都在专注发展计算机科学，从而对人工智能的统治权进行争夺，由此将引发第三次世界大战。当然在短期内，人工智能的威胁主要体现在取代人类工作这个层面，比如在未来的20年之内，驾驶员这个职业可能会被人工智能取代，全世界以此为职业的人群将会失业。更可怕的是，人类为了避免被淘汰，会在未来将自己改造成半机械人，从而和人工智能进行有效的竞争。为此，马斯克还特别成立了一家名为 Neuralink 的人工智能创业公司，专门研究人机接口。

既然马斯克如此担心人工智能的发展，那么如何解决这个潜在的巨大威胁呢？实际上，马斯克早就给出了解决方案——移居火星。

马斯克认为，当人工智能的时代到来之后，人类社会反而会进入一个黑暗时期，人类很可能失去对社会的主导权，所以移居火星是维系人类生存的重要策略。或许有人认为，马斯克只是在给他的商业目标增加必要性与合理性，是在向全人类贩卖根本不存在的危机。

事实并非如此，在 2018 年瑞典国际人工智能联合会上，马斯克和其他 2400 名学者联署了预防 AI 武器化的禁令，这份禁令的目的在于：不应当将人的生命交给机器，各国应当在 AI 武器的军备竞赛中减少并弱化它的存在。他们是这样说的："数千名人工智能研究人员一致认为，AI 武器对每个国家和个人来说都是危险的不稳定因素，尤其是在与监视和数据有关的情况下，自动化 AI 武器可能成为暴力和压迫的工具。"

早在 2015 年，马斯克就和霍金等几百位科技领域的权威联署了未来生命研究所的论文，支持立法管理自动化 AI 武器，然而他们的呼吁并没有得到太多的响应，即便是在 2018 年，相关国家和政府对这些意见也都置若罔闻。相反，印度、以色列和俄罗斯等国正在逐步加强自动化坦克、飞机以及侦察机器人等武器系统的研究，美国的国防部和国土安全部也在准备机器学习现代化的计划。

不过，在一些有识之士施加的压力之下，部分人工智能的项目暂缓或者被取消了。谷歌在 2018 年 6 月发布了一套指导性的人工智能原则，取消了和五角大楼的 Maven 无人机合同，此前该项目一直遭人诟病。无独有偶，微软也终止了和移民、海关执法部门的合作。

人工智能的存在，确实会拉动各国发展智能武器系统的需求，这也是马斯克最为担心的，因为他思考的领域原本就超过当代人20年，所以他认为现在人类已经处在悬崖的边缘，如果不能及时勒马，人类将会遭遇灭顶之灾。在他和100多位机器学习专家联署的文章中写道："一旦发展起来，致命的AI武器将允许武装冲突以前所未有的规模进行，比人类所能想象到的还要大。"

那么问题来了，人工智能可以造福于人类社会，如今对它是全盘否定还是部分利用，这其中的界限如何来划分呢？其实，马斯克担忧的问题由来已久，那就是技术的目的究竟是什么？是服务人类还是仅仅作为一项客观存在的科技力量，而人工智能在界定和划分上更加复杂，它涵盖了现实、数字以及个人的多重内涵，衍生出了更为复杂的定义。

马斯克崇尚人工智能，所以才有了"Roko's Basilisk"这个玩笑，但是马斯克始终抱着严肃的态度去审视人工智能和人类的关系，因为这已经触及了人类的底线——生存的安全性。正如SpaceX的火箭和特斯拉的电动车，首要的技术指标都是安全和可靠，其次才是性能和成本，所以马斯克说："我亲眼见过最先进的AI技术，它是人类文明存续的最大威胁，我们确实应该担心。"

正因为对人工智能怀有恐惧，所以马斯克更坚定地认为应当掌控这项技能，从而最大限度地避免被其反制。为此，马斯克在2014年开办了一所名叫AdAstra的学校，他的5个儿子都在这里念书，其他的学生大部分都是SpaceX员工的子女。AdAstra来源于拉丁语，意思是通向星星，词义的意境十分"马斯克"。和传统学校相比，AdAstra重视科学、数学、工程学和伦理学等课程，另外还加入了有关人工智能的课程。从马斯克的办学态度来看，他对AI技术抱有敬畏而又迷恋的复杂感情。

回到人工智能本身，它并没有对错之别，也没有善恶之分，关键在于使用者是抱着何种心态去操作并建立怎样的操作法则，这才是决定人工智能未来属性的关键。在这个问题上，马克·扎克伯格是比较乐观的，他认为人工智能会让人类的生活变得更美好。

当我们把马斯克的商业版图拆开之后可以发现，马斯克是在利用人工智能去限制人工智能，听起来有些矛盾，但符合情理。以特斯拉为例，马斯克开设了自动化生产线，作为传统手动生产的一种补充，同时也是一种尝试和测验，借用人工智能提高生产力，而特斯拉的自动驾驶系统又是高度AI化的驾驶系统，它让计算机帮助人类去操控汽车，但是马斯克目前只将其定位为一个辅助驾驶系统，这符合了他之前支持的禁令内容——不应当将人的生命交给机器。从这个角度看，无论未来特斯拉对自动驾驶的开发程度有多深，马斯克都可能为其设定一个上限：汽车的最高操控权必须掌握在人类手中。换个角度看，这就是用系统指令去限制 AI 功能的使用。

同样，SpaceX 的航天项目也涉及人类和人工智能的关系。2018 年 6 月 29 日，猎鹰 9 号运载火箭升空，目的地是国际空间站，除了送去咖啡和老鼠之外，还有一个特殊载物：人工智能机器人。该机器人名叫 CIMON，是一个在一侧装有计算机屏幕的排球，屏幕上显示着卡通造型的面孔，它的作用就是和国际空间站上的宇航员互动，协助他们正常工作和生活。当然，马斯克送去机器人的深层目的是：测试 CIMON 对人类的服从程度，因为这关乎他移居火星的终极计划。

马斯克的思路已经十分清晰：人工智能的威胁和贡献并存，那么就要寻找最不能危害人类生活的一种交互模式，CIMON 或许就是一次尝试，因为人类移居火星很可能是在人类无法抗衡人工智能的反噬的条件下，那么 CIMON 就是人类进入太空之后最友好的 AI 伙伴。反之，如果 CIMON 不能和人类的思想与行为相匹配，那么马斯克认为只有两种选择：一是强化服从命令去克制自主 AI，另一个就是彻底放弃使用人工智能。从现阶段的情况来看,马斯克选择第一种的可能性更大,而这正是用 AI 制衡 AI 的策略。当然,这个策略带有无奈和被动的色彩。

包括马斯克在内的科技界企业家和学者们,意识到了人工智能对人类社会的作用深度,他们既是这项技术的推广者和应用者,也是警戒者和审查者。无论他们是否得到了积极的回应,他们的努力已经唤醒了一部分人重新认识人工智能,这不是一个关乎科学伦理的问题,而是关乎人类未来出路的探索。

5. 对不起，你的驾照作废了

在这个世界上，能够获得巨大成就的人，往往不是掌控技术的人，而是掌控他人思想的人，而开启他人大脑的唯一钥匙就是创意，它可以是商业层面的，可以是情感层面的，总之它一定在某个点上具备了打动人心的力量，由此聚集了关注、支持和成功率。

2016年，马斯克的一番豪言壮语震惊了整个汽车行业，他说未来所有的特斯拉电动车都将配备全自动驾驶的硬件，到2019年，特斯拉的司机就不用亲自驾驶，而是躺在车里休息了。

特斯拉从诞生那一天开始，某种程度上代表着未来汽车的独特性和创新性，比如环保、新动力来源等。从2010年到2016年，马斯克最为关注的两个话题就是触摸屏和自动驾驶仪。

在2013年之前，马斯克经常谈到特斯拉的触摸屏，因为这在当时是领先很多传统汽车的优势，能够带给用户方便的操控体验，也符合电动汽车的科技属性。不过从2013年以后，马斯克谈论更多的是自动驾驶，为何他会频繁提及这个关键词，这和特斯拉的受众群体有关。在特斯拉刚生产汽车时，业内的很多专家就在思考，到底谁才是电动汽车的受众？从当时的情况来看，汽车市场上有多少能够接受电动汽车的潜在用户不得而知，不过随着时间的推移，很多专家认识到他们低估了这个受众群体的数量。同理,当特斯拉专注于自动驾驶技术时,专家们又开始分析:这个受众群体是否比之前更狭小?

或许现在没有标准答案,但是有一点可以肯定,在人工智能大行其道的今天,注定会有越来越多的人尝试接受这个新生事物。对此,Meta 的 CEO 马克·扎克伯格表示,他同意马斯克对自动驾驶技术的一个观点——自动驾驶能够挽救生命,这项技术必将得到普及。

为何有这种观点?从长远来看,无人驾驶汽车会随着硬件和软件技术的提升不断完善,而人类的驾驶技能不会变得更强,而且人类自身存在的情绪波动、认知障碍、视觉盲区等生理或心理缺陷,注定了一些交通事故无法避免,而自动驾驶技术却能够通过精确的感知和快速的运算规避很多危险。

正因为马斯克执迷于人工智能技术,所以他对自动驾驶的未来充满信心。现在,特斯拉的汽车已经成为自动驾驶汽车的代名词,但是它也一直遭到质疑,特别是在发生了由于自动驾驶系统缺陷引发的交通事故之后。对此,马斯克这样回应:"有一点需要强调的是,自动驾驶汽车永远不会做到完美。这个世界上没有完美的东西。但是我认为,从长远来看,自动驾驶汽车能够将交通事故的数量减少十分之一,也就是说,交通事故引起的伤亡事件也将会减少十分之一,这是一个巨大的改善。"

2014 年,马斯克在新款 Model S 的发布会上称,特斯拉的自动驾驶技术"让你能拥有私人过山车"。当年 10 月,Autopilot 1.0(自动辅助驾驶)系统正式首发,它的传感器使用了一个前置摄像头、一个前向毫米波雷达以及围绕车身一周的 12 个超声波雷达。特斯拉在介绍这款产品时表示,Autopilot 不能完全实现全自动驾驶,只是提升舒适性和安全性的辅助功能,汽车的控制权仍然要被驾驶员掌控。虽然和人们预期的目标有些出入,但还是开启了 Autopilot 接替人类驾驶汽车的时代。

2015 年 10 月,有三位勇敢的司机驾驶特斯拉穿越整个美国,他们只用了 57 小时 48 分钟，全程平均速度达到了 84 公里每小时。在整个过程中，他们有三四次都在自动驾驶模式下开到了 145 公里每小时，汽车几乎处于无人监管的状态。后来一位司机坦诚地说，如果他们没有集中精神汽车很可能冲下高速公路。对于这种描述特斯拉也能接受，因为 Autopilot 不是完美的事故屏蔽器，它的应用场景主要在高速公路上，道路上需要有清晰的标线和中央隔离带。

Autopilot 的演化过程遵循着"硬件先行，软件更新"的原则，也就是每一台特斯拉汽车都会配备最新的硬件，软件通过后期不断更新，让自动驾驶功能逐步完善，而且越来越多的用户会提供给数据库更多的路况信息，帮助 Autopilot 进行训练和迭代算法（不断用变量的旧数据递推新数据的过程，意指完善 Autopilot 的处理能力）。

2016 年 10 月，特斯拉发布了 Autopilot 2.0 版本，和上一代相比，Autopilot 2.0 的核心内容由主动巡航控制、辅助转向以及自动变道三大模块构成，能够进行防撞辅助计算、车速辅助计算等，它的主动巡航控制能够自主对车辆进行纵向控制，也就是说帮助驾驶员处理刹车问题的判断，不过驾驶员还是要手动操控方向盘。

2018 年 8 月 1 日，马斯克公开宣称，特斯拉为自动驾驶量身定制的芯片准备就绪。结合之前的宣传来看，2019 年即将推出的 Autopilot 3.0 可能会搭载这套芯片。这样一来，特斯拉成了少数开发自动驾驶技术的汽车制造商。在此之前，特斯拉一直和英伟达公司合作，直到 2017 年 12 月，马斯克才公开表示特斯拉正在研究自动驾驶的芯片。为了加快研发速度，马斯克表示将扩大芯片团队和投资力度。

为何马斯克要自主研发芯片呢？按照常理，研发计算机芯片要付出高额的成本，而且英伟达也承诺用优惠的价格为特斯拉提供超级车载计算机，他为何还要一意孤行？

马斯克当然不会算糊涂账，他之所以坚持自主开发，主要是受到了计算单元的限制,因为自动驾驶系统会受到感知、决策等多种需求的限制,导致其要消耗巨大的计算资源,每升一次级都要提高几十倍的计算量。而且,英伟达的芯片是针对不需要奔跑的计算机,不必过多考虑能耗的问题,而电动车为了保持电池组的续航能力,不可能不对车载计算机进行能耗限制。对于如何平衡二者之间的关系,特斯拉亲自操刀。另外出于批量安装的成本考虑,自主设计更经济实惠。

为了配合自主研发,特斯拉从 AMD 公司挖来了工程师,以 AMD 的知识产权为基础进行研发工作。不过以马斯克张扬的个性,他一直低调回应芯片的问题,也是出于维护和友商之间的关系的考虑。

在马斯克宣布自主研发芯片之后,特斯拉的股价上涨,而英伟达的股价也没有产生波动,可见资本市场已经了解了两家不再合作的信息。马斯克这步棋不仅没有影响到特斯拉的声誉,反而使其在证券市场有了良好的表现,可见不少消费者还是希冀自动驾驶朝着更成熟的方向发展。

事实上,无论是电动汽车制造公司,还是传统的燃油车制造公司,对自动驾驶的迷恋程度并没有任何差别。除了特斯拉的 Autopilot,凯迪拉克的 Super cruise 以及奔驰的 Drive pilot 都是比较完善的自动驾驶系统。

Super cruise 在封闭的高速公路上行驶时,优势比较明显,因为配备了激光雷达地图技术,所以对道路的判断和分析能力出众,能够帮助驾驶员分担很多工作,但是如果路标不够清晰,系统还是会作出错误的判断。相比之下,Drive pilot 的自动转向和变道功能比较出色,能够让驾驶员在不触碰方向盘的 15 秒内进行短暂控制,但不允许驾驶员完全放任自流。从这个意义上讲,Drive pilot 充其量也只是一个辅助驾驶系统,符合奔驰的产品定位。

Autopilot 的优势在于,如果汽车保持恒定的速度,那么它的运行状态良好,在小型的车道上也会发挥自如,它能够定期提醒驾驶员去操控汽车,即使车内无人,也能够完成自动变道和自主停车的功能,在非高速公路的路段上也能发挥作用,算是目前市场上最好的巡航控制系统。和凯迪拉克的 Super cruise 相比，Autopilot 的任务目标更复杂，但也会遭遇各种问题，随着互联网功能的升级换代，这些缺陷理论上能够得以解决。

如今，Autopilot 通过不断更新，逐步优化了很多操作，让车主可以体验增强型自动驾驶仪功能，其中包括交通感知巡航控制系统、自动转向、自动换道以及平行＋垂直自动泊车等功能，前向＋侧面碰撞警告及更高级的安全功能也已启用并成为标准配置。

2020 年 10 月，特斯拉启动 FSD 测试版项目。FSD 是"full self－driving"的缩写，简称完全自动驾驶。和 Autopilot 的自动辅助驾驶相比是质的飞跃，当然所需要的技术投入也更多，因此在推出后不断更新。2021 年 12 月 13 日，特斯拉推出了全自动驾驶 FSD 软件的 10.6.1 Beta 版本，提高了对物体检测的精度和速度。

2023 年 6 月，马斯克在一条推文中透露，即将发布的 FSD V12 将不再是"测试版（Beta）"。消息一出，很多用户兴奋异常，因为这代表着自动驾驶将进入一个全新的阶段。同样，这也意味着消费者对高阶辅助驾驶的认知提升到一个全新水平，从而激发消费者对智能驾驶的需求，推动特斯拉对 FSD 技术的推广。

2023 年 6 月，马斯克表示，特斯拉对向其他汽车制造商授权 Autopilot、FSD 和电动汽车技术持开放态度。当然多少企业最终真的会用，目前还无法下定论。不过，通用汽车首席执行官玛丽·博拉坚持押注无人驾驶，认为这块市场存在着"巨大的增长机遇"。

从目前的情况来看，自动驾驶技术仍然处于探索阶段，暂时还无法让驾驶员完全脱离驾驶操控，但这个瓶颈是受制于技术水平而不是产品概念本身，人类实现真正的自动驾驶并不违背常理，只是马斯克需要带领特斯拉闯过一条布满荆棘的路，或许它需要三五年甚至更长的时间来完善，或许它明天就能到来。正如马斯克对 FSD 的评价：这是一个可以释放巨大价值的长期赌注。

6. OpenAI：喜忧参半的人工智能未来

2023年4月，马斯克在接受福克斯新闻采访时称："我将启动一个我称之为'TruthGPT'的东西，或者是一个最大限度地寻求真理的人工智能，以试图理解宇宙的本质。"随后便有知情人士曝出，马斯克一直在从 Alphabet Inc 旗下的谷歌公司挖人工智能研究人员，目的是成立一家和 OpenAI 竞争的初创公司。根据后来披露的信息来看，马斯克说的都是真的，他在3月份于内华达州注册了一家名为 X. AI 的公司。

马斯克推出人工智能平台正是对来自 OpenAI 的流行聊天机器人 ChatGPT 的挑战。不过说起来，马斯克和 OpenAI 之间有过一段恩怨交织的故事。

2015年，OpenAI 成立，彼时的它还只是一家非营利组织，得到了马斯克和里德·霍夫曼等亿万富翁、科技名人的支持，他们以团体的方式投资了10亿美元。虽然在成立之初，没有明确的营收业务，却因为站在科技前沿，吸引了人工智能领域的一大批顶尖人才加入。

2018年，马斯克向 OpenAI 的创始人山姆·阿尔特曼表达了自己的观点：OpenAI 已经严重落后于谷歌。就在对方玩味着这番话的意思后，马斯克终于"图穷匕见"地表示，最好的解决方案是由他全权掌管 OpenAI 并亲自运营。

马斯克对人工智能的向往毋庸置疑,尽管他多次表现出对这种技术的忧虑,但在他的商业叙事视角下,无论是特斯拉的自动驾驶,还是未来的火星殖民,显然都离不开人工智能技术,因此他想掌控OpenAI也在情理之中。不过,阿尔特曼和OpenAI的其他创始人拒绝了马斯克的提议。眼看着目的未能达成,马斯克于2018年2月20日宣布离开OpenAI。

当然,马斯克离开OpenAI还存在其他因素的影响,比如当时特斯拉正在全力研究自动驾驶技术,需要大量的人工智能领域的人才,这就和OpenAI在客观上形成了人才竞争关系。不过,从外人的视角看,主要还是源于马斯克和阿尔特曼对OpenAI控制权的争夺。

一般来说,引起创始人产生分歧的点主要是金钱,不过对马斯克和阿尔特曼来说,钱应该不是重点,一方面是当时的OpenAI并没有可瓜分的蛋糕,另一方面和两个人的性格有关。对马斯克来说,他虽然多次成为世界首富,但他追求的并非金钱本身,而是权力、自我实现,因此他坚定地认为在他的带领下人们会安全地进入一个智能时代;对于阿尔特曼而言,他也不在乎从OpenAI赚钱。

阿尔特曼8岁学会编程,9岁时拥有了人生中的第一台电脑,年幼的他对信息技术和互联网产生了浓厚的兴趣,后来他被斯坦福大学录取,开始一心研究人工智能和计算机科学。2005年从大学辍学后,他联合一众好友创办了社交媒体公司,如今被人们称为"ChatGPT"之父。值得一提的是,根据OpenAI官网公布的信息,阿尔特曼作为创始人兼CEO拥有的股权竟然是0%,一是因为OpenAI的初始定位是非营利组织,二是阿尔特曼认为自己足够富有,不需要股份。

从阿尔特曼的身上能够清楚地看到典型的极客气质,而非一个企图用产品赚取利润的科技商人,所以当他和马斯克遭遇之后,必然都会觉得自己才是那个主导人工智能发展方向的引路人,那么他们不欢而散的结局就已经注定了。

由于人工智能的研发需要耗费大量资金，阿尔特曼也不得不直面现实，因此在2019年3月建立了一个营利性实体OpenAI LP，以便筹集足够的资金来支持人工智能模型所需的计算能力。当然，这并不能看成是对初心的背离，因为OpenAI在公告中写得十分清楚：成立OpenAI LP是在提高OpenAI筹集资金的能力，仍然会围绕OpenAI初创时的非营利使命。为此，OpenAI还特地为投资者利润设置了上限，任何超出规定上限的利润将流入OpenAI的非营利组织。

由于阿尔特曼多次表示OpenAI的使命不是赚钱，这一决定让OpenAI错失了一些潜在投资人，但在不到6个月的时间里，OpenAI就获得了微软的10亿美元投资。除了资金，微软还同意为OpenAI提供基础设施方面的专业支持，双方共同建立了一台超级计算机用于训练大规模模型并最终打造出了ChatGPT。

2022年11月，OpenAI发布ChatGPT后一夜走红，成为新兴科技领域最炙手可热的初创公司。然而，马斯克却对此异常愤怒，甚至取消了OpenAI对推特数据的访问权限。那么，马斯克为何要如此动怒呢？难道只因为他当初未能在OpenAI掌权吗？

2023年2月，马斯克在推特上写道："OpenAI是作为一个开源（这就是我为什么将它命名为'开放'AI）的非营利公司而创建的，旨在与谷歌抗衡，但现在它已经成为一个由微软实际控制的闭源、利润最大化的公司。"3月，马斯克又发了一条推文："我仍然很困惑，一个我捐赠了1亿美元左右的非营利组织是如何变成一个市值300亿美元的营利性组织的。如果这是合法的，为什么不是每个人都这么做呢？"

马斯克在接受福克斯新闻采访时表示，他将推出一个名为TruthGPT（真相GPT）的AI聊天机器人，从而取代ChatGPT。马斯克称，TruthGPT将是一个"最大限度地寻求真理的人工智能，以试图理解宇宙的本质。而一个想要理解人类的人工智能不太可能摧毁人类"。

马斯克之所以多次用"摧毁人类"这种听上去较为恐怖的字眼去描述人工智能，很大程度上跟他对人工智能的定位有关，因为在他的宏大理想中，人工智能是实现火星殖民、自动驾驶等多项科技突破的技术支撑，是需要有明确目标引导的，这和OpenAI的初心逻辑是一样的："不以营利为目的。"但是，如果把人工智能单纯地看成是一种技术变现手段，那就很可能在资本的操控下高速发展进而失控，所以他才提出要对人工智能进行必要的监管。

回头来看，马斯克准备成立人工智能公司和他呼吁暂缓开发更强大的AI系统并不矛盾，从私心来看，他不想因为OpenAI的快速发展让自己的人工智能技术失去生存空间，但他也清楚地看到，人类的野心和盲目有可能放大人工智能的负面效应，所以他才不断地警示人工智能带来的风险："如果管理不善，人工智能将对整个人类产生灾难性的影响，就像有缺陷的飞机设计比糟糕的汽车要危险得多。它有可能造成文明的毁灭，无论这种概率有多小，它都不是小事。"

马斯克对人工智能充满着向往和忧虑的复杂情绪，因为他看到了这项技术在垄断资本下可能引发的新危机，所以他才提出：针对微软与OpenAI的合作，谷歌与DeepMind（由人工智能程序师兼神经科学家戴密斯·哈萨比斯等人联合创立的谷歌旗下的人工智能企业）的关系，还应该有第三家竞争对手。在他看来，只有介入一个强大的第三方竞争者，才可能会对当前的发展格局带来良性引导，避免人工智能在一条看似正确却充满危机的道路上越走越远，正如他在推文中写的那样："我意识到人工智能，这个人类有史以来创造的最强大的工具，现在掌握在一个无情的垄断企业手中。"

7. 火人节，硅谷精神的写照

马斯克夭折的儿子，名字叫内华达·亚历山大，为何与"内华达"有关，这是因为有一个盛大的节日在内华达州举办，它就是"Burning Man"（火人节）。

火人节始于1986年，由一个名叫"Black Rock City, LLC"的美国组织发起，它是一种反传统的狂欢节，和L. A. S. T节、Ted大会并称硅谷的三大创新活动。火人节从创办那一天开始，就得到了来自硅谷的很多名人的支持，比如拉里·佩奇、马克·扎克伯格等，马斯克也是其中一员。

不仅创业家们热爱火人节，政治家们对它也有特殊的好感，美国前总统奥巴马这样评价火人节："看吧，这些美丽并充满活力的人们齐聚于此，传递爱意，彼此关照。这几乎是我所希冀的明日美国。"

火人节这个名字听起来有些古怪，这和它的诞生背景有关。目前关于火人节的起源有两种说法：第一种，火人节兴起在1986年，几个人在旧金山的贝克海滩燃烧了一个2.7米高的木头人和一个木头小狗，他们认为这些燃烧的木头雕像能够表达人们的激进态度，"火人节"的灵感就此诞生；第二种，"火人节"源自于一对离异的夫妇，丈夫为了埋葬消逝的感情用木头做了个假人，然后在旧金山的海滩上将其烧掉，表示要重新开始，结果被警察驱赶，他只好去内华达州的黑石沙漠燃烧，"火人节"由此诞生。

从火人节的精神内核来看，第一种说法更接近它的本源。

火人节的狂欢时间为8天，由于很多人玩得不尽兴且一票难求，所以在火人节之外还会有很多"山寨"火人节——粉丝们会在其他地方继续庆祝。

想要参加火人节并不容易，需要在官方网站购买门票，票价通常高达几百美元，而且随着近几年的火爆被黑市炒到了几千美元，这仅仅是"入场券"的花费，参与者还要负担其他费用，比如长途旅行费用和食宿费用等，因为举办地是一片大沙漠，只能买到咖啡和冰块，其他食物和物资都要自己准备。

虽然火人节参加门槛较高，却能给人带来前所未有的体验，因为你的帐篷隔壁可能住着马克·扎克伯格——这是一般人近距离接近硅谷大佬们的唯一办法。当然在有些人眼里，火人节的高额参与成本决定了它不是纯粹的嬉皮活动，不过对硅谷人来说，火人节是刺激大脑的独特娱乐活动，也是回归原始精神的尝试。

为何火人节对硅谷的"极客"们有这么大的吸引力？因为在举办地点黑石城中，人们可以把任何想要带来的东西拿进来，无论是创造栖居之所还是制作雕塑，甚至是形态各异的艺术展示都可以。火人节的包容性极强，而这恰恰是互联网精神的体现。因此，火人节被视作世界最后的乌托邦，在这里没有商业，没有竞争，人人都是朋友，没有金钱交易却可以以物换物，人们能够找到返璞归真的感觉。

在火人节举办期间，来自全球各地的人都有机会向别人展示自己的创意，比如蛋壳制作的棚帐、光线建造的房子等。在火人节上，很多事情看似不合理却又合理，因为不管它们制作得多么精妙，最终都要被烧掉。每年的火人节都会选出一位与往年不同的艺术家负责建造中心的神庙，这块区域就是火人节的活动高潮所在，参与者们会在空地围成一个圈，最后兴高采烈地将神庙点燃。

如果某个参加过火人节的应聘者去硅谷面试,这段经历会给面试官留下良好的印象。马斯克曾经说过,火人节是硅谷的精神象征。当外界歪曲硅谷精神时,马斯克会表现出强烈的反感。

2015年4月,由HBO推出的连续剧《硅谷》吸引了很多观众收看,他们认为可以通过电视剧集了解真正的"硅谷",而硅谷人也兴奋地期待着自己被世人了解。然而,马斯克却很讨厌这部剧,他不无嘲讽地说:"我觉得Mike(《硅谷》导演)可能从来没有去过火人节,火人节才是硅谷。如果你没去过就不会明白。即使把洛杉矶最疯狂的派对扩大1000倍,那也比不上硅谷的一点点。"至于该剧是否还原了真实的硅谷,马斯克这样说:"硅谷真相?这部剧比小说还离奇。大多数创业公司像部肥皂剧,但不是那样的肥皂剧。工程师们聪明、有见地、很了不起,也很奇特,但不是剧里那种奇特。"马斯克的评论让《硅谷》的制片人十分汗颜,也表现出马斯克对硅谷精神的崇敬和守护。

马斯克为何钟爱火人节?因为火人节并不只是一个单纯的狂欢节,还是一种时代精神,它号召大家打破传统常规、颠覆现有的社会形态,将"去中心化"作为工作和生活的基本原则,这才让众多的硅谷冒险家们流连忘返。谷歌历史上的第一个涂鸦就是设计者在参加火人节时产生的灵感。特斯拉也曾经在火人节上制作了一双巨大的粉色兔子拖鞋,甚至有人说在火人节见过特斯拉的第一辆原型车,就连赖夫也是在火人节上敲定了以太阳能作为创业方向。

火人节崇尚的环保精神符合特斯拉电动汽车和太阳城公司的创立宗旨,因为火人节重视自我意识和自我表达,这也是马斯克强悍个性的侧写。对于不了解火人节的人,它更像是一种氛围神秘的体验活动,因为它将人们带到了一个完全陌生的环境,仿佛从地球登陆到了火星,有一种恍如隔世之感,会为参与者注入疯狂的基因,让人们迫切地想要打破现状。

火人节的核心原则是极度包容、无条件地给予、去商品化、自力更生、自我表现、社区精神、公民责任、不留痕迹、积极参与。如果结合马斯克的创业履历,这些似乎都能找到精神上的契合点。

极度包容,马斯克虽然作风强势,但是他在思想层面能够接受任何新鲜事物,这是他敢于思考和善于思考的根基;无条件地给予,马斯克对待理想的初心就是"不求回报",这是一种看似疯狂实则朴素的情怀;去商品化,马斯克的商业目标并非只为了赚钱,而是为了帮助人类解决现实困境;自力更生,马斯克在 SpaceX 的运营原则上充分体现了"能自主生产就不找供应商"的战术原则;自我表现,马斯克依靠媒体为他的商业帝国打造知名度的案例屡见不鲜;社区精神,马斯克移居火星的计划,从本质上看就是为了缓解地球人口压力而打造新人类社区;公民责任,马斯克对清洁能源的追捧源于对国家能源战略的考虑;不留痕迹,马斯克对环保问题的重视反映了他对人类生存环境的焦虑和关注;积极参与,马斯克无所畏惧地挺进航天、电动汽车、清洁能源三大陌生领域,这正是一种高度的参与感促成的人生选择。

Chapter 8

第八章

逮捕火星分几步

1. 与 NASA 的阴谋和阳谋

在恋爱和婚姻中，马斯克是一个控制欲极强的伴侣。在商业和职场上，马斯克是一个作风强悍的老板。马斯克从不畏惧权威，在和 NASA 合作时他也毫不退让，让私人企业和国家机构两个原本就性质迥异的单位产生了碰撞。

这一碰撞最早可以追溯到在夸贾林进行试验期间。

当时，NASA 的部分官员认为 SpaceX 对火箭发射的问题视如儿戏，对马斯克及其团队进行了批判，导致 SpaceX 在试图修改制定好的发射计划时必须做大量的书面工作，这种工作方法和追求效率的 SpaceX 产生了矛盾，导致很多工程师都对 NASA 充满成见，马斯克开始时还能忍耐，当他忍无可忍时，对 NASA 进行了反击。

马斯克认为，NASA 作为政府机构，派出监管机构本无可厚非，但是它不能妄图对游戏规则进行修改，这样只会滞后工作进度，也会给双方的合作带来很多负面影响。因为一个看似简单的规则往往是经历了多次实践之后才敲定的，所以不能凭着一时头脑发热就将其打破，这是一种不理智的行为。

正是因观念上存在冲突，马斯克和 NASA 部分官员之间的矛盾愈发严重，特别是 NASA 雇用的一位前宇航员。NASA 招聘他的本意是指导技术人员工作，从更专业的角度去发现问题，然而此人却不断挑战 SpaceX 的工作方法，几乎在每一个细节问题上都和马斯克发生争执，极大地干扰了正常工作的秩序。有一次，一个有问题的零部件被检测出来之后，这位前宇航员竟然要求 SpaceX 复盘整个工作流程来查明原因，然而事实上马斯克已经弄清了问题的症结，根本没必要再浪费时间，双方就此发生了争执，最后马斯克认为，此人完全没有达到指导 SpaceX 的专业水准。

对于马斯克的"蛮横"态度，NASA 表示难以接受，他们从未想到一个来自硅谷的私企老板会如此态度强硬，特别是在争吵时他口不择言地骂别人是蠢货，让他们觉得马斯克有点近乎人格分裂：时而通情达理，时而暴躁冷漠，如果他能够进行更好的情绪管理，或许能够取得更大的成就。当然，NASA 的看法也有一定道理，SpaceX 的员工也了解马斯克的为人，所以会在他发火得罪了别人之后去修复关系，避免影响到正常工作，马斯克的助手肖特维尔就是这样的角色。

肖特维尔是一个长相出众、性格随和的女子，她对机械工程本来没有任何兴趣，但是后来对汽车发动机产生了兴趣，于是立志要成为一位机械工程师，最后进入了汽车制造行业，然而多年以来没有长期在某个企业任职，总是跳来跳去，最后在一个名叫微宇宙的公司里做了 4 年多的销售主管，然而她还是没有将全部热情投入到这家公司，后来在一位同事的介绍下偶然了解了 SpaceX，她竟毅然离职，成为马斯克招募的第七个员工。肖特维尔出众的业务能力得到了大家的肯定，即便是 SpaceX 遭遇倒闭的危机，她也能够应对自如并鼓励大家，她认可马斯克对效率的极端追求，她认为 SpaceX 的立业之本就是高效，这样才能扫除前进道路上的障碍。

一直以来，人们都盼望着有私人企业在航天界闯出一番名堂，让全人类都有机会享受到遨游太空的快乐。虽然在 20 世纪人类就完成了载人航天飞行，但都停留在国家战略层面，丝毫没有对普通人产生影响。在私人飞机成为众多富豪的玩具之后，穿过大气层的宇宙旅行成了一部分人梦寐以求的目标。而且，人类在航天领域的探索一直停滞不前，近几年来都没有实质性的突破，无非是配备的计算机系统更加先进一些、载人设备更加舒适一些，并没有像飞机、汽车那样广泛而深度地作用于人类生活，这让不少航天爱好者倍感失望。更重要的是，高额的发射费用和不可逆的一次性投入，让很多国家望而却步，更不要说实力相对薄弱的私人企业了。

高昂的成本是阻碍航天探索发展的最大绊脚石，如何打破这个天花板成了一批有志之士的奋斗目标。然而现实情况是，一些航天承包商们在签订合约之后，首先追求的是发射的安全性而不是平民化，因为他们负责运载的卫星通常造价高昂，一旦发射失败会损失巨大，所以他们不会吝啬资金，只求万无一失，这样一来，但凡有关成本控制的可能都被弱化了，结果在航天领域形成了恶性循环。

目前，全美具备发射火箭能力的供应商们，都只能按部就班地完成发射任务，他们没有出色的成本控制能力，也不在意效率相对低下，他们将更多的精力放在如何维护和政府相关部门的关系上，以确保他们能源源不断地拿到订单，这就斩断了他们振翅高飞的羽翼。相比之下，SpaceX 所追求的目标不是为政府发射用于国家战略的卫星或者给国际空间站补给，而是让更多人有机会登临太空甚至移居火星。

SpaceX 在航空领域内的头号劲敌是联合发射联盟，简称 ULA，该公司于 2006 年成立，单从涉足时间来看并不比 SpaceX 更有优势，但是它却拥有一批资本大鳄的扶持，比如波音公司和洛克希德公司，绝不会像马斯克那样为了几枚导弹而讨价还价。联合发射联盟的诞生是因为美国政府无法提供足够的业务支撑，而作为出资者的两家巨头也想借助自身优势分得一杯羹。虽然联合发射联盟的发射成功率很高，然而在成本控制上远不如 SpaceX，甚至也无法和中国、俄罗斯竞争。

由于联合发射联盟长年保持高额的发射成本，加之波音和洛克希德的行业垄断地位，让美国政府无法减少这方面的开支，负担越来越重，因此

SpaceX 的诞生无异于帮助美国官方缓解了压力,打破了既有的垄断格局,同时还能推动美国航天技术的进步,这是一举多得的好事。

马斯克敏锐地意识到美国政府的忧虑所在,在国会听证会上反复强调由波音和洛克希德操控的联合发射联盟给美国财政造成的困境:每次发射费用高达 3.8 亿美元,而 SpaceX 只需要 9000 万美元,而实际上 SpaceX 还能将 9000 万美元进一步压缩到 6000 万美元,但是因为美国政府需要一些增值服务而增加了成本。这样鲜明的对比自然让美国政府动了心,节约的资金可以用在卫星制造上,同步提升航天技术的科技含量。

马斯克在听证会上的发言,无疑给了两大巨头以重击,联合发射联盟的 CEO 盖斯认为马斯克列举的数字缺乏科学性,言外之意是 SpaceX 的发射费用不会这么低或者是便宜没好货,但是令人尴尬的是,盖斯只敢和马斯克打口水仗,却没有拿出相关数据,显得强词夺理。

幸运女神这一次站在了马斯克这边,听证会召开的时间段,恰好是美国和俄罗斯关系紧张的时期,而双方在航天业务上却一直有往来,受制于国际关系的考虑,美国政府必须做好不再依赖俄罗斯的准备。马斯克洞察到了这一点,于是明确指出:美国可以放心大胆地制裁俄罗斯,因为 SpaceX 不需要俄罗斯人的技术,反而是联合发射联盟使用了俄罗斯生产的火箭推进器。

马斯克手腕高超地将纯粹的商业竞争变成了国家力量的角逐,让联合发射联盟处于被动地位,尽管盖斯指出他们已经购买了俄罗斯火箭推进器两年的供应权,但这未能正面回答马斯克提出的疑问:如果俄罗斯人翻脸,那么联合发射联盟的底气从何而来呢?

或许是盖斯的表现太过拙劣,让马斯克在听证会上占据了优势,联合发射联盟很快将他撤掉,马斯克的必杀式追问产生了致命效果。虽然 ULA 后来依靠着裙带关系为自己正名,找了一个和他们有利害关系的参议员为他们辩解,这位参议员开口就把 ULA 的功劳簿拉了出来,声称他们为美国政府进行了 68 次成功的发射，还反问马斯克如何看待这些傲人的成就。这种官僚气息浓厚的说辞，虽然能够把会议主题带偏，却无法正面回答马斯克的质疑，反而让人觉得更像是无理取闹，致使听证会的核心议题被严重带偏，更像是一场大学辩论赛。

由于被政客搅了浑水，美国政府的态度又变得不够明朗，在听证会结束后 ULA 依然享有发射权，只是从原定的 14 次发射被改成了 1 到 7 次，这让马斯克十分恼火，因为他已经陈述了他的立场，也介绍了 SpaceX 毫无争议的竞争优势，却因为一些政客的搅局给了 ULA 继续赚钱的机会。作风强悍的马斯克不想吃这个哑巴亏，很快对美国空军提起诉讼，为 SpaceX 争取发射业务的平等权利。

马斯克公开表示："我们只是觉得不透明的合同招标不够公平，如果我们在竞争中失败了，无所谓。但现实是他们封锁了我们参与竞争的权利，这点我们无法接受。"当有媒体认为马斯克此举是在破坏 SpaceX 和美国防务机构的关系时，马斯克说："我们并没有和美国空军为敌，这不是你死我活的形势，我们起诉的只是美国空军采购部门的极少部分人。"

2015 年 1 月，SpaceX 对外宣布放弃对美国空军的起诉。这并非是马斯克认怂了，而是因为美国空军改变了改进型一次性运载火箭计划的招标机制，让竞争过程更公平，马斯克起诉的目的达到了，事实上他对空军的强硬态度并非源于 SpaceX 利益受损，而是想要纠正美国航天业的混乱秩序，因为这关乎美国人未来的航天发展进程。

2. 太空出租车公司

马斯克对未来商业市场的想象力是无穷的,在他眼里,太空不是一个令人敬畏的浩瀚区域,而是一个充满商机的新市场,未来将会有更多的人转变为太空消费者,而他则要为这些消费者提供产品和服务。

在航天领域,马斯克除了要和 ULA 争夺利益之外,还要和另一个竞争者——轨道科学公司纠缠,双方的矛盾主要聚焦在商业卫星发射和国际空间站补给的业务争夺上。

轨道科学公司于 1982 年成立,发展历程和 SpaceX 比较相似,都是资金薄弱、依靠筹资逐渐发展起来的,当然和敢想敢干的马斯克不同,它没有帮助人类移居火星的宏远计划,只是致力于研究如何让小型卫星上天,却因为小而专积累了丰富的经验。由于不搞全面铺开,轨道科学公司不会像 SpaceX 那样自主开发各种设备,他们更多的还是依赖购买,供应渠道是俄罗斯和乌克兰。从这个角度看,轨道科学公司更像是一个组装公司,从不钻研核心技术,但这并不意味着他们缺乏竞争力,他们只是不善于将实验设备和相关物品从国际空间站里带出来。

从商业策略的角度看,轨道科学公司执行了更为经济的商业策略,但是技术的缺位也会给它的发展设置障碍,该公司的火箭曾经在发射台上发生爆炸,可见其技术水准让人存疑。该公司甚至还向马斯克寻求帮助,希望马斯克能够为其客户提供服务,想要谋求一种新的合作方式。

轨道科学公司的示好,从侧面证实了 SpaceX 在航天领域已经获得了成功。现在能够和 SpaceX 比肩的也只有波音公司,两方都是美国政府优先考虑的合作对象,成了一同负责将宇航员送往国际空间站的合作方,当然波音公司拿到的是大头——42 亿美元,而 SpaceX 收获了 26 亿美元。

在 SpaceX 拿到价值 26 亿美元的合同后,马斯克开始致力于设计载人的"Dragon V2",也就是"龙飞船"二代,和第一代相比,它的设计初衷不是为了国际空间站提供补给,而是为了运载宇航员。在 SpaceX 和 NASA 的合同中,写明了"商业宇航员计划",SpaceX 有义务帮助 NASA 运送宇航员和货物,还要运送平民。从这个角度看,马斯克将通过"龙飞船"二代向付费用户提供了低地轨道的"太空出租车"服务。

"龙飞船"二代的密封太空舱能够乘坐 7 人。如果不需要乘坐这么多人,可以拆掉一部分座位载货,总计有效荷载空间是 10 立方米,除此之外还有一个存放货物的货室,可以根据实际需求额外增加 14 立方米的无压空间。

"龙飞船"二代在完成任务之后可以返回地球,不过返回方式和传统的太空船或者返回舱有些区别,"龙飞船"二代在返回地球时不会伸出机翼或者打开降落伞,因为它自身已经配备了 8 个超级推进器用来和地心引力抗衡,在接近地球表面时可以像直升机那样缓缓降落。这些推进器是由超合金用 3D 打印的方式制作出来的,每一个推进器能够提供 16000 磅推力。

"龙飞船"二代的安全设计也非常独到。如果在发射时出现了任何紧急状况,那么"龙飞船"二代还是能够利用推进器完成降落,就算机身上有两个推进器失效,依然不会影响其正常运行。如果超过两个推进器发生故障,飞船还配备了减速降落伞进行缓冲着陆。

对宇航员来说,执行太空任务最危险的就是发射环节,过去美国就发生过这种意外,为了让"太空出租车"的生意有更多人买单,马斯克加强了安全设计。2015年5月，SpaceX进行了"龙飞船"二代的第一次发射逃生测试，根据SpaceX提供的地面视角的视频来看，太空船在升入天空之后，只需要1.2秒就加速到时速160公里，比过山车的速度还快，降落伞也能够第一时间打开，然后迅速进入到平稳降落的状态，证明了它足够安全。

在操作体验上，"龙飞船"二代的驾驶员操作界面清晰便捷，有灵敏度极高的触摸屏和导航操纵杆，还有以备不时之需的手动应急按钮。

"龙飞船"二代被猎鹰9号火箭送入地球轨道，进入预定高度后，"龙飞船"二代将和猎鹰9号分离并进入太空，目的地是国际空间站。值得一提的是，在"龙飞船"二代和空间站对接时，"龙飞船"二代的鼻端向上打开和舱口对接，而"龙飞船"一代会丢掉整个鼻端，还要依靠空间站的加拿大机械臂进行固定，两代飞船的对接方式有着明显的优劣之别。

对接舱口的作用是让宇宙飞船和国际空间站进行货物和载员的对接，也可以和其他宇宙飞船对接。当货物或者宇航员安全进入国际空间站之后，"龙飞船"二代将立即脱离空间站，这时整个鼻端也会关闭。在重新进入地球大气层之前，"龙飞船"二代为了减负，会丢掉整个货室部分。在离开国际空间站之后，其装载的2个太阳能电池板也将会被丢弃。在货室分离后，"龙飞船"二代的热屏蔽装置也会暴露出来，能够帮助携带宇航员的太空舱平稳地进入大气层，不必担心摩擦引发的热量。

"龙飞船"二代的最大卖点是可以反复利用，这意味着马斯克正在将SpaceX打造成一个太空出租车公司。他说："这件事之所以很有意义，被大家看作是人类又一壮举，主要是因为'龙飞船'二代实现了太空飞船的快速重复利用性。只需重新加满助推剂，飞船就可以再次起飞。毕竟，如果飞行器只要一飞行就没用了，那即使是国家也承担不起这样的飞行成本。"

"龙飞船"二代的诞生，无论是对宇航员还是普通人都是一个重要的进步，其意义不亚于阿波罗号探月时人类迈出的第一步，特别是对美国航天业来说更是意义非凡，因为这是几十年以来美国第一次制造出的载人宇宙飞船。

2017年8月4日，马斯克在他的推特上转推了一篇媒体文章并评论说："非常期待明年能将NASA的宇航员送到国际空间站。"

载人航天是难度更高的发射任务，SpaceX和波音都将发射时间一再推迟，这并不意味着双方的技术出现了问题，而是出于对宇航员安全的考虑，不得不进行多方面的测试和准备，因为稍有不慎，带来的结果是灾难性的。尽管如此，马斯克并没有放弃他的太空出租车生意，这或许可以看成是马斯克移居火星计划中的一部分。据说，SpaceX目前正和NASA的科学家共同寻找适合在火星登陆的最佳地点。

至于人类何时能够在太空任意穿梭，马斯克表现得很乐观，他在2014年6月接受CNBC（美国NBC环球集团的有线电视卫星新闻台）采访时说，10年后将人类送上火星是可能的。现在来看（2023年），登陆火星的计划只能延期了，或许这个时间节点与NASA的预测时间更接近——2030年。结果如何，我们只能拭目以待了。

为了实现在火星和地球之间的飞行往来，SpaceX的下一代星际航空器是"星舰"飞船（StarShip），这是一种一次性能运送100人进行星际旅行的可重复利用运载工具，短期目标是进行月球载人发射和返回，长期目标是在火星上建立一个100万人规模的城市。

实际上，乘坐火箭去太空旅游，已经成为很多亿万富豪的新玩法。2021年12月8日，日本46岁亿万富翁前泽友作花了约100亿日元乘坐俄罗斯的"联盟MS－20"宇宙飞船前往国际空间站，开始了为期12天的太空之旅。值得一提的是，前泽友作早在2018年就宣布包下"星舰"第一次绕月飞行所有座位，除此之外，美国亿万富翁贾里德·艾萨克曼预定了乘坐"星舰"完成首次商业太空行走、美国企业家丹尼斯·蒂托与其妻子也已预定星舰绕月之旅。由此看来，SpaceX一边拿下政府订单，一边承接私人业务，实现太空飞行的现代化和商业化，未来的营利空间不可估量。

如果 SpaceX 能够顺利发射载人飞船，那么马斯克之前制定的"星际运输系统(ITS)"将全面打开太空旅游的新世界，人类不仅能够在火星建立永久性的自维持基地，还能够乘坐载人飞船游览地球周边的风景。根据马斯克的构想，星际运输系统将制造出人类航天史上最大的火箭，每次发射至少可以运载 100 人前往太空。

马斯克说："我真正想做的是在有生之年能够登陆火星表面，为人类探索太空作出积极贡献！"这是一个宏大的计划，而太空出租车业务就是计划的第一步。

3. 青蛙王子受欢迎的秘密

《格林童话》中讲述了一个"青蛙王子"的故事，它的结尾十分感人：公主用吻解除了王子身上的魔咒，让他从一只丑陋的青蛙变回了英俊的青年。其实，青蛙王子被人喜爱是因为他的体内流淌着王子的基因，同样，SpaceX 能够被美国政府、各大汽车制造商等认可，是因为它流淌着创新的基因。

SpaceX 的经济状况好转之后，马斯克对办公区和工厂都进行了修整，因为这里的格局和装修风格能够体现出他对未来世界的向往。办公区由玻璃为主体构成的建筑，有三层楼高，和旁边的工厂风格迥异，这种布局也藏着马斯克的小心机：透明的玻璃方便他随时监督员工的一举一动。

工厂区域是 SpaceX 的核心部分，因为这里经常要进行最精密的设备制造，火箭的各个组成部分几乎都在这里完成，这也是最能体现 SpaceX 工业生产能力的圣地。如果马斯克的竞争对手们来到这里参观，很可能会被那些高度科技化的设备仪器所震惊，让人以为误入了科幻电影的摄影棚。

对于曾经不可一世的航天大公司而言，SpaceX 的成功无疑具有极大的威胁，它不仅具备和这些巨头平起平坐的能力，更能凭借低价轻易抢到订单，无论是波音还是洛克希德，都在 SpaceX 的逼抢之下都变成了弱势的一方。不过对于美国政府而言，SpaceX 的成功让美国重新回到国际商用发射领域的阵地上,此前中国和俄罗斯一直是主角。美国人能够在本土劳动力成本居高不下的情况下完成低成本发射,这都是得益于马斯克的运筹帷幄。

对马斯克来说,SpaceX 已经升级为一个太空出租车公司,可以承接一切业务——只要你能付得起钱。而且,马斯克帮助美国成为受众面更广的商业合作对象。在 SpaceX 成功之前,美国政府对这块市场的重视程度是不够的,甚至可以说是鼠目寸光,这从客观上成就了波音公司。

在人类社会进入 21 世纪之后,太空卫星服务变得越来越重要,很多国家都将卫星送上太空,它们不仅能够提供网络、广播、气象等民用服务,还有更重要的军事用途,所以在该领域的开拓程度决定着未来国家对这块市场的控制能力,而马斯克的眼界让 SpaceX 切合了时代发展趋势。

在航天界,卫星制造及相关服务是油水最多的项目,所以美国一直尝试在这个领域建立优势,现在美国生产的卫星占据全球的 33% 左右,而卫星营收占全世界总营收的 60% 左右,这些收入大部分都来自和美国政府相关的业务,至于剩下的 40% 则是被中国和俄罗斯等少数几个国家垄断,而且俄罗斯和中国也在加强卫星发射能力,这对于美国来说是一种威胁,毕竟独霸太空是美国人的梦想,美国政府并不希望看到有更多的参与者活跃在这个领域。

或许是受到了马斯克的影响,SpaceX 的员工们思想越来越激进,他们对传统的航天工业有了新的看法,他们渴望颠覆,也不满足于仅仅和美国政府建立商业合作关系。对马斯克来说,几年来制造火箭的经历让他有能力打破成本瓶颈,所以他准备进行更大胆的测试:制造出可以重复利用的火箭,将运载物体送到太空之后准确地返回地面,这就需要设计一种能够发出反向力量的推进器,从而打破成本的底线。

如果这项技术能够实现,SpaceX 的竞争对手将迎来一场难以醒来的噩梦。

马斯克正在用他的商业头脑和战略视角构建一个更庞大的商业帝国，一个能够轻易击败对手的存在，未来SpaceX的收入将以数亿美元计算，马斯克的身价也会持续暴涨。

SpaceX的快速崛起，在行业内引发了多米诺骨牌效应：大公司的商业模式被迫改变，小公司的生存策略进行调整；同时也引发了人们对SpaceX前景的预测：有人认为SpaceX无非是运气较好，但终归要成为过客；也有人认为，SpaceX的低成本航空会引发更强烈的震荡，开启人类社会的一个新纪元。

对于外界的高度赞赏，马斯克理应感到兴奋，然而让他失望的是，SpaceX的良好口碑并没有为他赢得更多的订单，究其根本是没有产生规模效应：买家太少，导致设计和生产的总成本偏高，所以猎鹰1号在成功上天之后，迟迟未能再度升空。

2012年5月22日，在经历多次延期后，猎鹰9号火箭成功发射升空，把货运"龙飞船"送到预定轨道，在太空舱脱落后，依靠自身携带的太阳能电池板维持供电，朝着国际空间站继续飞行，由于需要3天才能到达目的地，在此期间工程师们都无法安然入睡，他们时刻关注着飞船的运行状态。当飞船接近国际空间站时，突然出现了闪光，影响了飞船上激光探测器的正常工作。这个突发状况让SpaceX上下乱作一团，大家担心这次发射会在接近尾声时遭遇失败，为此，工程师们不得不调整"龙飞船"上的软件，让它不再对强光产生反应，事实证明这个补救策略是正确的。

5月25日，"龙飞船"与国际空间站成功对接，成为有史以来首艘造访空间站的商业飞船。虽然是首次尝试，但从开始到结束，全过程几乎毫无瑕疵。

唐纳德·佩蒂特是第一位进入"龙飞船"搬运货物的宇航员，他兴奋地说飞船闻起来像一辆新车，并在飞船内逗留了很久，称感觉很好。5月31日，"龙飞船"返航，在加利福尼亚附近的太平洋海域准确溅落，仅比原计划提前了两分钟。马斯克坐在飞行总控室内的第一排座位上，通过推特宣布："溅落成功！派快艇去迎接飞船。"此次国际空间站验证飞行任务中，"龙飞船"圆满完成了一系列在轨验证任务、交会对接试验和货物补给验证，而这些本应在两次单独任务中实现。

"龙飞船"是世界上第一艘与国际空间站成功对接的商业飞船，创造了商业航天的历史，为商业航天未来的发展奠定了坚实的基础。人们对 SpaceX 有了新的认识，特别是对 NASA 来说，他们终于发现 SpaceX 拥有不可预知的发展潜力，而马斯克则是一个永远猜不透底牌的创业家，与传统的研制合同相比，此后的任务能以极低的成本完成，对于美国纳税人来说也是一件乐事。或许是看到了 SpaceX 未来的发展前景，NASA 又给了它 4.4 亿美元的专款，让 SpaceX 研制载人航天器。

发射成功后，奥巴马亲自给马斯克打电话表示祝贺，然而他的号码被马斯克的手机屏蔽了，他以为这是一个业务推销员的电话。不过他后来还是和总统通话了。这一天，距马斯克创立传奇般的 SpaceX 也不过短短 10 年。

SpaceX 的成功将刚刚处于起步阶段的竞争对手们远远抛在身后，另一家获得这项合同的轨道科学公司，在一年以后才进行了"天鹅座"飞船的首次发射。

马斯克没有忘记在成功之后施展营销手段，在猎鹰 9 号完成任务后，他邀请很多媒体来到 SpaceX 的总部，向他们展示"龙飞船"二代。由于马斯克喜欢在夜间举办公共活动，所以当宾客们聚集在 SpaceX 总部之后，他们被耀眼的灯光照耀，仿佛置身于一个近似宇宙的虚拟空间中，而马斯克也衣着光鲜地出现在人们面前，优雅地展示着"龙飞船"里的景象：宇航员在控制台上便利地操作设备，还能够清晰地通过大屏幕了解舱外的情况，宛如在欣赏一部科幻电影。

"龙飞船"二代的诞生，宣告了马斯克对空间站补给的业务构想，他希望这种载人飞行器能够在国际空间站附近停靠,不用借助笨重的机械手臂将其拉动到舱门附近,真的像科幻电影里那样来去自由。为了提供给飞船足够的动力,SpaceX 大胆地运用 3D 打印技术制造了一部航天推进器,避免了人工焊接可能造成的疏漏,而且"龙飞船"二代能够在计算机的指挥下完成高难度的着陆,误差几乎为零,是人类航天领域的技术革新。

和"龙飞船"二代同期产生的新产品还有猎鹰重型火箭,马斯克将它定位为世界上最大的火箭,它是由 3 支猎鹰 9 号火箭合成的,载重能力高达 53 吨。从表面上看,Space 没有单独开发巨大的推进器似乎是在偷懒,实际上这是马斯克为了设备标准化敲定的产品思路:无论是猎鹰系列的哪种型号,都能够使用相同的设备,这就好像 M16 枪族统一使用的子弹,能够方便人们使用、保养和维修。该思路无疑是具有先见之明的。

2019 年 3 月,龙飞船 2 代进行了为期 6 天的试飞,最终降落在大西洋的预定海域,尽管这次飞行搭载的只是一个假人,却已经达到了载人航天的全部要求。

2020 年 5 月 31 日凌晨 3 时 22 分,美国肯尼迪航天中心 39A 发射台上,由 SpaceX 研发的载人龙飞船,凭借着猎鹰 9 号火箭的强大推力成功飞上蓝天。经历了将近一天的飞行之后,6 月 1 日凌晨 1 点 22 分,龙飞船上的两位宇航员终于进入国际空间站,和在那里等候多时的宇航员正式会面。

这一次成功,再度让人们对马斯克产生敬佩和畏惧,敬佩的是他创造了历史,畏惧的是他们不知道 SpaceX 还藏着多少有待爆发的力量。2023 年 4 月 20 日 8 时 33 分许(北京时间 20 日晚 9 时 30 分许),SpaceX"星舰"进行首次测试性发射失败,火箭在空中爆炸,引起了全世界的关注。

"星舰"承载着马斯克太空旅行的梦想,按照计划,未来 SpaceX 将制造 1000 艘"星舰",穿梭于地球和火星之间,开展"移民火星"计划。尽管遭遇失败,但是马斯克在 6 月表示,SpaceX 已经对"星舰"进行了 1000 多次修改,下一次发射成功的概率可能提高 60%。

事实上,马斯克对这次发射并不抱有太高的期望,甚至可以说爆炸的"星舰"也部分完成了 SpaceX 设定的目标:一是配置 33 台发动机的"超重"火箭助推器和第二级"星舰"飞船离开地面;二是确保发射台完好无损。在这个问题上,马斯克保持了相当的理性和克制,纵然外界嘲笑他"放了一个 30 亿美元的烟花"也能坦然接受,因为这是探索太空的必经之路。

探索太空不仅需要先进的技术水平和严格的安全标准,也离不开持之以恒的勇气和冒险精神,而马斯克恰好具备这种特质。

2023 年 6 月,马斯克获得了由国际宇宙航行联合会(IAF)颁发的 2023 年度世界航天最高奖。值得一提的是,马斯克拿到的是个人奖,获奖理由是"马斯克先生对航天对人类未来的重要性有着远见性的认识,并愿意用自己的资源、生命、努力和能力通过 SpaceX 公司实现其愿景"。

世界航天最高奖是用以表彰在航天科学、航天技术、航天医学、航天法律等领域为全球航天活动做出卓越贡献的个人或团队,马斯克能够获得如此殊荣,可见其在运载火箭和载人航天领域达到了能够与国家级航天局相媲美的成就。

随着产品群的扩大,SpaceX 的生产能力也大幅度提高,而且造价也进一步降低。另外 SpaceX 对火箭上的很多零部件都进行了革新,有些是微调,有些则是创新,目的都是让火箭的性能更为出色,这对于竞争者来说是非常可怕的征兆——马斯克正在改变行业格局。

SpaceX 内部究竟有多少秘密,外界始终不能得见全貌,这也是让同行最为恐惧之处。SpaceX 的诞生和发展,正在颠覆航天领域中常年积累的弊病和错误思维,这是马斯克带来的变革之力。

4. 神经心理学认证的航天家

芸芸众生中，有人生来带着标签，比如"强迫症患者""偏执狂""野心家"等，这既是对人性格的描述，也是其对外展示个性的总结。至于马斯克，他除了具备很多成功人士必备的优点和缺陷，还被"颁发"了神经心理超出常人的鉴定书。

根据神经心理学家的分析，马斯克是一个不折不扣的天才，这从他的童年时代就已经显现出来，他的智商超过普通人，他会认真观察世界，从中发现世界的缺陷。他的思维模式就是发现问题并解决问题，这不仅是一种行为习惯，也是一种使命，贯穿于他的商业生涯中。

2014年，SpaceX在得克萨斯州南部建造了宇航中心，将方圆几十英亩①的土地改造成一个现代化的火箭发射平台。和传统的火箭发射基地不同，它能够让火箭进行自动化发射，更多的依赖计算机程序而非人脑，从而增强发射的安全性和稳定性。

马斯克之所以修建现代化发射平台，是因为他意识到，一旦人类实现了移居火星的梦想，高效的发射速度就显得尤为重要。除此之外，发射时推进剂也是必不可少的，它是确保宇宙飞船顺利到达火星的关键，要想提

---

① 英亩，面积单位。1英亩约合4046平方米。

高宇宙飞船的续航能力，SpaceX就要制造出更高性能的推进器和载重量足够的运油飞船，这样才能满足上百万人前往火星的基本需求。

移居火星的成本也是马斯克考虑的问题。如果单人费用高达上亿美元，那只是富豪才有资格体验的生活。如果每个人的开销在几十万美元上下，那么能够承受的人数就会增加，因为很多中产阶级可以将自己在地球上的产业变卖，然后搬到火星。

改造火星的生态环境是移民工作中最难的一步。马斯克也深知依靠自己是不够的，可能需要人类经过成百上千年的努力，不过他还是表示自己想死在火星上，想要去参观那里，最好是在他70岁的时候，这样就能在火星终老，而他的妻子和孩子很可能还要留在地球上。

作为一个实干家和梦想家，马斯克正在帮助人们打开一扇门，而开门之后有很多事情需要大家共同努力。

很多人都在质疑马斯克的野心，但仍然有一部分支持者想要见证马斯克实现梦想的时刻，因为这是一个严肃的话题，而不是搞笑的娱乐段子，特别是对具有专业技能和精神的人来说，只要认真思考就会发现，马斯克的野心绝非异想天开，他只是想得太过超前而已。

在马斯克眼里，人类始终生活在危机中，所以他要帮助人类摆脱困境，凡是在这个过程中阻碍他的都会被他推到对立面上。

马斯克虽然擅长营销，也懂得说话的技巧，但是在用人的问题上态度果断，他希望别人能够理解自己的商业目标，如果有人缺乏理解力就要靠边站。在硅谷，类似马斯克这样的性格很容易被人认为是患有自闭症，当然这对马斯克完全是一种误读。马斯克是一个很热情的人，也容易动感情，只是这些感情并不体现在形式上，他不会直接询问别人身体状况是否良好，但是如果对方真的遇到问题，他一定会想办法帮忙。

正是这种复杂的表现，让大家对马斯克的评价差异性很大，有的人认为他苛刻，有的人认为他反复无常，也有的人认为他善良正直，不过有一点可以肯定的是,为了达成某个目标,马斯克会采用杀鸡儆猴的办法,开除某个员工以警醒其他员工,这在某些人看来是冷漠无情的。

特斯拉的公关部门经常有员工被马斯克开除,因为他十分在意新闻传播的作用,对从业人员的新闻嗅觉和公关能力要求苛刻,有人慢了几个小时就可能会被开除,从事公关工作的人会更加争分夺秒地完成任务,然而能够适应马斯克的工作节奏的人却少之又少。从这个角度看,能够接受马斯克工作风格的人,都是复制了他的思考模式的人,他们已经认同了马斯克的世界观,能够沿着他的思维痕迹去思考,这是一项严酷的有关能力、信念和价值观的考验,一旦他们和马斯克形成这种关联,就会产生深度的绑定关系。

马斯克和乔布斯一样,都是非常看重技术的领导者,而且他们对用户的消费习惯和消费心理有着极高的敏感度,能够在别人觉得不可思议的时候创造奇迹,所以了解马斯克的人不会急于对他的某个决策作出判断,而会耐心等待最后的结果。而且,越是熟悉马斯克的人,越会觉得他并非寻常之辈。

回想当初,乔布斯也是同时管理两家公司,马斯克对 SpaceX 和特斯拉也投入了同等的精力,而且马斯克事无巨细,对日常运营工作抓到了极致,乔布斯就没有投入如此大的精力,这从侧面证明了马斯克的精力更旺盛。而且,马斯克和乔布斯都在各自的领域引发了技术革命和消费革命。当然,有人认为马斯克没有达到乔布斯的高度,因为无论是太阳能还是移居火星目前都是个未知数。但是从另一个角度看,如果马斯克的这些梦想在未来实现了,他取得的成就会超过乔布斯。

马斯克不是一个空想家,他的每一步计划都有理有据,他只把主要精力集中在一个目标上,比如人们一直希望他去做太空旅游的项目,然而马斯克并不关心,他更在意的是整个太空产业,这才是他赋予 SpaceX 的使命。只有走这条路才能让美国和俄罗斯、中国在航天领域相抗衡,而且还能推动其他相关产业的发展，太阳城公司就是典型代表。

  在乔布斯去世后，硅谷一直在物色能够替代他的技术领袖，而马斯克恰好符合这个特征。很多新兴公司都对马斯克寄予厚望，如果特斯拉的电动汽车在未来普及的话，马斯克的号召力会更明显，他对人类社会的影响力也会进一步提升，马斯克甚至成了拉里·佩奇的偶像，他对马斯克建立星际社会的远景规划十分欣赏，因为他深知一个优秀创意实现之前都会被人误解，但是这不会干预它走向成功的既定方向。

  改变世界这个想法某种程度上也限制了马斯克，让他时时处处都以此为出发点，他所考虑的问题也从一个点发散到整个面，让他不得不抽出精力处理一些细节问题，像是一个外表理智、内心狂躁的"神经症患者"。为此，马斯克要承受痛苦，要接受生命短暂的事实，比如移居火星这个巨大的工程并非一朝一夕能完成的，马斯克或许无法见证那一天的到来，他只有学会面对现实，才能处理好眼前的工作。

  马斯克的三家公司将会走上高速发展的道路，也会给他带来更大的商机。特斯拉会设计出更多的车型，而 SpaceX 每个星期都会发射卫星或者为空间站补给物资，太阳城也在循序渐进地实现它的目标。如果这三家公司都能按照预期轨道获得成功，那么马斯克的身价将会进一步提升，他所掌控的不再是几家公司的股权和话语权，而是未来人类生活的命脉和希望。

Chapter 9

第九章

和乔布斯的差别在于续航

1. 小心那些抢蛋糕的

丛林法则的核心就是胜者为王,而在争夺胜利的道路上会遭遇很多竞争者,他们或者正面出击,或者背后偷袭,如果不能眼观六路则很难躲避意料之外的危机。

马斯克的开拓精神让特斯拉高歌猛进,扭转了外界多年来对电动汽车的漠视与不屑,它不再是一个玩概念的电动玩具,而是成了与燃油车争夺消费市场的强大竞品,而且它的奇迹是由一个完全没有汽车行业经验的人创造的,这极大地打击了底特律汽车商人们的自信心。

特斯拉的成功模式到底是什么?从表面上看,这家公司在成立的初期,一直处于磕磕绊绊的发展状态中,以至于在业内没有人认为它能够做出成果,直到在 2009 年制造出了 Roadster 才变得引人注目,即便如此还遭遇了出货延期的问题。现在,当一切掣肘特斯拉的因素被消除之后,马斯克认为他应当更进一步,于是宣布 Roadster 涨价,从之前的 9.2 万美元上涨到 10.9 万美元。

这个消息对还没有拿到车的客户来说简直是雷霆一击,但是马斯克却深知自己必须这么做,对于愤怒的客户他只能好言安慰,因为目前的售价完全低于制造成本,不涨价的话特斯拉将在未来面临更窘迫的局面,只有让特斯拉保持良好的盈利空间,才能让政府乐于为它提供贷款,才能有充足的资金去研发更优秀的电动汽车。因此,即便有消费者对马斯克的决定表示不满,但他认为还是会有更多人支持他的决定。

马斯克一面宣布汽车涨价一面开始处理内部问题,由于莲花汽车在组装 Roadster 的时候没有将底盘的螺丝拧紧,所以只能进行安全召回,采取补救措施,但是这样一来,公众对特斯拉汽车的安全性又产生了怀疑,还好事态很快得以平息。然而糟糕的是,第二年特斯拉又进行了第二次召回,这一次是因为电线会摩擦车身而导致短路,这让公众对特斯拉的好感度又下降了,人们不知道 Roadster 身上究竟隐藏了多少安全隐患。

好在马斯克成功地把控了舆论的方向,良好的危机公关策略没有让媒体对特斯拉赶尽杀绝。截至 2012 年,特斯拉一共销售出了 2500 辆 Roadster,完成了马斯克的预期目标。Roadster 也不再是富豪手中的玩物,而是成功地进入了公众的视野。

在特斯拉极力向公众推荐 Roadster 的同时,马斯克的脑海中又在构思新一代的产品:白星电动汽车(后来变为 Model 系列车型)。

和之前的两款豪华电动汽车相比,Model 系列不再依赖任何一家汽车公司提供的零部件,而是全部由特斯拉设计,比如汽车底盘不再由莲花汽车公司组装,而是由特斯拉的工程师们亲自操刀,将电池安装在底盘上,增强汽车的行驶稳定性。

2007 年,马斯克正式启动 Model S 的设计研发工作。为了让汽车拥有别具一格的外形,马斯克雇用了著名的丹麦汽车设计师亨利·菲斯克,希望他能够帮助特斯拉设计一款外形极致的汽车,毕竟他是业内极具才华的设计师,10 年来创作的精品数不胜数,就连奔驰、宝马这样的行业巨头,也对他另眼看待。所以马斯克对他寄予了厚望。然而让大家没想到的是,菲斯克最终设计出一个滚圆且丑陋的车型,被马斯克当场否定,而菲斯克却解释说这是受制于电动汽车特有的结构的一种妥协方案。后来菲斯克的几次修改方案都未能通过,直到这时,一些人忽然反应过来,菲斯克显然是故意的。

时间证明这种猜测是正确的,菲斯克很快成立了以自己的名字命名的汽车集团,并在2008年推出了混合动力汽车,从特斯拉的外聘设计师变成了竞争对手。让马斯克气愤不已的是,菲斯克这一次设计的Fisker Karma动力汽车外形相当炫酷,每一处细节都可以说是由上帝之手完成的杰作,跟之前提交给马斯克的方案简直不可同日而语。更让马斯克恼羞成怒的是,菲斯克在硅谷到处寻找投资者,已经成了特斯拉资金来源的有力竞争者,这似乎证明了一个事实:菲斯克在受聘为特斯拉设计师的同时,拿出了一部分精力做自己的事情,对马斯克阳奉阴违。

2008年,忍无可忍的马斯克对菲斯克提出诉讼,状告他剽窃特斯拉的创意,然而经过法院审理,认为马斯克指控对方的证据不足。

官司打输了,马斯克得到的教训也是深刻的。他一方面检讨自己没有识破菲斯克的诡计,另一方面也在思考着混合动力汽车的前景:电动汽车最致命的短板是充电站太少,而混合动力汽车可以在电力耗尽之后加注燃油继续行驶,免去人们对续航里程的担心。但是一个新的问题诞生了:混合动力汽车因为结构更复杂而提高了成本,这和特斯拉的低成本原则背道而驰。为此,马斯克放弃了研发混合动力汽车的计划,他认为菲斯克走上了一条不归路。

既然坚定了研发纯电动汽车的战略方向,那么如何将产品做到极致就是决定生死的关键,马斯克加强了对Model S的深入研发,他最初的计划是每年生产1万辆Model S轿车,总计投入在1.3亿美元上下,这个预算和其他汽车制造企业相比实在寒酸,因为这种级别的研发费用通常要达到10亿美元,但是马斯克却不想花这么多钱,他要依靠工程师的聪明才智来节约研发成本。为此,马斯克特地让特斯拉的工程师团队拆解了一辆奔驰CLS跑车,研究其内部的架构,最终,他们改造了之前的电池形状,将四方形改成了扁平形,同时对车身的电子线路进行改造,让它们变得更加规整。

经过 3 个月的努力，特斯拉拥有了第一台纯电动汽车，当然主体框架还是借用了奔驰的，不过这也算是一种突破了。

在设计 Model S 的外观时，马斯克找到了一位名叫弗朗茨·霍兹豪森的设计师，他曾经在大众汽车公司工作过 8 年，是一个充满艺术想象力的设计师。霍兹豪森 2008 年加入特斯拉之后，并没有因为这家公司濒临倒闭而恐慌，反而很欣赏这里富有朝气的工作氛围。当霍兹豪森接过菲斯克留下的 Model S 设计草图时，认为这是一个缺乏经验的蹩脚之作，于是马斯克恳请他接过这项任务，霍兹豪森和他的团队搭建了帐篷作为办公室开始重新设计。3 个月的时间过去了，霍兹豪森顺利完成了 Model S 95％的外观设计，堪称神速。

霍兹豪森的高效率和他的沟通习惯有关，因为他和马斯克的办公桌相隔很近，所以二人总能随时交换想法，而马斯克也很欣赏霍兹豪森的设计风格。当马斯克提出要让电动汽车容纳 7 个人的时候，霍兹豪森觉得有些不可思议，后来他想通了，因为马斯克有五个孩子，提出这个要求在情理之中。

马斯克的指导思维就是不拘泥于传统，他敢于挑战人们的固定思维，敢于突破各种条条框框，这让他有了更多的灵感。他提倡要用铝作为车身的主体材料，可在当时采用铝质车身的汽车仅占 5％的市场份额，但是马斯克依然坚持这个原则，事实证明这种偏执是正确的，特斯拉的电动车具备了明显的差异竞争优势，不仅在外观和性能上超过了其他电动汽车，也向高端的燃油车发出了挑战。

2. 梦想就是睡着的现实

有人说，好老板应当给员工减少麻烦，然而马斯克却经常给员工"制造麻烦"，他总是对产品提出各种各样的要求。以特斯拉的工程师团队为例，他们已经足够优秀，但是面对马斯克的一些"无理要求"还是力不从心，在设计 Model S 的过程中这个矛盾始终存在：从门把手到车灯开关，从车载计算机到触摸屏幕，几乎每一个细节都要争执一番。在制造原型车的时候，马斯克还坚持每天到工厂检查补充意见，俨然是一个身份显贵的监工。

虽然马斯克对团队的工作标准有些苛刻，但从整体来看他的思路是正确的，他那些"奇葩"的要求本质上是在提升特斯拉的制造水平，因为汽车制造业的竞争十分激烈，像特斯拉这样的初创公司只有先严格要求自己，然后才有资格去赢过别人。

Model S 成功设计出来之后，霍兹豪森盼望它能够量产，但是当时特斯拉的财务状况无法满足他的要求，因为汽车量产需要雄厚的资金，随便哪一道工序都要耗费大量的资源，开支通常高达上亿美元。马斯克也深知特斯拉的短板，他希望能够借助 SpaceX 的经验，在内部搭建生产线完成自主生产，不过即便如此成本还是居高不下。后来有人提议说，既然电动汽车耗资巨大，还是要从提高品牌知名度入手，吸取之前的教训。

2009 年是汽车行业惨淡的一年，在当年举行的底特律汽车展上，很多公司没有参展,马斯克瞄准这个机会,以低廉的价格拿到了保时捷之前的展位,而对面正是让他切齿痛恨的菲斯克。这次出展,让戴姆勒公司开始关注特斯拉,他们也打算要生产纯电动奔驰 A 类汽车。

被行业巨头看好,这对特斯拉来说是一个好消息。马斯克为了给戴姆勒留下深刻的印象,决定在最短的时间内做出两款原型车。果然,戴姆勒高层来到特斯拉参观之后,对原型车非常赞赏,并购买了 4000 块电池组,准备装配到自家的车上做测试。

仅仅过了几个月,特斯拉就从经济窘困的状态中走出来,进入了高速发展的快行道。戴姆勒公司看中了它的发展前景,出资 5000 万美元收购了特斯拉 10% 的股份,同时与它结成了战略合作关系,下了 1000 辆汽车的电池订单,特斯拉成了指定供应商,这帮助马斯克解决了财务危机,同时也成功借力了优势资源。

戴姆勒公司的雪中送炭,对于一度面临倒闭的特斯拉来说简直是天降甘霖,这意味着马斯克可能抱上了一条"大腿"——戴姆勒公司的总部位于德国的斯图加特,是目前世界上最大的商用车制造商,也是全球第一大豪华汽车制造商和第二大卡车制造商,公司旗下拥有梅赛德斯-奔驰汽车等多种知名车型。

戴姆勒之所以愿意投资特斯拉,在于他们看到了电动汽车的发展前景,他们认为特斯拉正在开创一个新时代,所以戴姆勒也想搭乘这一班快车步入新时代。

特斯拉安然度过了经济危机,美国的能源部也意识到了它的发展潜力,在 2010 年和特斯拉签订了 4.65 亿美元的贷款协议——数额之大超出了马斯克的预期,不过这和开发一款新电动汽车所费的成本相比还是杯水车薪。要解决高昂的研发成本问题,最直接的解决办法就是获得一个规模足够大的工厂。这个看似疯狂的念头竟然在当年 5 月份就实现了,特斯拉顺利收购了新联合汽车制造公司的工厂,这家工厂是由通用汽车和丰田汽车合资建立的，后来因为经济衰退而被废弃，马斯克只拿出了 4200 万美元就收购了工厂的大部分，而此前它的估值是 10 亿美元。

从这一刻开始，特斯拉的霉运似乎走到了尽头，马斯克也感到前途充满了光明。在当年夏天，马斯克准备申请 IPO，吸纳尽可能多的资金，将 Model S 推向市场，同时全面铺开其他科技项目，预计需要融资 2 亿美元。

IPO 对马斯克而言是一把双刃剑，它能够让特斯拉获得发展的资金，也会引来外部力量的介入，但这是不得已而为之。为了两全其美，马斯克打算用更加隐蔽的运营模式去掩盖特斯拉的财务现状，这样才能确保自己拥有绝对的控制权，避免像当年 PayPal 那样被人搞"阴谋政变"。

2010 年特斯拉顺利上市，还是有一些老牌的汽车制造商认为特斯拉只是生产小众汽车的配角而已。不过，这些非议对马斯克来说不重要了，他开始科学地将筹集到的资金花出去。为此，马斯克扩大了工程师队伍，让更多优秀的专业人才参与到电动汽车的设计工作中。

为了壮大宣传声势，特斯拉一共制造出了 12 辆优品车，一部分进行调试，另一部分安装刹车系统，每个步骤都在紧锣密鼓地推进，这种高效率让负责检测的第三方都感到惊讶。除此之外，工程师们的修改速度也让人称奇，他们随时都在接收来自马斯克的建议，然后同步执行，好像马斯克嘴巴一动，汽车的结构就发生了变化。

马斯克从一个来自硅谷的"极客"到汽车制造领域的先驱，完成了职业生涯最具颠覆性的跨界。他能够和霍兹豪森这样的专业设计师深入探讨汽车的设计细节，比如鹰翼门设计，就是针对豪华汽车上的鸥翼门而诞生的，能够方便驾驶员回头将孩子安全地放到后座上。

特斯拉的逆袭也成了 SpaceX 的学习榜样，工程师们在设计火箭时，一旦发现问题不会马上汇报给马斯克，而是自己想办法解决。

Model S 的发布会是在工厂里完成最后一道工序的地方举办的，在此之前马斯克在这里检查了原型车,当时聚集了几千人观看客户们的签收仪式。当一排闪亮的 Model S 集体亮相时,很多人竟然热泪盈眶,马斯克则做了激昂慷慨的解说,然后亲手将钥匙交到了客户手中,于是第一批 Model S 的车主在大家的注视下开走了车,特斯拉的员工们欢声雷动,一些马斯克的对手也为之动容。

2012 年,特斯拉在汽车制造业引起了巨大的轰动,因为它不仅拥有了 Roadster 这样的豪华电动汽车,还开发出了 Model S 轿车,这款车是全电力驱动的豪华汽车,充一次电能够续航 300 多英里,60 英里之内时速的提速时间仅为 4.2 秒,它和 Roadster 一样是无噪音驾驶的,而且车内空间也很大,最多可容纳 7 个人。除此之外,车门把手能够自动收缩,从而和汽车融为一体,触摸屏操控让驾驶体验更出众,还能够随时随地登录互联网,通过谷歌地图进行精确导航。和燃油车相比,Model S 不需要钥匙就能点火,依靠的是驾驶座上的重力感应装置,无论是车体的坚韧度还是轻量化都在行业内首屈一指。

有人也许会质疑,电动车中途需要充电该怎么办?这个担心完全是多余的,Model S 能够在全美高速公路的特斯拉充电站免费充电,未来这些充电站可能会遍布全世界,免去车主们的后顾之忧。总之,Model S 是一款颇具代表性的电动汽车,电能利用率高达 60%,这也意味着它的动力性能不输给燃油车。

想要购买 Model S 也十分方便,只要你进入特斯拉的专卖店就能买到,还可以在付款之前试驾体验,当你决定购买之后,汽车会被送到你指定的地点。如果汽车出了问题,还能在维修期间获得另外一辆汽车临时使用。在售后方面,马斯克开创了一个新的模式,比如汽车的某个设备出问题之后,工程师们会在车主没有驾驶汽车的时候进行软件更新,让车主一觉醒来之后发现问题解决了,而不必浪费他们宝贵的时间。

3. 特斯拉的下一张牌在谁手里？

一波三折的 Model S 终于上市了，它给了马斯克自信的资本，也给了市场关注特斯拉的理由，因此拥有了识别度很高的受众群体——来自硅谷的"极客"们。

"极客"是购买 Model S 的第一批客户，因为他们勇于尝试新鲜事物，也对集合了计算机技术的新动力汽车充满兴趣，加之马斯克赋予特斯拉前沿技术的标签，让他们乐于驾驶这种革命性的交通工具驰骋在大街小巷。随着品牌效应的发酵，特斯拉的电动车从硅谷逐渐延伸到了周边的城市，以至于进入了距离更远的洛杉矶、华盛顿和纽约。

直到这一刻，传统的汽车制造商们才意识到特斯拉不是在哗众取宠，而是在试图改写行业格局，这让宝马、保时捷等老牌汽车制造商们感到恐慌。很快，著名的《汽车族》杂志还将 Model S 尽情夸赞了一番，认为其是目前能够超越燃油车的新品牌。随后不久，《消费者调查》杂志竟然给了 Model S 99 分的高评，这一次，马斯克的对手们彻底坐不住了，他们甚至成立了专门小组来研究特斯拉的创新模式。

马斯克取得了阶段性的胜利。SpaceX 的发射成功，特斯拉的电动汽车也有了良好的开端，所以他暂时进入了休假状态。其间，马斯克参与投资了一部名为《霍乱时期的棒球》的纪录片，这是一部讲述海地爆发霍乱的纪录片，虽然是较为沉重的题材但是制作用心，这是因为马斯克对海地一直都很关注，他曾经送给当地的孤儿们各种礼物。

在这部纪录片放映结束后，马斯克感到前所未有的惬意，只可惜这样美好的时光太短暂了。在汽车制造业领域，比特斯拉资金实力更雄厚的对手比比皆是，而且它们通常都和政府保持着密切的关系，这种工作作风和硅谷精神背道而驰，所以也因此遭人诟病。

这种不利的局面从 2012 年开始变得尤为突出，因为马斯克的产业对每个领域内的既得利益者都构成了威胁，特别是马斯克旗下这几家公司的股票在证券市场斩获颇丰之后，不少人更是对马斯克的领导能力和号召力产生了恐惧，而大量的投资者都对马斯克名下的公司产生了兴趣，这也给了马斯克更进一步的信心。

所谓的更进一步，就是指获得来自政府方面的支持。

在奥巴马任职期间，马斯克和这位黑人总统的交往十分频繁，不过这并不意味着马斯克是奥巴马的坚定支持者，因为他知道对方支持自己也是为了巩固自身政治地位的需要。马斯克自己也想变成一个商业巨头，所以他不会盲目地屈从他人。

2013 年夏季，特斯拉进入一个高速发展的黄金时期。马斯克继续推进他的充电站计划，他的构想是充电站借助太阳能发电，而且每个充电站都配备电池出售。2013 年 6 月，众多媒体和客户在特斯拉的邀请下来到其位于洛杉矶的工作室，马斯克登上舞台和来宾交流，深受大家欢迎。就在这时，一辆新款的 Model S 在舞台上缓缓升起，马斯克随即向大家公布了一则消息：Model S 的电池是能够拆卸的，机器人完成更换电池的过程只需要 1.5 分钟。

然而，一些媒体人对特斯拉的可更换电池并无好感，他们报道了几起特斯拉汽车撞击起火的事故，马斯克立即撰写文章正面回应。他还说，到 2013 年底，特斯拉会建造第一批快速更换电池的充电站，兑现他之前的承诺。不过,这些负面新闻似乎没有影响特斯拉的口碑,特斯拉的股价依然不断上涨。

2014年10月,特斯拉推出了增压式双引擎版的Model S,汽车在60英里内时速的加速只需要3.2秒,比老版本更快,而且该款车配备了全新的操控系统,能够更好地实现自动导航和智能避障等功能。

为了给Model系列汽车造势,马斯克承诺将在2015年建造更多的充电站和服务中心,与继续扩大的电动汽车家族相匹配。与此同时,马斯克也加紧了对Model 3汽车的设计和研发。和Model S相比,这是一款经济型汽车,售价只要3.5万美元,符合大多数消费者的需求。如果它能够走进千家万户,那么特斯拉在世界范围内产生的品牌效应将无人能敌。如果特斯拉的工厂不拖后腿,马斯克认为他的电动汽车会成为全球最有价值的汽车,所以他将年产30万辆迷你汽车和50万辆宝马3系的宝马公司视作追赶的目标。

随着特斯拉的翻盘,它的竞争对手逐渐退出了市场,菲斯克汽车公司在2014年破产,随后被一家中国的汽车零件公司收购,这让投资方遭受了严重的声誉影响。

2015年,马斯克在特斯拉召开了顶级工程师会议,参会者都是安全、动力学、电池方面的专家,经过一番讨论,马斯克将Model 3定为下阶段的生产目标,预计在2017年年中正式发售,换句话说,Model 3只有两年半的设计和制造时间,这其中包括了各方面的测试时间。如果是传统的燃油汽车,至少需要五年。更重要的是,马斯克对Model 3的要求是,在降低成本的同时不能影响其安全性能。

和上一代车型相比,马斯克在通风口设计和内部显示上做了改动,不过这也让车体的设计变得更加复杂。然而这样一来,Model 3无论从外观上还是内部构造上都要重新思考,之前所做的基础工作可能要推倒重来,也就在客观上限制了产能的提升。

更糟糕的事情还在后面，马斯克十分激进地提出了生产自动化的要求，或许这是为了节约成本而想出的破局思路，当然，马斯克本身也很迷信自动化，正如他迷恋人工智能，他相信计算机的运算能力会规避人脑思考的某些弱点。结果在推行这个新政策之初，大量的工人被辞退，其余一少部分人坚守在岗位上，配合着各种智能设备进行生产，然而效果并不理想，最后特斯拉不得不将工人请了回来，他们每天几乎都要工作12小时，有些岗位长达16个小时。为了让工人们保持良好的工作状态，马斯克给他们提供免费的红牛补充体能，然而还是不能从根本上解决问题。为此，马斯克亲自接管制造工程，有时候甚至睡在工厂，后来还是网友给他众筹买了个沙发床。

Model系列被马斯克寄予厚望，然而正是这系列车将他拖入地狱之中。当然，以他自信和乐观的态度，并不认为它会给自己带来麻烦，所以他斩钉截铁地宣布在2017年底达到月产2万辆的产能。

然而现实无情地打了马斯克的脸。

2018年3月底，特斯拉3个月的总产量仅仅达到1542辆，导致人们对特斯拉的信心又开始下降，华尔街的分析师们对特斯拉未来的盈利前景充满忧虑。而且，特斯拉还背负着上百亿美元的债务，现金流已经被落后的产能严重阻滞了。

2018年的上半年对特斯拉和马斯克来说都是异常艰苦的。马斯克如履薄冰，他希望会有奇迹发生，然而等待他的似乎都是坏消息。为了达到财务收支平衡，马斯克先后裁员3000人。直到6月下旬，特斯拉才又一次度过了危机，马斯克也表示自己一度身陷地狱。不过，特斯拉最艰难的时刻总算过去了。特斯拉的产能达到了每个星期上千辆，正在逼近5000辆的目标，而且正在建设新的生产线。形势的好转也让华尔街的分析师们重新认识了特斯拉，股价也开始上扬，开设在中国的工厂也没有受到中美贸易摩擦的影响，顺利签署了协议。

虽然已经渡过难关，但如果不能反思危机的根源，特斯拉依然有可能重蹈覆辙。

马斯克终于从"囚禁"他的地狱中走出来了，然而这段经历对他来说，其艰难程度超过了创业生涯中之前任何一个阶段。在完成预期目标的最后一段时间里，马斯克以工厂为家，一百多天几乎都在流水线车间里，一件衣服穿五天才有机会换洗。由于深入一线，马斯克更加深刻地了解了电动汽车制造的全过程以及每个环节可能遇到的问题，或者是汽车上漆，或者是物流不畅等等，不过幸好最后都得以顺利解决。

马斯克之所以执着地推进他的生产计划，或许是因为他迫切地要抢到更多的市场份额，他认为自动化生产比人类快得多，所以不能让人类参与到生产过程中。事实上，正是自动化这个概念在某种程度上误导了马斯克，让他一度忽视了工人的重要性，现在他只能重新回到传统的人工生产模式中。

在马斯克看来，Model 3 是一款很棒的车。随着后期的不断升级，它会变得更加出色，客户驾驶它的时间越长，就越能见证它在逐渐完善，所以马斯克戏称特斯拉的汽车就像是安装在轮子上的计算机。不过，马斯克也没有盲目乐观，他认为特斯拉并没有完全从困境中解脱，因为周产量 5000 辆的指标并不稳定，必须经过一段时间的磨合来验证和固化。

因为 Model 3 的产能问题，马斯克在推特上也遭到了一些人的批评和攻击，他也进行了针锋相对的回应。他还打了个比方：推特就是一个竞技场，如果有人攻击了他，他有反击的权利。当然，大多数时候马斯克是沉默的，毕竟他需要和工人奋战在一线，去努力完成生产目标。为了交流方便，他经常和工人待在一起，他的办公桌也是工厂里最小的。相比之下，像通用汽车这样的老牌公司，高管们的日常起居和普通员工是两个世界，就连电梯都有专属的。

Model 3 的诞生让马斯克经历了冰火两重天，他自己也认为这段经历给他留下了永久的烙印。对马斯克而言，Model 3 只是特斯拉发展史上的一个标签而已，他还要开发出性能更强的 Model Y 系列，而这个系列经过研发和测试后，于 2020 年 3 月登陆美国市场，在 2021 年的第一天登陆中国市场，中国版的 Model Y 一经上市就被热捧，导致订单系统一度瘫痪。

在汽车产能提高的同时，特斯拉需要更多的电池组，而之前生产电动汽车时已经消耗了很多锂电池，如果要扩大产量，特斯拉就需要属于自己的电池工厂，马斯克将它称为超级工厂。

超级工厂的目标是成为全球最大的电池制造工厂，雇员将达到 6500 人，主要满足特斯拉的电池供应需求和太阳城的电池需求，还要在技术层面有所突破，即提高电池的能量密度并降低电池的制造成本。这个宏伟的目标单靠特斯拉自己很难完成，马斯克准备和松下合作，不过要在管理上掌控主动权。如果超级工厂最终全面铺开，那么对特斯拉未来需要的充电站网络建设和电动汽车的销售将产生积极的推动作用。

超级工厂的目标和马斯克的终极商业目标都是常人不敢想的，它带来的不仅是商业模式的升级，更是社会生活的革命。为此，马斯克做好了充分的准备，他从 2014 年开始就积极地筹备资金，通过出售债券获得了 30 亿美元的资金，如此庞大的数字也从侧面显示了马斯克的信心，他很清楚特斯拉过去遭遇的困境都是源自于资金的不足，所以他将在未来的商业战略中避免重蹈覆辙。

超级工厂并非只建造一座，马斯克的计划是多多益善，这样才能满足大量的电池供应，另外超级工厂之间也可以进行竞争，这对整个汽车制造业带来的影响是不容小视的。当然，马斯克的某些对手对超级工厂计划嗤之以鼻，他们认为这是一个缺乏理性思考的结果，因为特斯拉是否真的需要这么多电池还是一个未知数，一切都只在马斯克的计划中。

也许正是人们对超级工厂的怀疑，更让马斯克坚定了获胜的信心。因为大部分汽车制造商没有这个胆量，一旦特斯拉顺利完成计划，他将构建更庞大的商业版图。马斯克的敢为人先,其出发点就是要用技术去改变人类的生活现状,而突破技术瓶颈势必要冒险,要想先人一步,就要承担失败的风险,尽管马斯克已经成为身价百亿美元的富豪,但是他所投身的事业需要太多的资金,他必须在成本控制和资金获取上再进一步。

4. 被两大巨头开出"分手通知"

背靠大树好乘凉,这是亘古不变的处世法则。然而这种关系必须遵守一个前提:你能为大树提供它所需要的资源,不然将会从树荫中被驱逐出去。

2014年10月24日,丰田公司将所持的特斯拉部分股份出售,而就在这两天之前,戴姆勒公司也从特斯拉撤资,套现7.8亿美元。人们不禁发问:曾经对特斯拉伸出援手的两大巨头难道后悔了?

两家公司相继撤资绝非偶然,背后的原因很可能跟特斯拉本身的技术和产品有关,当然最有说服力的原因是:丰田和戴姆勒的战略愿景发生了变化。想要分析来龙去脉,首先要回顾两家公司与特斯拉在"蜜月期"都做了什么。

2010年,丰田和特斯拉进行资本与业务合作,开启了强强联合的新时代。在此之前,丰田收购了特斯拉3%的股份,合计5000万美元,后来特斯拉增发股票,丰田的持有比例下降到2.4%左右。2014年10月9日,特斯拉发布了Model S D系列,这款新品被马斯克寄予厚望,然而上市之后影响力甚微,这让丰田和戴姆勒都意识到不宜长期大量持有特斯拉的股票,选择恰当时期出手才能获得资本回报,如果错失良机,特斯拉的股价下跌,它们之前的投资收益就会化为泡影。当然,这是从投资角度得出的结论,更重要的视角来自战略层面。

从2010年开始,戴姆勒和中国的比亚迪开始了合作并成立了合资公司,设计出第一款产品——腾势电动汽车,虽然比亚迪目前没有和特斯拉形成直接竞争的关系,但从长远来看,戴姆勒同时投资两个致力于新能源汽车的企业并无必要,为了能够和比亚迪进行深度合作,戴姆勒势必要弱化和特斯拉的合作关系。

和特斯拉不同的是,比亚迪虽然也在探索电池技术,但它主攻的方向是磷酸铁锂电池,而非特斯拉专注的钴酸锂三元电池,比亚迪的电池能量密度逐年提升,或许戴姆勒看中了比亚迪的技术研发潜力,所以减轻了放在特斯拉上面的砝码。

与此同时,丰田公司也开始了新能源汽车的探索,虽然它瞄准的目标是混合动力汽车,但是从商业思维上看,丰田认为纯电动汽车的发展空间并不大,不值得投入过多的资金和精力。2014年,特斯拉宣布停止为丰田提供锂离子电池,这已经从侧面证明了丰田的混动汽车对电池组没有旺盛的需求,两家的合作关系变得不再密切,所以丰田撤资只是一个开始,因为它在混合动力汽车领域目前无人能敌,如果在这个市场持续深耕,特斯拉的战略价值就会变得无足轻重。

两大巨头削弱和特斯拉的绑定深度,给马斯克传递了两个危险信号:第一,未来将会有更多的企业涉足电动汽车制造业,或者是以幕后投资的方式,或者是以业务合作的方式,总之都会对特斯拉的市场份额产生冲击;第二,传统汽车制造业对纯电动汽车的发展前景并不完全看好,其之所以投资特斯拉或许只是为了丰富产品线,将电动汽车定位为新型、小众的消费品而已,属于产品风险战略——如果电动车在未来大行其道就能提前布局而不至于毫无准备。

马斯克的猜想在2016年得到了验证。当年11月,丰田成立了由总裁亲自掌控的电动汽车部门,这意味着丰田开始自主定义电动汽车,和特斯拉分道扬镳只是时间问题。果不其然，2017年，丰田将其持有的特斯拉的全部股份出售。

回顾丰田和特斯拉的合作，除了开发出一款销量不佳的RAV4之外，再没有任何得意之作。丰田原本想借助特斯拉加快自己产出新车型的速度，然而特斯拉的关注点放在了设计上，并不急于研发新车型，双方的目标并不一致，而RAV4成了双方重新审视合作关系的转折点。

在设计RAV4的时候，丰田和特斯拉的工程师产生了冲突。特斯拉希望给RAV4配备和Roadster相同的电子驻车制动，丰田却认为应当采用传统的机械式驻车制动，这或许只是一个观念上的冲突。但是在电池底部外壳的设计上双方的冲突扩大了：特斯拉希望单独设计保护外壳，而丰田自己设计了结构更为完整的外壳，这样一来，双方等于各干各的，某种程度上偏离了合作的初心。

设计上的争议持续不断，某些理念的冲突也让双方尴尬，比如特斯拉一直致力于研究锂电池，而丰田却看好氢燃料电池，这就从动力基础上形成了对立的态度。更糟糕的是，强势而自信的马斯克竟然公开嘲笑丰田的氢燃料技术，他认为这项技术成本高且操作难度大，根本不可能成功，甚至用"fool cells"（愚蠢细胞）来揶揄丰田。虽然丰田不太介意马斯克的冷嘲热讽，但这种负面交流注定了双方的合作无法长久。

正如那些从热恋中清醒过来的情侣，特斯拉和丰田渐渐从蜜月期中幡然醒悟：它们只是在一个错误的时间、一个错误的项目上展开了合作，从本质上看，双方在设计理念和执行风格上都从属于两个世界，不具备合作的基础，这种无法调和的争端只会扩大分歧，直至破坏最后一丝信任。正是在这种扭曲的合作关系下，RAV4仓促上市，只卖了两年时间就宣告停产。让丰田感到不满的是，特斯拉在此期间推出的Model S却广受好评，丰田有种欲哭无泪的感觉。

丰田和特斯拉的"恋爱关系"结束了，戴姆勒也在2016年底终止了和特斯拉的全部合作项目,随后传来的消息是戴姆勒斥资5亿欧元打造了一个电池工厂,看来戴姆勒也意识到,与其依靠马斯克这样高傲的新贵,不如自己动手搞研发。事实上,丰田和戴姆勒投资的出发点是,它们看中了特斯拉的电池管理系统,希望通过合作获得电池管理系统图纸,从而提升自家电动汽车的发展速度,然而马斯克并不糊涂,他不可能将苦心研发出的电池串联方式透露给丰田和戴姆勒。当这层窗户纸被捅破之后,特斯拉"被分手"也就成了必然。

2018年10月,戴姆勒集团首席执行官蔡澈在接受一家报纸媒体采访时表示,戴姆勒并不排除未来与特斯拉合作的可能性。当年11月,马斯克在网上发言,表示可能有兴趣和戴姆勒合作电动版Sprinter货车。两个人你来我往,让人禁不住浮想联翩。不过在2020年12月,马斯克对外界透露,他正在和一家汽车制造商达成兼并交易,这个消息让业内纷纷猜测,戴姆勒可能是马斯克的最佳目标:一是戴姆勒曾经帮助特斯拉渡过难关;二是戴姆勒的豪华汽车属性和特斯拉不谋而合。当然,在兼并交易的信息没有正式公开之前,答案不得而知,看来双方的破镜重圆没有等到,剧情可能出现新的反转。

虽然特斯拉失去了一批盟友的支援,但是对马斯克而言,这是他创业之路的必然结果:他总是想得太过超前,以至于同时代的人难以和他站在相同的高度。人们或者亦步亦趋,或者观望犹豫,偶尔有一两个能理解他的人,却又心怀鬼胎,所以他只能长期孤军奋战。对马斯克来说,这种孤军奋战无非有两种结果:成则登临顶峰,败则倾其所有。也许这是一种残酷的选择,但马斯克不会选择保守和平庸,因为他永远不想屈居人下。

5. 让底特律人再哭一次

底特律是美国传统汽车制造的摇篮,虽然经历了严重的衰败,但是工业生产能力的根基还在。当马斯克全力发展电动汽车时,来自这里的汽车制造公司成了他的强劲对手之一,比如底特律电动汽车公司。

底特律电动汽车公司成立于 1907 年,是世界电动汽车制造业的先驱,它的电动汽车产品在英国组装生产,这个模式和特斯拉的 Roadster 类似,而该公司的电动跑车是基于莲花公司的电动跑车定制的,在进行少量的试生产以后,该公司开始计划批量生产豪华版轿车,但是和特斯拉的 Model S 和 Model X 车型有所不同。

目前,底特律电动汽车公司生产的电动跑车的预期价格将超过 10 万美元,配备的电池组容量为 37 kW·h,续航里程是 288 公里,在 3.9 秒内能够提升到 60 英里的时速。如果和特斯拉的电动车比较续航,底特律电动车表现得不够理想,因为即使是特斯拉最初生产的 Roadster,续航里程也达到了 350 公里,而升级之后的电池组能够达到 547 公里。但是,由于 Roadster 产量太少,还不足以在市场上压制底特律电动汽车,而现有的 Model 系列在外观上也不占绝对优势。

底特律电动汽车对特斯拉发出了一个信号:传统汽车制造业正在针对性地打响防卫战。据说,通用公司早就组建了一支秘密队伍,专门研究特斯拉的电动汽车以及马斯克,因为他们感到传统的汽车制造业正遭受电动汽车的严重威胁,而且特斯拉市值逐年走高,未来势必染指燃油车的市场份额,到时可能会颠覆原有的行业格局。

通用公司的危机感代表了大部分传统汽车制造公司对电动汽车的警惕心理,越是大牌的公司未来损失的市场份额会越多。随着丰田和戴姆勒陆续涉足新能源汽车领域,这种危机感变得更为强烈。还有一个残酷的事实摆在大家眼前:特斯拉是新型的创业公司,不是传统的汽车制造公司能够随意复制的,它们也不可能全盘照抄特斯拉的生产管理模式。而且随着马斯克经营战略的逐渐清晰和特斯拉的发展壮大,这种差距会越来越明显,所产生的杀伤力也越来越致命。

底特律的汽车公司发布新能源汽车,虽然未必是有意识地模仿特斯拉,但从客观上看也是一种竞争策略上的回应,不过,从底特律电动汽车公司发布的汽车上看,技术上并不强于特斯拉,这似乎也证明了一个无奈的事实:现在起步追击马斯克是否已经晚了?

这个问题先不考虑如何回答,单从特斯拉目前对传统汽车制造业的冲击来看,已经足以让这些公司的 CEO 和工程师们为之汗颜了,冲击主要体现在四个方面。

首先,特斯拉读懂了消费者的想法,传统汽车制造业还活在定式思维中。

随着人类生存环境的恶化,电动汽车的出现与人们弥补和自救的心理相契合,如此多的高端人士迷恋特斯拉的 Roadster 就是力证,更不要说那些呼吁多年的坚定环保人士,他们需要的或许不是一辆新能源汽车,而是一种解决能源危机和环境污染的方法和态度,而马斯克刚好满足了他们的这种需求,因此即便 Roadster 的产能无法满足订单需求,也依然有人愿意苦苦等待。从这个角度看,传统汽车制造业只是跟着用户的消费习惯去设计和生产,并没有跟上时代的步伐,它们制造出的汽车很难在消费者心中产生代偿心理，它们被定式思维束缚了手脚。

其次，特斯拉看到了未来，传统汽车制造业只着眼当下。

电动汽车的电池组是核心部分，也是成本高昂的局部系统，而且从技术成熟度来看，不能和存在了一个多世纪的燃油车相抗衡，但这是暂时存在的问题。随着生产力的发展，电池价格会逐年下降，电池组的制造成本和充电站的维护成本也会下降，这成为抓取用户的亮点之一。事实上，用户并不像经济学家所说的那样活在消费升级的状态中，他们依然受到消费降级潮流的影响，电动汽车后期的维护费用要低于燃油汽车，这也是很多用户看重的优点。现在马斯克帮助他们解决了他们的痛点，特斯拉的竞争优势就更突出。更重要的是，电动汽车的性能上限也会继续提升，从电池的蓄电量到汽车的提速能力都会超越前代，而燃油车的发展速度无法与之相匹敌，对用户的吸引力也会持续下降。而且，很多传统汽车制造业并没有看到自身的短板，只是看到了电动汽车当前存在的弊端，这种静态的视角很容易故步自封，在不远的将来必会自食恶果。

再次，特斯拉紧密连接互联网，传统汽车制造业与互联网是割裂的。

电动汽车的电池组有管理软件，这是一项较为高端的技术，也是马斯克不愿意透露给丰田、戴姆勒这些合作对象的商业机密。随着技术的不断进步，电池组的管理能力也会进一步提高，它可以在硬件能力不变的前提下通过改善软件来减少电动车的能耗，如同电脑上的杀毒软件通过升级病毒库来增强防御力一样，这意味着电动汽车能够真正做到与时俱进，而传统的燃油车虽然也能连接互联网，但与它作为运载工具的核心属性无关，不会因为软件更新而提升性能，从这个角度看它和互联网是割裂的，从产品概念上就落后于电动汽车，更无法满足用户不断升级的使用需求。

最后，特斯拉采用了新的营销模式，传统汽车制造业基本上在原地踏步。

马斯克放弃了经销商的模式，而是通过建立自己的品牌商店，将差异化明显的产品有针对性地出售给不同的用户,这是一种精准营销的方式,比传统的 4S 店更具有灵活性和主动性,还能借用互联网营销的多样化手段缩短和用户之间的距离。相比之下,传统的汽车制造商依靠 4S 这类的门店,不仅运营成本高昂,而且被动吸引的用户转化率较低,很多人都是抱着好奇参观的态度试驾,浪费汽车销售员的时间和精力。另外,电动汽车天然的商品定位,能够自然地筛选一部分没有购买意向的人群,易于设计更精细化的营销策略,对销售团队的要求也有所降低。这些对企业的后续发展都是有利因素。

2023 年,美国银行(Bank of America)年度报告 *Car Wars* 指出:未来四到五年,对所有车厂来说将是最高变动且不确定性增强的时代,其主要原因就是电动化带来的冲击。报告中特别指出:"燃油车主宰的时代已经终结……到 2026 年,新车电车市场占有率将达到 26%。"值得一提的是,该报告认为,大部分电动汽车市场占有率将会被传统车厂三巨头瓜分,其中就包括底特律三巨头福特、通用和 Stellantis(由菲亚特克莱斯勒汽车及 PSA 集团合并而成的汽车制造商)。

2021 年,通用汽车宣布计划在 2030 年之前将更多的北美组装厂改造成电动汽车工厂,由此推出更多新型电动汽车。Stellantis 也发布了长期电气化战略,承诺到 2025 年在电气化和软件开发领域投资 300 亿欧元。福特汽车也宣称要在田纳西州和肯塔基州建立整合电芯及整车生产链路的巨型园区和全新电芯生产基地,打造可持续的纯电动车制造生态系统。

然而,底特律三巨头能否成功阻击特斯拉现在依然是未知数,2023 年第一季度的美国电动车市场,特斯拉的销量超过了排在后面的 18 个汽车集团(总计 34 个汽车品牌)的总销量。2023 年第二季度,特斯拉汽车总产量为 479700 辆,总交付量为 466140 辆,同比增长 83%。从整体来看,特斯拉的盈利能力正在稳步提升,如果算上超级工厂扩建这个变数,特斯拉未来的产能仍有大幅提升空间。

总体来看,特斯拉对传统汽车制造业的冲击将会越来越大,曾经作为"汽车之城"的底特律,在变身为"鬼城"之后,即便有重新崛起的意愿和努力,恐怕还是要在特斯拉面前再经历一次创伤。当然,底特律只是传统汽车制造业的符号,真正要被特斯拉取代的,是那些不思进取的落后观念。

6. 约架扎克伯格：八角笼之外的斗争

2023年6月23日（北京时间），一则重磅消息引发全球关注：马斯克和扎克伯格隔空互撕，扬言要进行一场"铁笼格斗赛"。

到底是多大仇怨让两位大佬线下决斗呢？说起来，事件的导火线竟然源于一条推文。

6月21日，一位网友发布推文称，Meta准备发布一款名为Threads的社交媒体应用，目的是和推特竞争，该网友还表示Meta曾经抄袭过Snapchat、TikTok等众多社交媒体的功能，马斯克似乎认同这位网友所说的Meta抄袭的历史，就在下面回复称："我敢肯定，地球都迫不及待地想要完全被扎克伯格掌控了，没有其他选择。"然而，网友们马上提醒马斯克："你最好小心点，听说他（扎克伯格）现在正在练柔术。"没想到就是这句看似"善意"的提醒点燃了马斯克的斗志，他当即对扎克伯格下了战书："如果他真会，我准备和他来一场铁笼格斗赛，哈哈哈。"

马斯克的战书应该是带有玩笑性质，然而扎克伯格似乎当真了，立即在自家社交媒体Instagram上贴出马斯克的推特截图，要求马斯克把决斗地点发给他。对于天生不服输的马斯克来说，当然不能认输，于是他直接发布了决斗地点——拉斯维加斯八角笼。不过，马斯克后面的一句话仍然带有玩笑成分："我有一个'海象式'绝招，只须躺在对手身上就能获胜。"

所谓"笼斗",指的是因美国终极格斗冠军赛(UFC)等格斗比赛流行起来的一种血腥残酷的格斗运动,让两名对手在一个八角形的围笼里进行格斗,格斗没有任何限制,直至一方被打倒认输,因此这类比赛总是以选手被打得浑身是血为结局。

在全球"吃瓜群众"的密切关注下,马斯克和扎克伯格的决斗似乎一触即发,然而随着马斯克母亲的介入,这场约架最终不了了之。6月22日,马斯克的母亲梅耶在推特上发文称:"不要乱开玩笑,打打嘴仗算了,不要动武,坐在椅子上,相隔4英尺,谁最有趣谁赢。"6月23日,马斯克的妈妈再次发推称:"现在这场比赛已经被取消了,大家都可以放轻松了。"马斯克甚至心有不甘地在梅耶的推文下面回复:"妈,停下来,我要和他比赛。"

从表面上看,这场闹剧是两位巨头之间的个人恩怨,但背后却是一场正在酝酿中的社交媒体大战,我们不妨从事件的导火索,即Meta正在开发的类推特社交媒体产品入手。

这款产品正式名称可能为Threads,在定位和功能上与推特类似,从目前流传出的截图来看,其应用界面和推特信息流十分相似,甚至Meta的首席产品官克里斯·考克斯公开表示,该应用是"我们对推特的回应"。有传闻称,Meta目前已经在名人和网红群体中悄悄测试了几个月时间。除此之外,考克斯还特意强调该应用的"安全、易用、可靠性",并暗讽了马斯克对于推特的处理方式:"我们一直听说,内容创作者和公众人物正在寻找一个能够'正常运行'的平台,可以让他们信赖并进行内容发布。"

当然,马斯克和扎克伯格的个人恩怨也不能忽视。

2016年,SpaceX与脸书签订合同,为后者发射卫星,以便为撒哈拉以南的非洲的大部分地区提供互联网接入服务。但是,SpaceX的火箭在一次例行点火测试过程中在地面上发生爆炸,让扎克伯格的雄心壮志受挫,随后便对马斯克心生不满。一年之后,马斯克和扎克伯格就AI威胁论打起口水仗。扎克伯克率先发难,指责马斯克经常把AI威胁论挂在嘴边是极不负责的。马斯克立即回复称扎克伯格对 AI 的理解有限。

2018 年,脸书的剑桥分析数据丑闻曝光,脸书不得不承认在 2016 年美国总统大选前违规获得了 5000 万用户的信息,帮助特朗普赢得了美国总统大选。脸书私自泄露用户隐私的行为引发了"删除脸书运动",而马斯克则加入了这一运动,他旗下的特斯拉和 SpaceX 都删除了脸书主页。

除了个人恩怨和公司利益,马斯克和扎克伯格的理念方面和性格方面也有很大差异。虽然他们都是带有极客气质的互联网先行者,但是对科技发展的理念有所不同:马斯克推崇的理念是加速人类向多行星种族转变,而扎克伯格更聚焦于人类社会本身的发展变化。此外,他们在人工智能和元宇宙等前沿领域的观点也相左。

在个人境遇方面,马斯克和扎克伯格近年来在资本市场上的表现差距巨大,扎克伯格似乎已经成为资本市场的弃子,他总是试图寻找能够让资本市场感兴趣的话题,从早期的布局区块链到现在的元宇宙,虽然一定程度上赢得了资本的关注,然而随着市场情绪趋于冷静,尤其是人们对于元宇宙的认识开始变得客观和理性,Meta 的估价遭遇了一轮又一轮的下跌,毕竟资本市场对遥远布局的产品是没有那么多耐心的。相比之下,马斯克的一举一动都能引起资本市场的注意和青睐。

虽然马斯克也有着"殖民火星"这样的宏远理想,但他本质上还是一个务实派,无论是 SpaceX 还是特斯拉,都能实打实地产出业绩,并非只靠一张蓝图续命,这是因为马斯克知道资本市场需要什么,也懂得通过打造人设吸引全世界的关注,这就让他的商业帝国边界逐渐扩大,自然就不可避免地和扎克伯格产生更多的交集:在元宇宙领域,扎克伯格有 Meta,马斯克有脑机接口;在网络社交领域,扎克伯格有脸书,马斯克有推特……当资本介入这些领域之后,终究会产生资源、用户乃至热度等诸多方面的争夺大战,相对于马斯克的布局完整和实体工厂,过度依赖互联网和虚拟业务的扎克伯格略显势弱。

当然，两位富豪的"约架"还是引起了一些业内人士的"专业分析"，一家经常举办格斗赛事的美国公司认为，马斯克赢的概率更大，因为八角笼斗无视规则，而马斯克在身高、臂展和体重方面都有优势，耐力也会好一些。不过有一家博彩公司却认为，扎克伯格从表面数据来看更有优势一些：扎克伯格比马斯克小 12 岁，此前还参加过一项高强度挑战，跑了 1 英里，完成了 100 个引体向上、200 个俯卧撑和 300 个深蹲，所有这些都是穿着 9 公斤的负重背心完成的，而马斯克目前没有任何公开的运动数据，身材上明显输给了扎克伯格。

不管马斯克和扎克伯格究竟谁能打赢对方，这场"约架"注定不可能真的打起来，但是二人的矛盾也恐怕很难就此消除，反而可能会越来越深。不过对于全世界的"吃瓜群众"来说，更应该关注的是他们的核心产品，毕竟在科技进步的道路上，存在着观念分歧是再正常不过的事情了，或许有一天，马斯克和扎克伯格在联手之后还能迎来双赢的完美结局。

7. 和"书贩子"的太空争霸

世界上没有永远的敌人,却有永远的敌对思维。所谓敌人,大多是按照立场和利益来划分的,可以随着彼此关系的调整而发生变化。所谓敌对思维,则是认识和改造世界的根本观念发生了冲突,很难通过简单的利益置换来改变。

SpaceX 在和 NASA 合作的过程中,遭遇了一个强悍的对手——Blue Origin(蓝色起源),它的创始人正是依靠卖书起家的杰夫·贝佐斯。从两位大佬挺进航空领域的那一刻起,他们之间的争斗就没有停止过。让媒体津津乐道的是,马斯克和贝佐斯之间的争吵,有时候像是孩子吵架那样充满了童趣和无厘头。

2018 年 4 月,贝佐斯对媒体说,他的火箭是"最稀有猛兽",是航天史上第一枚能够回收的火箭,仿佛一个孩童夸耀自己手里的玩具。很快,马斯克针对这一言论作出了回应:SpaceX 早在 2013 年就实现了重复利用的技术。

事实上,一直关注着 SpaceX 发展动态的贝佐斯,不可能不知道马斯克早就先他一步实现了火箭回收技术,所以他的言论无非是为了引起媒体的关注,而马斯克也愿意趁机宣传一下自己,双方都对打口水仗产生了兴趣。对这两位大佬来说,争吵的结果不重要,重要的是过程。

有媒体评论,一个卖书的和一个卖车的竟然为了火箭争吵不休。抛开双方某些任性的表现,根源还是在于他们的梦想发生了冲突。

贝佐斯出身华尔街,25岁时成为信托公司Bankers Trust最年轻的副总裁,在2年之内他又成为对冲基金D. E. Shaw&Co的副总裁,可谓大器早成。也许正是因为人生发展过于顺利,让贝佐斯对华尔街的争战失去了兴趣,他在29岁那一年携着妻子去了西雅图,然后动用了父母30万美元的存款,在家中的车库里建立了一个卖书网站,也就是后来的亚马逊。亚马逊诞生后,传统书商都对贝佐斯嗤之以鼻,直到他们从噩梦中惊醒,才发现互联网已经改变了图书市场的经营模式,用户被大量地挖走。最终,一路高歌猛进的贝佐斯将亚马逊打造成了一个无所不卖的网络百货商店,成为全球互联网企业中的大鳄。

亚马逊的诞生改变了美国乃至世界的购物方式,它不仅是一个购物平台,也正在发展为一个云计算平台。贝佐斯还出巨资收购了《华盛顿邮报》,商业版图的触角不断延伸,亚马逊也被评为美国经营业务最受尊敬的公司。

或许是亚马逊的成功又让贝佐斯觉得索然无味,他开始将视线投射到头顶的苍穹,最后投资创办了Blue Origin。和马斯克相比,贝佐斯是一个行事低调的傲慢老板,不过他和马斯克都酷爱冒险,早已将战略视角放在了地球之外。巧合的是,马斯克和贝佐斯都来自离异家庭,这让他们的性格中都带有偏执的色彩和坚韧的毅力,他们在童年时代遭人欺辱的经历也让他们更具有攻击性,爆发出了异于常人的能量。有趣的是,贝佐斯也出演过科幻题材的影视剧,他曾经在《星际迷航:超越星辰》中扮演了一个没有台词的龙套外星人,但他非常满意,因为《星际迷航》是他童年的至爱。就这样,两个科幻迷开始了一场太空争霸战。

2014年,在贝佐斯出席的新闻发布会上,他宣布Blue Origin和ULA建立合作关系,Blue Origin主要负责开发ULA的火箭推进器,双方共同的商业目标是将美国政府的军事卫星送入太空。

单从技术的角度来看，SpaceX 要强于 Blue Origin，因为马斯克的发射成功率不断提高，加之他善于营销和在媒体面前的高调作风，让 SpaceX 的圈粉和吸金能力比 Blue Origin 更胜一筹。毕竟，金融业出身的贝佐斯更加务实，他在公众场合的曝光度也不如马斯克，即便获得了某些技术成就，也很难被人所知。但是，贝佐斯和马斯克的商业目标却是大致相同的：他们都在努力研发可以自由飞行到其他星球的飞船。

相似的目标和不同的立场，决定了 SpaceX 和 Blue Origin 注定要在创业之路上产生矛盾，他们因为 NASA 的发射台使用权产生过摩擦，虽然马斯克最终获胜却因此更不看好贝佐斯。不过，贝佐斯为自己拉到了一批实力强大的盟友，致使马斯克不得不面对 ULA 和其背后的支持者——国会，这让 SpaceX 在和政府对接业务的过程中略处下风。

不过，贝佐斯的联盟并非铁板一块，也并不能带动 Blue Origin 走上王者之路。因为 ULA 的大部分成员都是步入暮年的老牌航空公司，虽然有一定的行业经验却缺乏朝气，换句话说缺乏创新力和创造性，近几年来鲜有技术上的突破。相比之下，马斯克灌输给 SpaceX 的核心原则就是打破现有体系，用现代化技术创造一个新格局。

由于在技术创新上不占优势，贝佐斯开始玩起了权谋术，他一直对 SpaceX 自主研发的摩擦焊接垂涎三尺，想要学到这项工艺，后来发现可行性太低，于是干脆将 SpaceX 的摩擦搅拌专家米耶科塔重金挖到了自己身边，由此引起了一场专利纠纷。

贝佐斯此举引起了马斯克的极大愤慨，他认为 Blue Origin 为了挖走人才而开出双倍的薪资待遇，是一种愚蠢且野蛮的行为，一怒之下他将和 Blue Origin 有关的字符都拉进了公司计算机系统的黑名单，SpaceX 的邮件过滤器会自动屏蔽带有 Blue 和 Origin 的邮件，防止对方再从 SpaceX 撬走精英。

马斯克的这种做法让两家公司的矛盾公开化，他和贝佐斯也从之前的航天俱乐部同好变成了互相敌视的商业对手。贝佐斯背后捅刀的行为让马斯克十分不齿，他对这位"书商"的评价是"一个很没劲的家伙"。

事实上，贝佐斯不仅在技术上落后马斯克，在战略规划上也走了弯路。在 Blue Origin 与 ULA 合作之后，贝佐斯并没有获得多大的实惠，反而不得不给 ULA 里的保守势力输送氧气，同时分担一些技术的研发成本。虽然在媒体看来，贝佐斯和他的盟友们正在对 SpaceX 磨刀霍霍，然而马斯克却处变不惊，他说："竞争对手联手对付你，是最真诚的奉承。"

马斯克的自信并不能阻挡对手进逼的脚步。2016 年，贝佐斯发布了一个"大型可重复使用的轨道火箭"计划，目标是让上百万人能够在太空工作和生活，矛头直指马斯克的火星移民，这让马斯克感受到了来自 Blue Origin 的压力。只要有贝佐斯在，SpaceX 就不是唯一有发展潜力的私人航空公司，当然这种挑战也会促使 SpaceX 在危机感中完善自我。

抛开竞争关系不谈，马斯克和贝佐斯最值得敬畏之处在于，他们都敢做第一个吃螃蟹的人。他们不仅要复制 NASA 制造的火箭，还长期致力于新技术的研发，比如火箭再回收技术。除此之外，两个人对航天安全的重视程度也旗鼓相当。Blue Origin 在 2016 年 10 月 4 日完成了逃生系统测试，而 SpaceX 在 2015 年 5 月 7 日完成了"龙飞船"二代的逃生系统测试，称得上是"英雄所见略同"。

不过，在人类移民外星的问题上，贝佐斯和马斯克的看法截然不同：他认为火星是鸟不拉屎的地方，人类完全没必要移居到那里，不如将精力放在研究零重力和太阳能上面，把地球改造得更好。

2016 年 6 月 1 日，贝佐斯出席了美国知名科技网站 Recode 举行的一次会议，谈到了有关太空探索的问题。当被问到他和马斯克的区别时，贝佐斯回答："埃隆在很多方面跟我志同道合。"这话听起来有点温馨，然而贝佐斯很快话锋一转，说他们的动机不同——他只是想去火星上看一看，而马斯克对火星却有一种执念。

贝佐斯口中的执念，并非是一种贬义，他只是无法理解马斯克对移居火星的狂热，但是正因为"执念"，马斯克才从平凡之辈变成了商界大鳄。这是很多成功者的共同点。

贝佐斯和马斯克分别出生于1964年和1971年，他们都是人类航空事业的见证者，也赶上了互联网革命的新时代，他们的思想意识要超越同时代的多数人，坎坷的早期经历也磨砺了他们的心智，让他们不惧怕挫折。

从 SpaceX 和 Blue Origin 的现有技术成就来看，马斯克虽被追赶却并不落后；从资金实力来看，贝佐斯也绝对有底气去打一场持久战和消耗战。根据 2023 年 4 月福布斯公布的全球亿万富豪排行榜来看，贝佐斯身价 1140 亿美元，虽低于马斯克，但双方身价的变化本身是动态的，并不能看成是影响结局的关键性因素。

有意思的是，马斯克和贝佐斯之间的明争暗斗虽然常被人讨论，但他们之间也存在着一种"相爱相杀"的关系特质。2023 年 6 月 17 日（北京时间），马斯克和贝佐斯被曝出在 16 日晚于一家顶级餐厅共进晚餐，消息一出，立即引发了全球媒体和社交媒体的广泛关注。不过，这次晚宴的细节并没有公开披露，有媒体猜测两人可能商讨了一些合作项目或者共同投资的机会，当然也有人认为这就是一次简单的会晤，目的是加深对彼此的了解和友谊。

事实上，马斯克和贝佐斯之间的斗争并不是零和博弈，他们的确存在利益纷争，但也存在合作的土壤，而他们一旦能够合作，或许能够加快人类在人工智能、太空探索等领域的前进步伐。

俄国天文学家尼科洛·卡尔达夫把人类文明的等级划分为三重境界：第一重境界是对所占据的行星的能源控制，第二重境界是对太阳系的能源控制，第三重境界是对银河系的能源控制。要想达到最高境界，人类至少还要再经过五次工业革命。

人类要达到第三重境界,需要各个领域的科技人才共同努力,也需要像马斯克和贝佐斯这样的意见领袖,他们虽然自身不掌控技术,但是他们的大脑正在帮助地球开启一扇通往新时代和新世界的大门。或许这正是航天事业的魅力所在,也是两位大佬你追我赶的原动力。

对于全人类来说,谁胜谁败并不重要,重要的是有更多人加入探索太空的行列中,或者贡献资金,或者贡献技术,或者贡献创意,即便你什么都贡献不了,也请对头顶的苍穹多一分关注和期待,因为那里关联着人类的未来。